Ulrich Becker
Annalie Schoen (Hrsg.)
Die Janusgesichter des Booms

Ulrich Becker / Annalie Schoen (Hrsg.)

Die Janusgesichter des Booms

Strukturwandel der Stadtregionen
New York und Boston

VSA-Verlag, Hamburg 1989

Eine gemeinsame Publikation des Instituts für Stadt- und Regionalplanung der TU Berlin
und des VSA-Verlags

Copyright: VSA-Verlag, 1989, Stresemannstraße 384a, 2000 Hamburg 50
Alle Rechte vorbehalten

Umschlagfotos: Ulrich Becker
Satz: Holger Floeting, Stefan Golm
Druck und Buchbindearbeiten: Evert-Druck, 2350 Neumünster

ISBN 3-87975-480-2

Inhalt

7   Vorwort

Wirtschaftsboom und wirtschaftsräumliche Restrukturierung

New York City

10   Hans Claussen

   Tertiärisierung ohne Ende?
   Neue Techniken und qualitative Umstrukturierungen im Dienstleistungsbereich

20   Hans G Helms

   Manhattans neue Kapitalfabriken
   Zu den technologischen Ursachen und baulichen Konsequenzen der Konzentration des Weltfinanzkapitals in New York

60   Georgia Tornow

   Daniel Düsentrieb im Gemischtwarenladen
   Industrieparks zwischen *high tech*-Entwicklung und lokaler Beschäftigungspolitik

Boston

72   Ulrich Becker

   Antagonismen des Wirtschaftsbooms
   Sozioökonomische und räumliche Entwicklungsprobleme im Schatten der Prosperität

88   Scott Campbell

   Rüstungsindustrie und Regionalökonomie
   Standortstrukturwandel einer Leitindustrie und dessen Auswirkungen auf die Region Boston

Wohnungsnot und *Gentrification*

New York City

104   Cihan Arin

   Das vermarktete Wohnen
   Prozesse und Antagonismen im Wohnungssektor in New York

124 Ad Hereijgers

Konkurrenzkampf um Wohngebiete
Die *"Linkage"*-Politik als kommunalpolitische Antwort auf Gentrifizierungsprozesse

132 Annalie Schoen

Endstation Wohnen
Stadtteilorganisation und Selbsthilfe im Wohnbereich

Boston

156 Annalie Schoen

Lückenbüßer für den Staat?
Kooperation von Nachbarschaftsinitiativen und privaten Kapitalen auf dem Wohnungsmarkt

Städtebau und Stadtentwicklungsplanung

New York City

178 Gertrud Napiontek

Vom Campanile zur Postmoderne
Einfluß der Baugesetzgebung auf den Hochhausbau

198 Michael Braum

Battery Park City - Interpretation einer Tradition?
Widersprüchliche Eindrücke von einem städtebaulichen Projekt

212 Engelbert Lütke-Daldrup

Stadtumbau am Times Square
Aufbereitung einer Stadtmitte für einen neuen Verwertungszyklus

Resümee

232 Ulrich Becker, Annalie Schoen

Vom Schmelztiegel zur "dualen Stadt"
Konturen eines neuen Stadtstrukturtyps

Vorwort

Längst scheinen die Krisenzeiten in der Entwicklung Bostons und New Yorks vergessen, als der Exodus von Unternehmen und Bewohnern aus den Kernstädten die Schlagzeilen der Presse bestimmte. Die Stadtzentren mit ihren Großbaustellen vermitteln den Eindruck, verpaßte Chancen der Vergangenheit sollten nun mit gewaltigem Aufwand wettgemacht werden. Unübersehbar sind die Auswirkungen der boomartigen Büroflächennachfrage und des Zustroms einkommensstarker Bewohner in den Innenstädten. Binnen weniger Jahre wandelte sich mit der sozioökonomischen Nutzungsstruktur auch das Erscheinungsbild der zentralen Stadtquartiere. Es ist von der "Wiedergeburt der Innenstädte" (B. Frieden) die Rede.

Und doch haben beide Städte ein zweites Gesicht, das in hartem Kontrast zu der verspiegelten und verchromten Monumentalität der Neubauten steht. Anzeichen sind selbst in den prosperierenden Zentren allgegenwärtig: Obdachlose nächtigen auf offener Straße oder in riesigen Pappkartons. Hungernde und Besitzlose durchsuchen Mülltonnen nach verwertbaren Resten und betteln um Almosen. Am Rande und außerhalb der Innenstädte schreitet der Verfall von Altbauquartieren trotz vereinzelter Instandsetzungsprojekte wie ein Geschwür unaufhaltsam fort.

Unter den wachsamen Augen eines ständig wachsenden Heeres von Sicherheitsangestellten hat die ungenierte Selbstdarstellung von Reichtum Konjunktur. Die damit verbundene räumliche Segregation der sozialen Gruppen ist in der Stadtentwicklung beider Metropolen zwar nichts grundsätzlich Neues. Dennoch drängt sich die Vermutung auf, daß sich diese Prozesse in jüngster Zeit qualitativ verändern, indem unter dem Einfluß neuer Technologien die unterschiedlichen Qualifikationsanforderungen am Arbeitsplatz räumlich zunehmend segregiert werden. Die Ballungszentren scheinen sich in diesem Zusammenhang zu exklusiven Lebensräumen der qualifizierten und hochdotierten Arbeitskräfte zu entwickeln und drohen die Metropolen eines ihrer bedeutsamsten Bestimmungsfaktoren zu berauben: der Assimilationsfähigkeit unterschiedlicher kultureller, ethnischer, sozialer und ökonomischer Elemente. Damit stellt sich die Frage nach dem Entstehen eines neuen Stadtstrukturtypes.

Wir wollen uns der Beantwortung dieser Frage schrittweise nähern, indem wir in beiden Städten zunächst die Erscheinungsformen, Ursachen und Folgen des gegenwärtigen Booms schlaglichtartig untersuchen und schließlich resümierend qualitative Veränderungen der Stadtstruktur und ihres Erscheinungsbildes aufzuspüren versuchen.

Dies wird kein gradliniger Weg sein, da die einzelnen Beiträge der Aufsatzsammlung entsprechend den verschiedenartigen fachlichen Interessen der Autoren ein breites Themenspektrum behandeln. Dieser Weg eröffnet allerdings die Möglichkeit, unterschiedliche Facetten des gegenwärtigen Strukturwandels auszuleuchten.

Die Aufsätze wurden - mit Ausnahme des Beitrages von Hans Helms, der zugleich als Vorlage für ein Rundfunk- und Fernseh-Feature diente - anknüpfend an eine

Studienreise in die USA ursprünglich für eine Tagung am Institut für Stadt- und Regionalplanung verfaßt. Es bot sich an, in Anlehnung an die Schwerpunkte der Tagung drei Themenblöcke zu unterscheiden, deren Erkenntnisinteresse die nachfolgenden Leitfragen skizzieren sollen:

Wirtschaftsboom und wirtschaftsräumliche Restrukturierung

o Sind qualitative Veränderungen von Wirtschafts- und Standortstruktur erkennbar?

o Welche Bedeutung haben Technologiefolgewirkungen für den gegenwärtigen Strukturwandel?

o Hat der produzierende Sektor eine Überlebenschance in den Kernstädten der Agglomeration?

o Welche kommunalpolitische Konfliktfelder entstehen durch den Büroflächenboom?

Wohnungsnot und Gentrification

o Welche Mechanismen verursachen die unterschiedlichen Entwicklungen auf den Wohnungsteilmärkten?

o Ist das kommunale Handeln für die Wohnungsversorgung insbesondere der unteren Einkommensgruppen von Bedeutung?

o Welchen Handlungsspielraum haben Nachbarschaftsorganisationen und deren Berater im Hinblick auf die Stabilisierung innerstädtischer Wohnquartiere?

Städtebau und Stadtentwicklungsplanung

o Gibt es einen lokalpolitischen Handlungsspielraum für die Steuerung stadtstruktureller Veränderungen? Welchen Einfluß hat die kommunale Bauleitplanung?

o Welche Konfliktmanagementstrategien werden zur Durchsetzung von Großbauprojekten eingesetzt?

o Erfordert die rapide fortschreitende Tertiärisierung veränderte städtebauliche Leitbilder?

Die in der Inhaltsübersicht gewählte Zuordnung der einzelnen Aufsätze zu diesen Themenblöcken nimmt Bezug auf den thematischen Schwerpunkt der jeweiligen Beiträge, ohne dabei Überschneidungen mit anderen Themenblöcken berücksichtigen oder kennzeichnen zu können.

Unser Dank gilt - stellvertretend für alle Autoren - den zahlreichen Gesprächspartnern in Boston und New York City, die uns mit ihren Informationen und kritischen Einschätzungen die Aufarbeitung des Stadtstrukturwandels in beiden Städten zugänglich machten. In diesem Zusammenhang danken wir besonders Peter Marcuse und Bernd Zimmermann in New York City sowie Alex Ganz und Mitchel Rosenberg in Boston für die Erschließung kompetenter Gesprächspartner und aussagefähiger statistischer Daten.

Ulrich Becker, Annalie Schoen

Hans Claussen

TERTIÄRISIERUNG OHNE ENDE ?

Neue Techniken und qualitative Umstrukturierungen im Dienstleistungsbereich

Es ist gefährlich und muß zu Fehleinschätzungen führen, wenn man - wie die Maus vor der Schlange - auf einige Phänomene Manhattans starrt und sie aus sich selbst heraus freihand erkären will oder die Entwicklung Manhattans unter dem Stichwort der Tertiärisierung abhandelt und die Probleme der anderen Stadtteile als soziale Folge daraus ableitet.

Ohne die zentrale Bedeutung der Kernstadt wegdiskutieren zu wollen, ist doch darauf hinzuweisen, daß es sich bei der *Metropolitan Area* New York um einen Ballungsraum mit vielfältigen Verflechtungen - Firmenverflechtungen, Lieferbeziehungen, Arbeitspendlern, Austauschprozessen der Bevölkerung etc. - handelt, dessen Bruttosozialprodukt insgesamt größer ist als das von Kanada oder Brasilien. In diesem Ballungsraum macht New York City hinsichtlich der Bevölkerungszahl in der Tendenz nur ein Drittel aus.

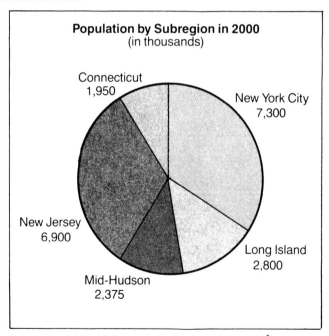

Abb. 1: Bevölkerung der Region im Jahr 2000[1]
(Quelle: Regional Plan Association, 1986)

Die hier dargestellten Entwicklungstrends beziehen sich nur auf endogene Einflußfaktoren innerhalb der Region und berücksichtigen zwei außerordentlich bedeutende Aspekte nicht, die wesentlich die Zukunft New Yorks mitbestimmen werden. Das ist einmal die Entwicklung der Weltwirtschaft, von der die Zukunft der Weltfinanzmetropole notabene abhängt, und das sind zum anderen die Auswirkungen der nationalen Wirtschaftspolitik der USA, die sicherlich auf Dauer nicht mit Haushaltsdefiziten dieser Größenordnung und dieser Außenhandelsbilanz fortgesetzt werden kann. Beides muß in diesem Beitrag außeracht gelassen werden mit dem Hinweis, daß demzufolge das hier gezeichnete Bild sicherlich zu positiv ausfällt.[2]

Durch Wanderungsbewegungen und natürliche Bevölkerungsentwicklung wird sich die Zusammensetzung der Bevölkerung der Region dramatisch verändern. Das läßt sich z.B. am starken Anwachsen des Anteils der rassischen Minoritäten ablesen. Im Zusammenhang mit intraregionalen Verdrängungs- und Segregationsprozessen erhält damit die Minoritätenfrage eine neue Qualität.

Für die zu erwartende Wohnungsnachfrage und steigende Probleme bei der Wohnungsversorgung sei auf die Entwicklung der Haushalte verwiesen: Die Zahl der Haushalte soll von 6,9 Millionen Haushalten im Jahre 1980 auf 9,6 Millionen im Jahre 2000 steigen, nicht zuletzt, weil die Haushaltsgröße von 3 auf 2,2 Personen sinkt. Von diesen 9,6 Millionen Haushalten werden nur 44 % aus vollständigen Familien bestehen, während 36 % Einzelpersonen bzw. nichtfamiliäre Haushalte und 19 % *single heads with family* (überwiegend Frauen mit Kindern) sein werden.[3] Dies ist wohl ein genereller Trend, der mit dem vielbeschworenen *Yuppie*- Phänomen nicht zu erklären ist.

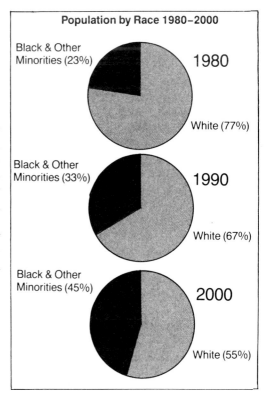

Abb. 2:
Bevölkerung nach Rassenzugehörigkeit 1980-2000
(Quelle: Regional Plan Association, 1986)

Entsprechend radikale Verschiebungen ergeben sich auf dem Arbeitsmarkt. Das Erwerbspersonenpotential des weißen Bevölkerungsteils sinkt, das der rassischen Minoritäten steigt rapide an:

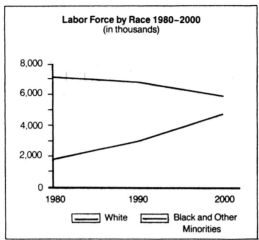

Abb. 3: Arbeitskräfteangebot nach Rassenzugehörigkeit 1980-2000
(Quelle: Regional Plan Association, 1986)

Unterscheidet man nach Rassen und Geschlechtern, so wird deutlich, daß innerhalb der weißen Bevölkerung eine Umschichtung von männlichen auf weibliche Arbeitkräfte stattfindet, während bei der nicht-weißen Bevölkerung sowohl die Zahl der männlichen wie der weiblichen Arbeitkräfte steigt, letztere jedoch stärker:

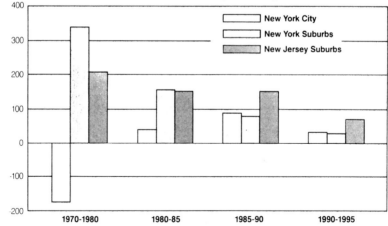

Abb. 4: Veränderung des Arbeitskräfteangebots der New York - New Jersey - Region nach Rassenzugehörigkeit und Geschlecht, 1980-1995[4]
(Quelle: U.S. Census of Population, 1980, Prognose: Port Authority of NY & NJ, 1986)

Betrachtet man nun die Beschäftigtenentwicklung in den wichtigsten Witschaftsbereichen, so wird für die vergangene Periode von 1969 bis 1987 erkennbar, daß die Krise in New York City in der zweiten Hälfte der 70er Jahre in der Region weitgehend abgefedert wurde:

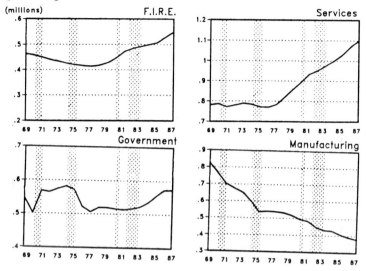

Abb. 5a: Beschäftigtenentwicklung in Schlüsselbereichen New York City, 1969-87

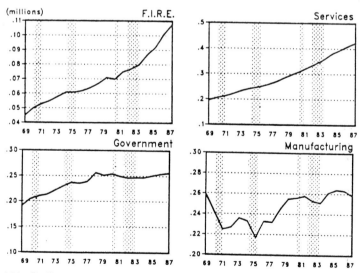

Abb. 5b: Beschäftigungsentwicklung in Schlüsselbereichen der *suburbs* von New York, 1969-1987
(Quelle: NY & NJ State Departments of Labor, in: Port Authority of NY & NJ : The Regional Economy 1988, New York 1988)

Die Wachstumsbereiche der letzten Jahre sind *FIRE*[5] (seit 1979, etwas abgeschwächt auch 1987) und insbesondere der private Dienstleistungssektor (mit starken Beschäftigungszuwachs seit 1976). Die Beschäftigung im öffentlichen Sektor stagniert hingegen seit 10 Jahren regional bei gleichzeitigem großem Beschäftigungsabbau in der Stadt in den Krisenjahren 1976/77. Dagegen nimmt das verarbeitende Gewerbe immer mehr ab: In New York City gingen zwischen 1969 und 1987 mehr als 50 % der Arbeitsplätze in diesem Sektor verloren, in der Region immerhin fast ein Drittel. Für die nächsten 10 Jahre wird ein weiterer Rückgang industrieller Produktion bei gleichzeitiger Ausdehnung des tertiären Sektors für die Region erwartet:

Privater Dienstleistungbereich und *FIRE* sollen kontinuierlich an Beschäftigung zunehmen, der Groß- und Einzelhandel allerdings ab 1990 stagnieren, während noch einmal 200.000 Arbeitsplätze im verarbeitenden Gewerbe verloren gehen. Diese Entwicklung verläuft für New York City und die Region weitgehend parallel, wenn man die verschiedenen Wirt-

Abb. 6: Beschäftigtenentwicklung in Schlüsselbereichen *New York - New Jersey Metropolitan Region*, 1968-1995
(Quelle: Port Authority of NY & NJ, 1988)

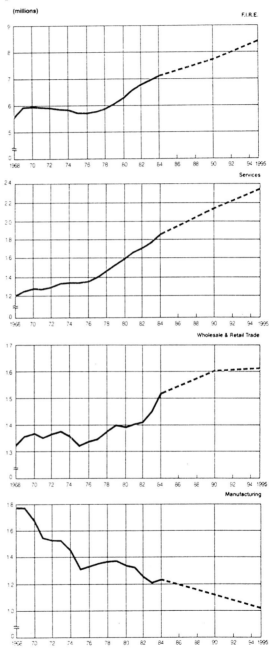

14

schaftsbereiche private Dienstleistungen, *FIRE*, Handel, Baugewerbe, öffentliche Verwaltung, Verkehr/Nachrichtenübermittlung/Versorgungsbetriebe und verarbeitendes Gewerbe betrachtet. Ganz eindeutig gehen die Wachstumsimpulse vom privaten Teil des tertiären Sektors aus, während die staatliche Tätigkeit stagniert. Es wird ein anhaltender Bauboom erwartet - ausgehend von einigen tertiären Bereichen - und ein Rückgang der Industriebeschäftigung:

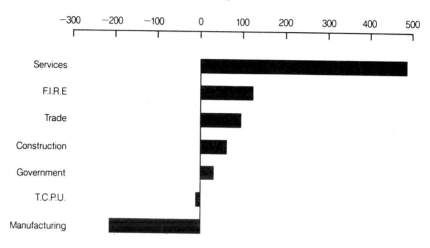

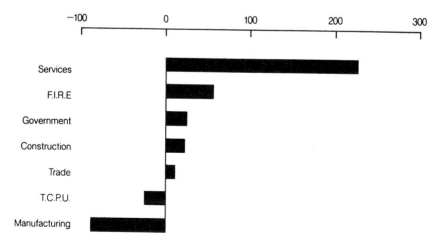

Abb. 7: Veränderung der Beschäftigung in den Wirtschaftsbereichen
(Quelle: Port Authority of NY & NJ, 1986)

Beim Vergleich des zukünftigen Angebots an Arbeitskräften und der erwarteten Arbeitsplatzentwicklung stellt sich die Frage, wie diese auch nur annäherungsweise zur Deckung gebracht werden können. Es sind starke Friktionen auf dem Arbeitsmarkt zu erwarten. Dabei ist der Arbeitsmarkt geteilt: Auf der einen Seite soll es 70% *whitecollar* Beschäftigte geben, darunter 20 % leitende Angestellte. Auf der anderen Seite wird die zukünftige *underground economy* auf 16-20 % der Beschäftigten geschätzt. In diesem Zusammenhang der potentiellen Unterbeschäftigung gerade der rassischen Minoritäten wird sogar mit einer Rückwanderung von Puertoricanern und von Schwarzen in den Süden gerechnet.

Unter den Arbeitsplätzen wird es neben der fortschreitenden Tertiärisierung eine weitere Polarisierung geben, nur findet diese innerhalb des tertiären Sektors statt: wenige Leitungsfunktionen einerseits und immer mehr niedriger qualifizierte Bürokräfte andererseits. Da haben die schwarzen Frauen eine Chance, die hispanischen erst eine Generation später, während die weißen Facharbeiter und mittleren Angestellten durch den Rost fallen. Das haben sich auch einige der großen Unternehmen auf die Fahnen geschrieben: Sie entwickeln spezielle Qualifikationsprogramme für Frauen aus den Minderheiten, da bisher deren schulische Ausbildung (hohe Abbrecherquote in der *High School*) noch im argen liegt. Von der Zukunft der *Yuppies* reden alle, von der Zukunft der berufstätigen, schwarzen, alleinerziehenden Mütter bisher die wenigsten.

Was sind nun die räumlichen Besonderheiten der zukünftigen Wirtschaftsentwicklung? Das Wachstum der Region spielt sich im besonderen im *Central Business District* (*CBD*) von New York City ab, d.h. *Downtown* und *Midtown* Manhattan. Der *CBD* von New York ist so groß wie die sechs nächstgrößten in den Vereinigten Staaten zusammen. Hier drängeln sich 455 *headquarters* (Haupverwaltungen), davon 200 von multinationalen Konzernen. Wer nicht gleich seinen Stammsitz dort hat, der muß zumindest mit einem repräsentativen Zweigbüro vertreten sein.

Was sind die Standortvorteile? Ganz einfach: die Fühlungsvorteile - die Möglichkeit zu *face-to-face*-Kontakten der Spitzenmanager und die "gute Adresse". Und die Nachteile? Der begrenzte Raum, der sich in horrenden Büromieten niederschlägt, die vielerorts heute 40 Dollar pro *square foot* und Jahr ausmachen. Das entspricht einer monatlichen Nettokaltmiete von ca.70 DM pro qm.

Im Konkurrenzkampf der Investoren um potente Mieter wird dann auch einiges geboten: Zur Not erstellt der Investor auch die öffentliche Infrastruktur selbst. So wollen die *developer* des Times-Square-Projekts nicht nur das dazugehörige Fußwegenetz errichten, sondern gleich noch die Neuordnung und den Umbau der U-Bahn-Station Times Square durchführen, zumal dies eine Voraussetzung für die optimale Bebaubarkeit der Fläche darstellt.

Oder der Investor läßt sich etwas Neues einfallen und bietet ein Optimum an technischer Ausstattung, das "intelligente Gebäude". So sind die Büros in den Gebäuden der Battery Park City[6] verkabelt, mit Computeranschlüssen versehen. Die Einrichtung mit neuen Techniken wird hier zur Mietsache selbst, die vom Vermieter geleast wird, der wiederum für deren Funktionieren garantiert. Da lassen dann auch Spitzenfirmen alles stehen und liegen: So gab die *American Express Company* ihr wenige Jahre altes Hauptquartier auf und zog in eines der Gebäude der Battery Park City mit modernster technischer Ausstattung. Beim Leasing kamen *American Express* allerdings Bedenken, und so wurde der neue Geschäftssitz doch käuflich erworben: Das Allerheiligste, die konzerneigene Datenverarbeitung unter fremder Kontrolle - das ging denn doch etwas zu weit.

Jedenfalls hat sich seine Verlagerung der Interessengruppierungen herauskristallisiert, die die Entwicklung im *CBD* vorantreiben. Die Investoren, mit denen es die Stadt zu tun hat, sind nicht mehr die Konzerne selbst, die jeweils ihre *headquarters* errichten oder erweitern wollen, sondern eine neue Spezies, die *developer*, die allerdings in hohem Maße von ihren Nutzern und deren Interessen abhängen, denn die dauerhafte Verwertung von Investitionen in Büroflächen ist keineswegs gesichert. Gegenwärtig wird der moralische Verschleiß von Bürogebäuden der jüngsten Generation auf etwa 10 Jahre geschätzt. Die Folge wird eine sich jetzt schon abzeichnende steigende Mobilität der Konzernzentralen sein.

Noch ist der Bauboom im New Yorker *CBD* ungebrochen, die Neuerrichtung von Bürobauten wird sich nach Fertigstellung von *Battery Park City* lediglich tendenziell nach *Midtown* verlagern. Für die Stadtverwaltung hat bisher Priorität, daß überhaupt gebaut wird. Wachstum um jeden Preis. Demgegenüber tragen die Versuche, private Investoren in andere Stadtteile zu locken, schon Züge von Verzweiflung. Für die Bronx, Brooklyn und Queens wird nur ein geringes Wachstum des tertiären Besatzes prognostiziert. Deshalb erbringt die Stadt auch immense Vorleistungen, beispielsweise kostenlose Überlassung von Grundstücken, um Investoren dorthin zu locken. Partielle Ansiedlungserfolge zeigen sich derzeit in Brooklyn.

Die Aussichten der New Yorker Stadtteile auf tertiäre Investoren sind vor allem deshalb so schlecht, weil sich bislang die Auslagerung bzw. Randwanderung tertiärer Funktionen von vornherein in die Nachbarstaaten auf das flache Land vollzogen hat. So liegen denn die überragenden Wachtumszonen der New Yorker Region in den angrenzenden *counties* von New Jersey. Hier sind vor allem die sogenannten *back offices* der Hauptverwaltungen entstanden, d.h. es wurden die Abteilungen ausgelagert, deren Anwesenheit in teuren Bürolagen Manhattans überhaupt nicht erforderlich ist, also die eigentlichen Verwaltungsfunktionen, einschließlich der Rechenzentren. Neue Informationstechniken ermöglichen es, daß die Konzernspitze mit Managementfunktionen im Hauptsitz in Manhattan dennoch jederzeit über sämtliche erforderlichen Informationen verfügen kann[7]. Während insbesondere die leitenden Angestellten in der City verbleiben, ergießt sich ein Heer von kleinen und mittleren Angestellten in die *urban villages*[8], die unter dem rasant wachsenden Pendlerverkehr zu leiden habe. In der Folge kommt es auch zu Wohnungs- und Zuzugsproblemen, da die Beschäftigten der *back offices* sich nun auch in den ländlichen Gemeinden häuslich niederlassen wollen, während die dort ansässige obere Mittelschicht den Charakter ihrer Villenviertel in parkähnlicher Landschaft verteidigt. Dies ist aber von Gemeinde zu Gemeinde unterschiedlich: Etliche setzen auf die Ansiedlung von Dienstleistungsindustrien. Die weitere Entwicklung der räumlichen Verteilung tertiärer Standorte in der Region New York ist nicht abzusehen.

Für den *CBD* in New York wie für die *urban villages* in New Jersey sprechen je spezifische Standortvorteile. Viel wird abhängen von der gesamtwirtschaftlichen Entwicklung wie von strukturellen Veränderungen innerhalb der *office industries* selbst. Der Weg der weiteren Tertiärisierung wird begleitet von einem erbarmungslosen Konkurrenzkampf der Städte und Gemeinden, neue Investoren zu gewinnen bzw. die vorhandenen Nutzer zu halten.

Anmerkungen

1   Die Angaben der *Regional Plan Association* beziehen sich auf die *Tri-State-Region*

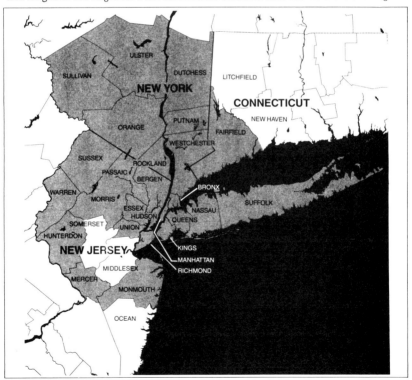

nur ein Beitrag dazu, daß sich das Beschäftigungswachstum in New York City und der Region im Jahre 1987 verringerte. Weitere Folge ist eine leichte Abschwächung der Nachfrage nach Büroflächen. Vgl. THE PORT AUTHORITY OF NEW YORK AND NEW JERSEY: The Regional Economy: Review 1987, Outlook 1988 for the New York - New Jersey Metropolitan Region, New York, March, 1988

3   REGIONAL PLAN ASSOCIATION: Outlook for the Tri-State-Region thru 2000, New York 1986, S.9
4   Die Daten der *Port Authority* beziehen sich auf die *New York - New Jersey Metropolitan Region:*

5   *F.I.R.E.* entspricht in der hiesigen Systematik der Wirtschaftszweige: Kreditinstitute und Versicherungsgewerbe, sowie Grundstücks- und Wohnungswesen.
6   Siehe Financial Times vom 31.1.1986
7   Neuere Tendenzen gehen sogar dahin, *back offices* ins Ausland zu verlegen, z.B. nach Irland, wegen des dort vorhandenen Qualifikationspotentials und des niedrigen Gehaltsniveaus. Vgl. *INTERNATIONL HERALD TRIBUNE*, 19.10.1988
8   Vgl. LEINBERG, CHRISTOPHER / LOCKWOOD, CHARLES: How Business is reshaping America, in: *THE ATLANTIC MONTHLY*, October 1986, S. 43 ff.

Hans G Helms

MANHATTANS NEUE KAPITALFABRIKEN

Zu den technologischen Ursachen und baulichen Konsequenzen der Konzentration des Weltfinanzkapitals in New York

I

"In den letzten Jahren haben technologische Fortschritte in der Datenverarbeitung und -übermittlung den internationalen Geldfluß bis zu einem Grad erleichtert, an dem er die reale Wirtschaft in den Schatten stellt. Exzessive Liquidität und gewaltige Unausgewogenheiten bei Steuern und im Handel haben diesen Trend noch verstärkt. Der Welthandel mit Gütern und Dienstleistungen beläuft sich im Jahr auf etwas mehr als $ 3 Billionen, das aber ist bloß ein Zehntel des gesamten Devisenhandels und ein Fünfundzwanzigstel des Eurodollargeschäfts.
"Infolgedessen haben mehr und mehr Finanztransaktionen ihren Ursprung nicht mehr in der Produktion, im Handel, in der Wertschöpfung oder in der Beschäftigung. Möglicherweise wird die Öffentlichkeit diesen Papierkapitalismus zunehmend negativer betrachten."

(Aus dem Aktionärsbrief des Vorstandsvorsitzenden im Jahresbericht 1987 der Bank of Montreal)

II

1986 liquidierte Shearson Lehman *Terminkontrakte im Wert von durchschnittlich $ 2 Milliarden am Tag. Das addiert sich zu ca. $ 460 Milliarden im Jahr.*
Bei Merrill Lynch *betrug 1987 das Volumen aller pro Börsentag gehandelten US-Staatspapiere $ 15 Milliarden, also rund $ 3,45 Billionen im Jahr.*
Die traders *von* Salomon Inc. *kauften und verkauften 1986 Wertpapiere von Unternehmen im Gesamtwert von $ 4,4 Billionen.*
Da die Umsätze dieser drei führenden US-Kapitalhandelshäuser etwa gleich hoch und die Differenz zwischen 1986 und 1987 relativ gering, darf man ihren gemeinsamen Jahresumsatz 1987 in nur diesen drei Kategorien auf $ 25 Billionen veranschlagen.
Das 1987er Gesamtvolumen des weltweiten Devisenhandels schätzt Shearson Lehman *auf $ 46 Billionen.*

(Nach den Jahresberichten 1986 und 1987 der drei Unternehmen)

Es ist ein herrlicher Herbsttag mit spätsommerlichen Temperaturen, *Indian Summer*, wie er im Buche steht. Die mit Granitplatten behangenen Fassaden des *World Financial Centers* leuchten rötlich, wo immer die Sonne auf sie trifft. Im getönten Glas der Fenster, die sich von Absatz zu Absatz zu den Spitzen hin vergrößern, spiegelt sich das tiefe Blau des wolkenlosen Himmels. Die mit Pyramiden- oder Kuppelformen unterschiedlich gestylten Kupferhelme der vier Türme, die die Kraft- und Kühlwerke bergen, scheinen im feurigen Glast zu schmelzen.[1] Selbst die zur Mittagszeit sonnenabgewandte Westfront des Komplexes flirrt von den blendenden Reflexionen der stets bewegten Wasserfläche des Hudsons.

Dort, gleichsam im Innenhof, der sich halbkreisförmig um eine kleine Bucht lagert, darinnen künftig neue schnelle Fährboote und Wassertaxen aus New Jersey anlegen werden,[2] liefern heute übergroße Lastzüge eine Sendung ausgewachsener Palmen ab. Eingetopft und künstlich ernährt, werden die Palmen dem urbanen Kern des *Centers*, dem gläsernen *Wintergarden*, ein mediterranes Ambiente verleihen, so durchaus angemessen einer auf der geographischen Breite Neapels gelegenen Finanzhochburg, in der Spekulationslust tropisch wuchert.

Abb. 1: Das Innere des Wintergartens im *World Financial Center* kurz nach dem Einsetzen der Palmen. (Photo: Klaus Brake)
Abb. 2: Der Wintergarten im Rohbau. Links *WFC Tower C: American Express/Shearson*, rechts *WFC Tower B: Merrill Lynch South Tower*, dahinter *1 World Trade Center*. (Photo: Bernd Müller)

Als die Palmen indes aus ihrer Plastikhülle geschält werden, zeigt sich: sie haben die lange Reise von Südcalifornia quer über den Kontinent nicht allzu gut überstanden. Sie wirken welk, Blätter und Zweige verdorrt, eingeschrumpft wie die Spekulationsgewinne an der Börse.

Abb. 3: Das *World Financial Center* von der *Newport*-Fähre aus gesehen. V.l.n.r.: *WFC Tower D: Merrill Lynch North Tower*, *WFC Tower C: American Express/Shearson*, *WFC Tower B: Merrill Lynch South Tower*, dahinter *1 World Trade Center, 2 World Trade Center*, im Hintergrund: *One Liberty Plaza*, die beim Umzug ins *WFC* von *Olympia & York* erworbene alte *Merrill Lynch*-Konzernzentrale, und rechts hinter dem Wohnturm *Gateway Plaza* der südliche *WFC Tower A*, in dem von unten nach oben *Dow Jones*, die *Battery Park City Authority* und *Oppenheim & Co.* residieren. (Photo: Bernd Müller)

Es ist der 19. Oktober 1987, jener "blutige"[3] oder "schwarze Montag"[4], an dem die Aktienkurse an der New Yorker Börse rascher und tiefer abstürzen als je zuvor in der Geschichte des Kapitalismus. Verschreckte Börsianer vergleichen das unvorstellbare "Wall Street Massaker"[5] mit einem *"meltdown"*,[6] mit dem Durchbrennen eines Kernreaktors. Von den Titelseiten der Boulevardpresse kreischt es: "Panik!" oder *"Crash!"*[7] - "Krach", "Zusammenbruch".

Der *Dow Jones Index*, das statistische Barometer, das den Durchschnittswert der an den US-amerikanischen Börsen gehandelten US-Aktien fortlaufend registriert, ist um 508 Punkte oder um 23 % abgesackt, als um 16.00 Uhr die Glocke das Ende dieses denkwürdigen Börsentags einläutet.[8] Prozentual gerechnet, haben die US-Aktien an diesem "schwarzen Montag" nahezu doppelt soviel an Wert verloren wie an jenem historischen "schwarzen Montag", dem 28. Oktober 1929, mit dem die "große Depression", die Weltwirtschaftskrise, begonnen hat.[9]

Ähnlich wie beim Anbruch der faschistischen Ära rasseln die Kurse mit dem Lauf der Erde um die Sonne an den ausländischen Börsen noch tiefer in den Keller. In den nächsten Tagen und Wochen fallen die Kurse in London um 33 %, in Frankfurt um 37 %, in Sidney und Singapur um 44 % und in Hongkong gar um 47 %.[10] Bis Ende Januar 1988 erholen sich die Kurse nicht nennenswert, weder in den USA noch in Canada, Australien, Asien oder Europa.[11]

Als an diesem bilderbuchreifen Altweibersommernachmittag die New Yorker Börse das "Schlachtfest"[12] ausläutet, da hat sich das in der vorangegangenen fünfjährigen Hausse durch spekulativen Auftrieb bereits enorm verwässerte Anlagevermögen US-amerikanischer Investoren und Spekulanten [13] nach Schätzungen des *Economists* um eine runde Billion Dollar verringert:[14] "Grob gerechnet, gehen $ 500 Milliarden auf das Verlustkonto privater Investoren, angelegt entweder in Aktien oder in Investmentfonds, und die anderen $ 500 Milliarden auf das der Pensionsfonds der Unternehmen."[15]

Zwar haben auch etliche der großen Börsenjobber und fast alle Wertpapierhäuser empfindliche Verluste erlitten;[16] doch in der Hauptsache büßt - wie schon 1929 - die arbeitende Bevölkerung für die spekulativen Exzesse der Finanzhaie mit der Glücksspielermentalität, der *"high rollers"* der *"Casino Society"* vom Schlage Ivan Boeskys, T. Boone Pickens' oder Donald Trumps.[17]

Die private Alterssicherung, die Erwerbstätige ein Leben lang zusammengespart haben, ist dezimiert worden; ihre Renten stehen ob der Verluste der unternehmenseigenen Pensionsfonds in Frage.[18] Es finden Entlassungen statt,[19] geplante Neueinstellungen werden gestrichen.[20] Dabei sind schon jetzt "große Gebiete der industrialisierten Welt durch Arbeitslosigkeit verheert: in den reichen Ländern sind mehr als 31 Millionen Menschen ohne Jobs." [21] Mahnungen wie diese von der *Financial Times* verhallen ungehört in dem Getöse an Wall Street, zumal es schon wieder aufwärts zu gehen scheint.

An den nächsten zwei Tagen erleben die US-Börsen ein kräftiges Zwischenhoch, weil gut hundert der finanzstärksten Industriekonzerne wie *IBM*, *Ford*, *Chrysler* oder *United Technologies* und der größten Kapitalfabriken wie *Citicorp*, *Merrill Lynch*, *Shearson Lehman* oder *E. F. Hutton* ihre eigenen Aktien zu Dumpingpreisen zurückkaufen.[22] Dennoch fallen die Aktien kleinerer Unternehmen weiter.[23]

Am 22. Oktober, dem dritten Tag nach dem "schwarzen Montag", greifen an Wall Street wieder Angst und Panik um sich, obwohl die New Yorker und Chicagoer Börsen vorsorglich schon zwei Stunden früher, also um 14.oo Uhr, schließen. Die Verkaufsorders können kaum bewältigt werden, der *Dow Jones* purzelt erneut um 77 Punkte.[24]

Inmitten dieser chaotischen Vorgänge habe ich auf der Chefetage von *Merrill Lynch*, der führenden Investitionsbank und Wertpapierhandelsfirma der USA,[25] Gelegenheit zu einer Unterhaltung über die Ursachen des Krachs. Hier oben im 32. Stock von Turm D im *World Financial Center*, zwischen edlen Furnieren, Gobelins, Gemälden neuerer Meister und altehrwürdiger Flaggen, wo selbst die Telephone sich bloß mit äußerster Diskretion zu melden wagen, hier oben spürt man nichts von dem hektischen Schacher auf den *trading floors*, den hauseigenen Privatbörsen einige zwanzig Etagen weiter unten. Mein Gesprächspartner John Heimann ist Vizevorsitzender von *Merrill Lynch Capital Markets*, jener Konzerntochter, die sich um die Finanzbedürfnisse der Großkunden kümmert, die Fusionen organisiert und auch zum eigenen Gewinn spekuliert. Für John Heimann war der Kurssturz überfällig und vorhersehbar; denn fünf Jahre lang hatte sich die große weite Finanzwelt in einer ununterbrochenen Hausse geaalt. So wenig aber Bäume in den Himmel wachsen, meint der Finanzmanager, so wenig klettern Aktienkurse stets bloß nach oben. Die Frage war lediglich: wann würde es bergab gehen.

"One is that we have had a bull market in equity securities in the United States - and around the world, for that matter - for almost five years without interruption. No tree ever grew to the sky, and markets don't go in one direction forever. So, there was a general presumption that the market had to be corrected in some fashion. It was just a question of when. Then you had the rise in interest rates with the continuing decline in the dollar. And, of course, what happened was: with the rise of interest rates people could earn 10 % or more in US Treasury securities, the safest securities in the world." [26]

Nicht allein die ansteigenden Zinsen der US-Schatzpapiere und der sinkende Dollar verunsicherten die Aktienspekulanten, auch die Auseinandersetzungen um die Zinspolitik der westdeutschen Bundesbank, die zu einer heftigen Kontroverse zwischen den Herren Pöhl und Stoltenberg und dem US-Finanzminister Baker eskalierten. Obendrein, fährt John Heimann fort, habe man aus Washington viel dummes Geschwätz vernommen und dann noch die schlimmen Nachrichten über die wachsenden Haushalts- und Außenhandelsdefizite der USA. Das alles zusammen habe das Vertrauen der Börsenakteure untergraben.[27]

Die nämlichen Ursachen zählt die *New York Times* auf. Darüberhinaus argwöhnt sie, ein militärischer Zwischenfall in Nahost könne die ohnehin überspannten Nerven der hoch sensiblen Kapitalmanipulanten zu Extremreaktionen galvanisiert haben: "Tatsächlich mag die Nachricht, die US-Marine hätte eine iranische Erdölplattform im Persischen Golf zerstört, und der Iran hätte Vergeltung geschworen, die Panikkäufe ausgelöst haben."[28]

Die Londoner *Financial Times* hält es hingegen für völlig abwegig, die erwähnten ökonomischen und politischen Faktoren in irgendeinen ursächlichen Zusammenhang mit dem Börsenkrach zu bringen: "Was hat sich an den Aussichten der USA oder der Weltwirtschaft urplötzlich geändert, das einen (derartigen) Kollaps der Aktienkurse

(...) rechtfertigte? Die Antwort lautet klar und deutlich: nichts! Selbstredend gab es - wie stets - ein paar hartnäckige Probleme: das US-Handelsdefizit, den Dollar, die Zinsen und den Krieg zwischen Iran und Irak. Aber niemand kann behaupten, die Auspizien eines dieser Probleme hätten sich auf einmal katastrophal verschlechtert."[29]

Seitdem der *Dow Jones Index* Ende August 1987 mit 2722 Punkten seinen historischen Höchststand erreicht hat,[30] sind die inflationär aufgeblähten Aktienkurse - schon aus Angst vor einem möglichen Krach - zurückgegangen.[31] Daß sich die zunächst gemächliche Talfahrt am 6. Oktober in eine immer schnellere Rutschpartie zu verwandeln beginnt,[32] die am 19. Oktober, dem "schwarzen Montag", wie eine Lawine zu Tal schießt, das ist, wie John Heimann glaubt, vor allem den computergesteuerten Verfahrensweisen im Börsengeschäft zuzuschreiben: "Der Sturz wurde durch Technologie verstärkt: die computerisierten Handelsprogramme gaben Verkaufsorders ohne Rücksicht auf das, was auf dem Markt vor sich ging. Weil die Computer gleichsam das Kommando übernahmen, verstärkten die Pensionsversicherungs- und die anderen Computerhandelsprogramme den Preisrutsch insgesamt derart, daß er am Ende solch dramatische Formen annahm."[33]

Das computergesteuerte Börsengeschäft - das *program trading*, der Programmhandel - basiert auf einem altehrwürdigen Usus. Demzufolge kann dieselbe Aktie gleichzeitig in zweierlei Gestalt gehandelt werden, nämlich als reales Wertpapier und als Wechsel auf die Zukunft, will sagen: als Versprechen des Kontrahenten, sie an einem vereinbarten Termin zu liefern oder abzunehmen. Ein Beispiel: ein Spekulant verkauft an der New Yorker Aktienbörse eine bestimmte Anzahl *Ford*-Aktien zu einem relativ hohen Tageskurs und erwirbt sie im selben Moment an der Chicagoer Warenterminbörse per Terminkontrakt auf Auslieferung in zwei Wochen zu einem niedrigeren Kurs zurück. Bei diesem Doppelgeschäft bleibt der Spekulant de jure Eigentümer seiner *Ford*-Aktien, obschon er sie de facto 14 Tage lang nicht besitzt, und streicht obendrein die Differenz zwischen Tages- und Terminkurs als Gewinn ein.

"Termingeschäfte sind deshalb so attraktiv, weil weder der Käufer noch der Verkäufer den vollen Wert der ihnen zu Grunde liegenden Aktien hinterlegen muß. Bei Termingeschäften leistet man bloß eine Anzahlung."[34] In der Regel hat der Spekulant nicht einmal 10 % auf den Preis eines Terminkontrakts, der im Schnitt einen Wert von $ 125.000 repräsentiert, anzuzahlen. Der Rest wird erst dann fällig, wenn er das Geschäft am vereinbartem Termin abwickelt und die realen Aktien übernimmt.[35] Derweil verbleiben dem Börsenjobber mindestens 90 % seines Kapitals, mit denen er zusätzlich spekulieren kann. Termingeschäfte haben dreierlei zur Folge: erstens erhöhen sie die Profitchancen der Spekulanten; zweitens vermehren sie die an den Börsen herumgeisternden Kapitalien auf der Suche nach profitablen Investitionen; drittens übt diese zusätzliche Liquidität eine inflationäre Wirkung auf die Kurse aus.

Im computergesteuerten Programmhandel werden nicht einzelne Aktien per Termin gehandelt, sondern *baskets*, ganze Aktienkörbe. Sie enthalten Aktien unterschiedlicher Unternehmen, zumeist jener renommierten US-Gesellschaften, die dem Wert-

25

index für 500 ausgewählte US-Papiere der Börseninformationsfirma *Standard & Poor's* zu Grunde liegen.[36] Der im Programmhandel aktive *trader* oder *dealer* operiert mit den Mittelwertkalkulationen, die die Computer der diversen Börseninformationsdienste wie *Dow Jones* oder *Standard & Poor's* fortlaufend in sein Terminal einspeisen.[37]

Erst zu Beginn der achtziger Jahre haben die Computer- und Telekommunikationstechnologien ein Entwicklungsstadium erreicht, das es zuläßt, die meisten der im Kapitalhandel notwendigen Funktionen zu computerisieren, sie teilweise oder in Gänze zu automatisieren und miteinander zu integrieren. Sie werden firmenintern und landesweit vernetzt und endlich globalisiert.[38] Die Integration globaler Informationsflüsse und Handelsfunktionen in einem Terminal, das der *dealer* oder *trader* vor sich auf dem Tisch zu stehen hat, gebiert das *computer* oder *program trading* mit etlichen neuen, computerabhängigen Finanzinstrumenten oder -strategien. Zumal zwei dieser Strategien finden starken Zuspruch. Ähnlich in ihren Elementen, dienen sie gegensätzlichen Zwecken. Die eine Strategie ist aggressiv, die andere defensiv.[39]

Die aggressive Strategie, die *index arbitrage*, haben Softwarezauberer einiger New Yorker Großhandelskonzerne ausbaldowert. Sie wird 1982 an der Börse zugelassen und gewinnt über Nacht große Popularität.[40] Der Begriff *index* bezieht sich auf die sekündlich aktualisierten Wertindices von *Standard & Poor's* oder *Dow Jones*. Der Begriff *arbitrage* ist so alt wie die bürgerlich-kapitalistische Gesellschaft in Frankreich [41] und meint in diesem Zusammenhang die Spekulation auf Kursschwankungen der Aktien- und Terminkurse. Der Index-Arbitrageur schlägt Profit aus den Differenzen zwischen Tageskursen und Indexvoraussagen.

Je heftiger die Kurse nach unten oder oben ausschlagen, je größer die *volatility*, die Sprungshaftigkeit der Kursentwicklung, desto günstiger die Gewinnchancen des Arbitrageurs. Indem er via Telephon und Computer simultan Terminkontrakte kauft und die diesen zu Grunde liegenden realen Aktien verkauft (oder umgekehrt), verstärkt er zwangsläufig die Kursschwankungen und profitiert zugleich von ihnen.[42]

Die defensive Strategie hat ein Professor der Universität Berkeley ersonnen und 1985 gemeinsam mit Kollegen und einem Geldmanager auf den Markt gebracht. Man nennt sie *portfolio insurance*. Sie soll nämlich dazu taugen, die Aktienportefeuilles großer Institutionen, die sich in der Regel aus den unterschiedlichsten Wertpapieren zusammensetzen, durch Terminkontrakte vergleichbarer Zusammensetzung gegen Kurseinbrüche abzusichern. Der Portefeuille-Manager erwirbt seinen Aktienbestand in doppelter Ausführung: zuerst als reale Aktienpakete, sodann um einige Punkte unter dem Tageskurs als Terminkontrakte. Sinken die Tageskurse, gleicht er die Verluste bei seinen Aktienpaketen durch den Gewinn aus dem Verkauf der Terminkontrakte wieder aus. Bei welchem Indexstand er Terminkontrakte kaufen bzw. verkaufen muß, das errechnet sein Computerprogramm aus der Zusammensetzung seines Aktienbestands.[43]

Da die Portefeuille-Versicherung das Unmögliche möglich zu machen verspricht, nämlich das jeder Spekulation innewohnende Risiko zu bannen, haben sich die Manager der großen Anlagevermögen gleich scharenweise auf den Rücken dieses computergesteuerten Dukatenesels geschwungen. Nach Schätzungen des *Economists* haben Mitte Oktober 1987 US-amerikanische Pensions- und Investmentfonds, Versicherungsgesellschaften und sonstige Investoren zwischen $ 75 und $ 100 Milliarden ihres in Aktien angelegten Vermögens mit dieser Methode gegen Verluste risikoversichert.[44]

Beide Strategien machen sich den Umstand zunutze, daß die Kurse an der New Yorker Aktienbörse und die Notierungen an der Chicagoer Terminbörse oft minimal auseinanderklaffen. Die *dealer* der Investitionshäuser und die Geldmanager der Anlagekapitalverwaltungen verfolgen auf ihren Bildschirmen die Veränderungen der verschiedenen Indices. Sobald ihre Computer winzige, aber im Massengeschäft dennoch lohnende Differenzen kalkuliert haben, geben sie ein Kauf- oder Verkaufsignal, und die *dealer* treten in Aktion. In manchen Häusern führen Computer die Orders gleich selber aus.[45]

Index arbitrage und *portfolio insurance* unterscheiden sich freilich in zwei gravierenden Aspekten. Der *arb* - wie der Terminspekulant von Wall Streetern liebevoll verkürzt wird - spekuliert mit fallenden wie mit steigenden Kursen: er spekuliert *mit* der vorherrschenden Kursentwicklung. Der *portfolio manager* will hingegen Sicherung gegen Kurseinbußen: er spekuliert folglich *gegen* die Kurstendenz. Der Arbitrageur setzt auf starke Kursausschläge, der Portefeuille-Manager möchte sie eindämmen. Für beide gilt, was der *Economist* der Gilde der *program traders* pauschal vorwirft: "Sie verschwenden keine Zeit an Überlegungen über so grundsätzliche Dinge wie Wirtschaftswachstum und die Firmengewinne. Für sie ist lediglich die Diskrepanz zwischen dem Preis des Terminkontrakts und dem der realen Aktien von Interesse. Womöglich bietet sie eine Gelegenheit zur Arbitrage."[46]

Erst Monate nach dem "schwarzen Montag" lernen die Spekulanten zu begreifen, so die Analyse der *Financial Times*, daß in dem "Konzept der Portefeuille-Versicherung zwei fatale Fehler stecken. Der eine besteht darin, (...) zum Kauf zu ermuntern, wenn die Kurse anziehen, und zum aggressiven Verkauf, wenn sie runtergehen. Wann immer sich ein Trend entwickelt, werden die Portefeuille-Versicherer ihn verstärken. (...) Der andere Fehler (...) beruht auf der Annahme, man könne gewaltige Mengen Aktien oder Terminkontrakte kaufen oder verkaufen, ohne die Preise zu verderben."[47]

In völliger Verkennung und Mißachtung der Psychologie bloß scheinbar rational handelnder Börsenmatadore verheißt das große Einmaleins des computergesteuerten Programmhandels: Interessen und Aktionen der Arbitrageure und Portefeuille-Manager ergänzten einander auf wundersame Weise und wirkten aufs Börsengeschehen wohltuend ein, ja sie belebten es geradezu. Wollen Arbitrageure nämlich Terminkontrakte erwerben, gerade dann - sagt das Lehrbuch - müssen Portefeuille-Manager sich ihrer entledigen, und anders herum. So hat es an den drei Börsentagen vor dem "schwarzen Montag" denn zunächst auch den Anschein, als laufe das Börsenmonopoly streng nach den Spielregeln ab.

Als sich die Spanne zwischen fallenden Tageskursen in New York und noch rapider sinkenden Terminnotierungen in Chicago auf 6 % ausdehnt, da kaufen die Arbitrageure Terminkontrakte bündelweise zusammen und werfen gleichzeitig die diesen zu Grunde liegenden Aktien paketweise auf den Markt. Diese Aktienpakete drücken die Tageskurse von Stunde zu Stunde weiter nach unten. Infolgedessen stoßen die Portefeuille-Manager programmgemäß ihre Terminkontrakte ab, um den sichtlich zusammenschmelzenden Wert ihrer Aktienkörbe zu kompensieren.[48]

Der von den Computern fortlaufend registrierte Verfall sowohl der Tageskurse als auch der Terminnotierungen beschleunigt sich zum programmdiktierten *run*: dank der zwischen dem 14. und 16. Oktober getätigten Termingeschäfte und Aktienverkäufe gleitet der *Dow Jones Index* um unerhörte 261 Punkte in die Tiefe.[49]

Die vom Weißen Haus einberufene Kommission, die die Hintergründe des "schwarzen Montag" aufdecken soll, gelangt im Nachhinein zu der Feststellung: an den drei Börsentagen vor dem Krach "haben Portefeuille-Versicherer Terminkontrakte in Höhe von fast $ 4 Milliarden" losgeschlagen. Das sei - so der Report - allerdings "nur ein Drittel" dessen gewesen, was die Computer, "denen sie sklavischen Gehorsam leisteten," ihnen abzustoßen befohlen hatten. Nach dem "Diktat" ihrer Computerprogramme hätten sie bis zum Börsenschluß am Freitag "Kontrakte im Gesamtwert von mindestens $ 12 Milliarden verkaufen sollen."[50]

Deswegen scheint "eine Überflutung des Markts mit Verkaufsorders am Montag Morgen unabwendbar zu sein," erkennen "voller Entsetzen" die leitenden Herren der Börsenaufsichtsbehörde am Wochenende vor dem Krach.[51] Und genau das geschieht am 19. Oktober in der Früh: ohne Rücksicht auf die Konsequenzen versuchen Portefeuille-Manager, den Überhang an Terminkontrakten im Wert von $ 8 Milliarden, den Computer errechnet haben, zu liquidieren.[52] Ihr rüdes Vorgehen verschreckt nicht allein zahlreiche kleinere Investoren und Spekulanten und treibt sie aus dem Markt; es motiviert auch viele der sonst so risikofreudigen Index-Arbitrageure, auszusteigen und ihre Kontrakte zu Geld zu machen. Allen Regeln zum Hohn stoßen *portfolio insurance* und *index arbitrage* frontal zusammen. Weder Aktien noch Termingeschäfte finden ausreichend Interessenten. Aus dem *run* wird schiere Panik.[53]

Derweilen in New York die Aktienkurse abtrudeln, schießen in Chicago die Terminnotierungen "im freien Fall" hinab und liegen bald um 20 % unter den Tageskursen.[54] Der Kurssturz bekommt eine solche Rasanz, daß die Computer ihn kaum mehr registrieren können. Schon kurz nach Börsenbeginn hinkt der *Dow Jones Index* hinter den Kursen her. Bei Börsenschluß hat er mehr als zwei Stunden Verspätung. Was am 19. Oktober über die Bildschirme flackert, das sind samt und sonders überholte Zahlen. Niemand weiß, wieviel er bereits verloren hat und weiter verliert, wenn er nicht aussteigt.[55] Ohne verläßlich aktualisierte Aktienkurse sind die Computer nicht imstande, Terminnotierungen zu kalkulieren. In der New Yorker Aktienbörse herrscht zwar Chaos, doch das Geschäft geht bis zum bitteren Ende weiter. In der Chicagoer Terminbörse geht indessen nichts mehr. Die Terminhändler flüchten aus dem Börsensaal.[56]

Die Voraussetzungen der Entwicklung zum rund um die Uhr geschäftigen globalen Finanzmarkt und zum *World Financial Center* als seiner avanciertesten Hochburg liegen in den politökonomischen und technologischen Begebenheiten und Prozessen der Jahre 1979 bis 1981 begründet.

Die Computerindustrie überschritt die Schwelle zur Ära der Superminis und PCs. Durch Vernetzung machen sie jedem einzelnen Arbeitsplatz immense Diagnose- und Rechenkapazitäten in *real time* zugänglich.[57]

Auf dem Umweg über *Künstliche Intelligenz* und *Expertensysteme* [58] näherten sich die Softwarehäuser solchen hochkarätigen Diagnose- und Datenmanagementsystemen, wie sie für das Börsengeschäft und den übrigen Kapitalhandel ebenso unerläßlich sind wie für den reibungslosen Betrieb der Kapitalfabrikbauten.[59]

Die Produzenten von Telekommunikationseinrichtungen verfeinerten die Satellitentechnologie, die Breitbandkommunikationsträger Koaxial- und Glasfaserkabel sowie die automatischen Schaltanlagen für digital integrierten Sprach-, Bild- und Datenfluß. Sie ermöglichen erst die Expansion des Kapitalhandels vom lokalen über den nationalen auf den globalen Markt.[60]

Dies geschah in derselben Periode, in der das große Finanzkapital sich auch politische Macht unterstellte. Die noch auf ein Minimum an sozialem Ausgleich verpflichtete Regierung des Erdnußfarmers Jimmy Carter wurde durch das jegliche soziale Verantwortung leugnende Regime des professionellen *glamour boys* Ronald Reagan abgelöst. Gestützt auf die einen harten Kurs haltenden Steuermänner aus der Rüstungsindustrie und Hochfinanz, Caspar Weinberger und Donald Regan, verkaufte der "große Kommunikator" mit seiner unnachahmlich stereotypen Werbespot-Dramaturgie dem in immer tiefere Lethargie versinkenden Wahlvolk die Wende zurück zum *laisser faire* als Fortschritt zum wachsenden Wohlstand für die Tüchtigen. Hauptelemente seiner *make believe*-Politik waren eine Staatsverschuldung ohnegleichen, die Finanzierung der rapiden Weiterentwicklung von Computern, Software, Telekommunikationen und Waffensystemen mit hunderten Milliarden Dollar aus dem Etat des Pentagons, eine Novellierung der Steuergesetzgebung und die gesetzliche Deregulierung des Finanzwesens. Alle vier Elemente waren der Anhäufung, Zentralisierung und Konzentration der großen Kapitalien im höchsten Grade förderlich.[61]

Die Hochfinanz ließ sich nicht lange bitten. Unmittelbar nach Reagans Inthronisation begann sie, die bestehenden Eigentumsverhältnisse auf einer höheren Konzentrationsstufe zu reorganisieren. In Carters letztem Amtsjahr 1980 wurden in den

USA nicht ganz 1900 Firmenzusammenschlüsse im Gesamtwert von $ 44 Milliarden angekündigt. Im ersten Reagan-Jahr schnellte die Zahl der Fusionen und Aufkäufe auf 2400 hoch, zum Kostenpunkt von $ 83 Milliarden. Bereits 1985 erreichte die Konzentrationswelle mit 3000 Konzernkombinationen zum phantastischen Preis von $ 180 Milliarden ein erstes Zwischenhoch.[62]

Diese Ziffern verraten zweierlei: anscheinend haben die Aufsichtsbehörden zusehends ihre Monopolbedenken vergessen oder auftragsgemäß hintangestellt; letzthin entstammen Käufer wie Kaufobjekte immer häufiger den vordersten Rängen und repräsentieren folglich eine immer größere geballte Kapitalmacht.[63] Schlüsselt man die Konzentrationsvorfälle nach Wirtschaftssegmenten auf, fallen zwei aus dem Rahmen: mit besonderen Fleiß wird im Rüstungs-Hochtechnologiesektor und in der Hochfinanz fusioniert.[64]

In der Hochfinanz finden zwei parallele Entwicklungen statt. In atemberaubendem Tempo schlucken Großbanken kleinere Lokal- oder Regionalbanken und komplette Sparkassenketten, verflechten sich diverse Regionalbanken der zweiten Liga zu Großbanken mit globalen Ambitionen.[65] Gleichzeitig durchläuft die kleine Gruppe der führenden Investitionshäuser bzw. Wertpapierhandelsfirmen einen vehementen Konzentrationsprozeß. Dieser bringt eine gewaltige Erweiterung ihrer Kapitalbasis mit sich, und diese wirkt sich wiederum auf den Fortgang der gesamten Konzentrationsbewegung beschleunigend aus.[66]

Allein im Jahr 1981 erwarben branchenfremde, aber äußerst kapitalstarke Finanzholdings vier der zehn umsatzstärksten US-Investitionsbanken. Der Reisebüro-, Reisescheck- und Kreditkartenkonzern *American Express* übernahm die Partnerschaft *Shearson Loab Rhodes*, der Versicherungskonzern *Prudential* den Wertpapierhändler *Bache*; der Warenhausgigant *Sears Roebuck* erstand sich das Börsenhaus *Dean Witter Reynolds*; Wall Streets zweitgrößte Investitionsbank *Salomon Brothers* verbündete sich mit *Phibro*, dem weltführenden Handelshaus für strategische und Edelmetalle, und wurde damit eine Konzernenkelin des unermeßlich reichen südafrikanischen Diamanten-, Bergbau- und Industriemonopolisten *Anglo American Corporation of South Africa.*[67]

American Express hat seine Position auf dem Kapitalhandelsmarkt indessen zielstrebig ausgebaut. 1984 hat der Konzern seiner Tochter *Shearson* den Konkurrenten *Lehman Brothers* und im Dezember 1987 noch die nach dem Börsenkrach ins Wanken geratene *E. F. Hutton*-Gruppe anvermählt.[68] Durch diese *ménage à trois* ist *Shearson Lehman Hutton*, wie sie nun firmiert, unter die "großen Drei" im Börsenroulette aufgerückt und wetteifert mit *Merrill Lynch*, dem jahrzehntelangen Branchenprimus, und *Salomon* um den ersten Platz.[69]

Für *Shearson Lehman Hutton* haben sich die Public Relations-Manager einen schon ans Geniale grenzenden Slogan einfallen lassen: "*Minds Over Money*".[70] Je nach gesellschaftlichem Stand und Ausblick mag man ihn mit "Köpfe regieren das Geld" oder mit "Triumph des Geists über den Mammon" übersetzen. Es gibt wohl kaum ein gängiges Geschäftsmotto, das die Mentalität der *yuppies*, denen Geldscheffeln zum einzigen Lebensinhalt geworden ist, boshafter bloßstellt als dieses. Und es wirft ein grelles Schlaglicht auf die politökonomische Realität der 80er Jahre: die Herren über die Instrumente der Kapitalverteilung und -umschichtung halten den *joystick*, den Lust bereitenden Steuerknüppel, der der Welt den Kurs angibt, in ihren nervösen Händen.

Der Computereinsatz ist im Finanzwesen nichts Neues, doch die totale Computerisierung des Kapitalhandels ist noch kein Jahrzehnt alt. Mit der umfassenden Renovierung der New Yorker Aktienbörse nahm sie ihren Anfang.[71]

Der Börsenraum - im Jargon "*the floor*", "das Parkett", genannt - ähnelt heute eher der Raumfahrtzentrale der *NASA* als dem konventionellen Parcours der Börsenritter. Über die Wände, wo einstmals betreßte Diener die jeweils jüngsten Kurse auf Schiefertafeln malten, laufen elektronische Schriftbänder. Sie aktualisieren z.B. den Kurs von *Ford*-Aktien in dem Moment, in dem die letzte *Ford*-Transaktion vom Computer besiegelt wird. - Mitten auf dem Parkett haben die Spezialisten ihre runden Stände. Sie sorgen für einen "ordentlichen Markt" in "ihren" Papieren. Einer ist etwa für *IBM* und *Pan Am* verantwortlich, ein anderer für *Exxon* oder *General Electric*. Die Spezialisten haben für jeden Anbieter "ihrer" Papiere einen Abnehmer zu finden; notfalls müssen sie selber die angebotenen Aktien vorübergehend übernehmen, um stärkere Kursausschläge zu verhindern. - Über den Häuptern der Spezialisten flimmern wahre Bildschirmkaskaden. Auf sie starren die Händler heutzutage, so wie sie einst die Wandtafeln und das Fingerspiel der Kollegen zu fixieren pflegten.[72]

Richard Torrenzano, der für Kommunikation zuständige Vizepräsident der Börse, berichtet vom Renovierungsprozeß: "Seit 1980 haben wir alljährlich zwischen $ 150 und $ 200 Millionen zu ziemlich gleichen Teilen in Computer und Software investiert. Die ersten $ 200 Millionen steckten wir in *trading*-Systeme. Sie sind die technischen Voraussetzungen dafür, daß die Händler und Börsenangestellten das riesige Volumen der letzten Jahre überhaupt bewältigen konnten. 1986 haben im Schnitt täglich 145 Millionen Aktien den Besitzer gewechselt. Zum Vergleich: 1985 waren es erst 109 Millionen und vor 20 Jahren bloße 10 Millionen Aktien pro Börsentag. In den letzten 10 Jahren hat sich das Tagesvolumen verfünffacht."[73] 1987 stieg der tägliche Umsatz auf 150 bis 300 Millionen Aktien pro Tag an.[74] Am 19. Oktober ließ er mit 608 Millionen Aktien die Kapazität, auf die das *trading*-System theoretisch ausgelegt ist, weit hinter sich.[75]

Das *Super-DOT* genannte *trading*-System verifiziert und registriert jeden *deal* und korrigiert automatisch den Kurs.[76] Das aus 200 in Tandem laufenden Minicomputern bestehende System ist absolut fehlertolerant. Das bedeutet: tritt irgendwo im System eine Panne auf, schaltet das Leitprogramm den betroffenen Vorgang sofort auf eine andere Komponente um.[77] Nach dem Chaos am 19. Oktober lobte die *New York Times* die Anlage: "Selbstdiagnose-Programme ermöglichen es den Computern, bei Defekten unverzüglich und ohne Mithilfe des Bedienungspersonals umzuschalten. Die Computer achten stets darauf, daß jede Verkaufsorder durch eine Kauforder gedeckt ist. (...) Die 200 Prozessoren (im Tandemverbund) können pro Sekunde bis zu 900 Kauf- und Verkaufsvorgänge ausführen."[78] Mit der alsbald zu installierenden nächsten Computergeneration erhöht sich die Kapazität auf 1300 Transaktionen pro Sekunde.[79] Sie ließe theoretisch 30 Millionen *deals* im Laufe eines sechs-ein-halb-stündigen Börsentags zu. Dabei ist es den Computern gleichgültig, ob bei einem *deal* eine Aktie oder ein Paket von 10.000 Aktien den Inhaber wechselt.

Die technologische Aufrüstung der Börse für den Weltkrieg der größten Finanzinstitute um die Vorherrschaft über das Globalkapital konfrontierte die Investitionsbanken und Wertpapierhandelshäuser mit schwer zu lösenden Problemen. Nicht allein benötigen sie ein vergleichbares und kompatibles technisches Arsenal, sie müssen es auch ihren Bedürfnissen gemäß organisieren und folglich ihre hausinterne Arbeitsorganisation der neuen Technologie, den neuen Verfahrensweisen und dem sich ins Globale erweiterten Markt anpassen. Das verlangt eine Reihe von Maßnahmen.

Nachdem sie geeignete Hardware ausgewählt haben, müssen die Kapitalhändler sich entweder die ihren Erfordernissen auf den Leib geschneiderte Software von Dritten entwickeln lassen oder sie selber schreiben. Sie muß so beschaffen sein, daß jeder Mitarbeiter Zugang zum gesamten Informations-, Kommunikations- und *trading*-Instrumentarium erhält.[80]

Die diversen Informations-, Kommunikations- und *trading*-Kanäle müssen in den Endgeräten derart integriert und komprimiert sein, daß der *trader* ein Minimum an Bildschirm und Tastaturen vor sich hat, mit dem er arbeiten kann.[81]

Die zwischen Computern, Schaltzentralen und den Arbeitsplätzen kommunizierenden Kabelstränge müssen in entsprechend weiträumigen Kabelschächten bzw. unter Doppelböden untergebracht werden. Für manche Zwecke müssen Leitungen als *local area networks*, als lokale Netze, ausgebildet sein.[82]

Viele der vorhandenen Finanzpaläste an Wall Street oder in der östlichen *midtown* Manhattans sind für den Umbau zu *high tech*-Kapitalfabriken nicht sonderlich geeignet, wo nicht völlig untauglich.

Einen Ausweg aus dem Dilemma bot einigen der Hauptakteure, namentlich *Merrill Lynch* und *Shearson/American Express*, ein in den späten 60er Jahren mehr zufällig entstandenes denn in weiser Voraussicht geplantes Projekt: *Battery Park City*, ein schmaler Streifen künstlichen Lands an der Westseite des unteren Manhattans. Von deren Entstehungsgeschichte erzählt die Informationschefin des Projekts, Ellen Rosen: "Eigentlich wurde dieses künstliche Land geschaffen, weil es viel billiger war, das Gestein von den Ausschachtungen für das *World Trade Center* - es steht ja gleich gegenüber auf der anderen Straßenseite - hier einfach in den Fluß zu kippen, als es auf Kähnen ins Meer hinaus zu verfrachten. So sind ungefähr 5 Hektar der *Battery Park City* vom Aushub des *World Trade Centers* entstanden."83

Abb. 4: Das *World Trade Center* mit dem erst partiell aufgeschütteten Gelände der heutigen *Battery Park City* Mitte der 70er Jahre.(Photo: The Port Authority of NY & NJ)

Was die tiefe Baugrube des Superkomplexes mit seinen zwei 110-geschossigen Haupttürmen, 5 Nebentürmen, dem Sitz der Zollverwaltung, einem Großhotel und 5 U-Bahnhöfen nicht hergab, das lieferten der Fluß und die Ruinen des schwarzen Aufstands von 1967. *Battery Park Citys* restliche 32 Hektar sind mit ausgebaggertem Flußgeröll und dem Schutt von Harlem aufgeschüttet worden.84

Dem ursprünglichen Bebauungsplan zufolge sollten ein paar gigantische Sockelbauten den anderthalb Kilometer langen und 250 Meter breiten Landstreifen bedecken. Die Sockel waren als mehrstöckige *shopping mall* und Fußgängerebenen gedacht. Auf ihnen sollten sich etliche Hochhauscluster erheben. Die Clusters im Norden und in der Mitte waren als Maxiwohnanlagen geplant, die im Süden als Verwaltungskomplexe.85 Der Bebauungplan blieb zum Glück unrealisiert. Die Stadt New York war pleite, Neubauten wurden kaum in Angriff genommen.86 Doch auch bei besserer Konjunktur hätte der Plan wenig Chancen gehabt: den Bauspekulanten war er zu gigantisch; er verlangte zu große Investitionen; die Planelemente waren strategisch falsch verteilt.

Als ab 1978 ein neuer Boom einsetzte, entschloß sich die für das Projekt verantwortliche staatliche *Battery Park City Authority* zur radikalen Neuplanung.[87] 1979 ließ sie die Städteplaner Alexander Cooper und Stanton Eckstut einen neuen Bebauungsplan ausarbeiten,[88] zu dem Stanton Eckstut heute anmerkt: "Mit unserem Plan reagierten wir auf die vielen Fehler des alten. Wir wollten etwas schaffen, das zu *lower* Manhattan paßt und sich einfügt. Wir sahen uns den Broadway und seine Querstraßen an. Die Ost-West-Querstraßen setzten wir bis zum Ufer fort. Den Broadway nahmen wir zum Vorbild für unsere Nord-Süd-Achse. Im alten Plan lag das Verwaltungszentrum am Südende. Dort gibt es weit und breit keine U-Bahn. Wir verlegten es natürlich neben das *World Trade Center*; denn dort gibt es den großen U-Bahn-Knoten und die *PATH*-U-Bahn, die unter dem Hudson nach New Jersey hinüberfährt."[89]

Cooper/Eckstuts Bebauungsplan mit seinen sehr detaillierten Ausführungsrichtlinien erfuhr von allen Seiten höchstes Lob.[90] Für Ellen Rosen ist es die "Bibel", an deren Gebote man sich halte: "There was an overall master plan adopted in 1979 which is the *Battery Park City* bible. It's the document under which we operate."[91]

Auf der Basis dieses realistischen Plans mit seiner menschenfreundlichen Kleinteilung, seinen Parks und Uferpromenaden, sah sich die Behörde nach kapitalstarken Bauherren für das Kernstück des Ganzen um: den Verwaltungskomplex. Ihren Statuten gemäß,[92] berichtet Ms. Rosen, schrieb die Behörde einen Wettbewerb aus: "Wir luden interessierte Bauherren ein, uns Vorschläge für das Geschäftszentrum zu unterbreiten. Es sollte aus vier Türmen, einem Wintergarten und einer begrünten Piazza bestehen."[93]

Der Komplex ist L-förmig. Der Wintergarten ist das Verbindungsstück zwischen dem langen und dem kurzen Arm. Zum Fluß hin öffnet er sich auf die Piazza und den Hafen. Von Osten her rollt der Autoverkehr zwischen zwei torartigen Minitürmen hindurch ins Innere. Eine geschlossene Fußgängerpromenade über dem Straßenniveau verbindet alle Gebäude miteinander. Zwei Fußgängerbrücken erleichtern den Zugang vom *World Trade Center* und von den U-Bahnen.[94] Wie Ellen Rosen weitererzählt, bewarben sich verschiedene Terraingesellschaften oder Bauträgergesellschaften um das Projekt: "Doch allein *Olympia & York* war willens, alle vier Türme sofort zu bauen. Die meisten Mitbewerber sagten: wir bauen erst einmal einen Turm und sehen zu, wie er sich vermietet, und dann nehmen wir uns den nächsten vor. *Olympia & York* war indessen bereit, das Risiko einzugehen, alle vier Türme gleichzeitig zu errichten und das Projekt bis 1987 zu vollenden."[95] Für die Vergabe des Projekts an die canadische Terraingesellschaft *Olympia & York* sprach auch, fügt Ellen Rosen hinzu, "daß sie das finanziell großzügigste Angebot machte und unter allen Bewerbern den besten *track record* aufwies."[96]

In der Tat gilt die in Toronto ansässige Terraingesellschaft der Gebrüder Reichmann als die erfolgreichste der Nachkriegszeit. Mit einem geschätzten Anlagevermögen von mindestens $ 20 Milliarden ist sie gewiß die kapitalstärkste.[97]

Sie besitzt und verwaltet annähernd hundert Bürohochhäuser und Verwaltungskomplexe neben manch anderem Grundbesitz in Canada und in den USA. Nebenbei hält sie Beteiligungen an Unternehmen im Transportwesen und in den Erdöl-, Holzverarbeitungs- und Genußmittelindustrien.[98] Als Bauherrn für das $ 1,5 Milliarden teure *World Financial Center* hätte die *Battery Park City Authority* keinen passenderen Partner wählen können.[99] Auf die Frage , weshalb *Olympia & York* bereit war, dieses Projekt von der Größe des *Rockefeller Centers* anzugehen,[100] ohne zuvor einen einzigen Mieter an der Leine zu haben,[101] antwortet Simha Fordsham, der Kommunikationsdirektor des Konzerns, verbindlich: die Behörde habe das Projekt als *einen* Komplex gesehen, und "wir stellen unsere Klienten gern zufrieden."[102]

Die Brüder Reichmann kannten die Lage auf dem New Yorker Büromarkt sehr genau. Als sie 1980 die Pachtverträge mit der Behörde unterschrieben, wußten sie, daß sie keine Mühe haben würden, höchst interessierte Mieter zu finden, wie Mr. Fordsham ausführt: "Unsere Recherchen ergaben sehr bald, daß zahlreiche Konzerne wie beispielsweise *Merrill Lynch* sich in einer Vielzahl von Gebäuden ausgebreitet hatten. Sie expandierten so schnell, daß ihnen an einem Bauwerk gelegen sein mußte, in dem sie all ihre Büros konsolidieren konnten."[103]

Paul Stein, bei *Merrill Lynch* Direktor für Konzernbauten, bestätigt die Genauigkeit der Analyse: "Seit 1974 befand sich unsere Konzernzentrale - zunehmend beengt - in einem Gebäude von 111.000 Quadratmetern. Firma und Geschäft aber wuchsen weiter. Um all die Leute unterzubringen, mieteten wir im Laufe der Jahre Büroräume in vielen anderen Gebäuden hinzu. Als wir uns zum Umzug ins *World Financial Center* entschlossen, saßen unsere Mitarbeiter in 14 verschiedenen Gebäuden in *downtown* Manhattan."[104]

Olympia & Yorks Rechnung ging auf. 1981 begann der Bau des *World Financial Centers*, 1984 waren seine zwischen 33 und 50 Stockwerke hohen Türme vermietet. Den südlichen Turm A bezogen der Finanzinformationsdienst *Dow Jones*, die private Investitionsbank *Oppenheimer* und die *Battery Park City*-Verwaltung. In den 50 Geschossen des nördlichen Eckturms C richteten sich *American Express* und seine Tochter *Shearson Lehman Hutton* ein. Die beiden unterschiedlich geräumigen Türme B und D mietete *Merrill Lynch*.[105]

Nach *Olympia & Yorks* Geschäftsphilosophie macht es sich bezahlt, neue Projekte von einfallsreichen Architekten entwerfen zu lassen und sie mit der modernsten Technologie auszustatten.[106] Beides lockt hochkarätige Mieter an und mindert die Betriebskosten der Gebäude. Um einen Architekten zu finden, dem zu dem Bauplatz mehr als bloß ein paar schnieke postmoderne Fassaden einfallen, lud *Olympia & York* zu einem Wettbewerb ein.[107] Den Preis trug der Argentinier Cesar Pelli davon. Der Dekan der Architekturfakultät an der *Yale University* [108] erinnert sich: "Man hatte bereits sieben andere Architekten aufgefordert, wir waren Nummer acht. Es gab nur eine kleine Zahl von Bedingungen, die zu erfüllen waren. Wir hatten

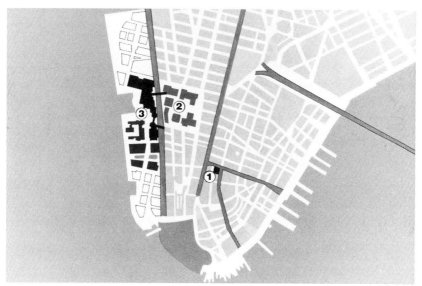

Abb. 5: Die Skizze zeigt die günstige Lage der *Battery Park City* und des *World Financial Centers* (3) zum *World Trade Center* (2) und dem unter ihm liegenden U-Bahn-Knoten und zur *New York Stock Exchange* (1) an der Ecke Wall und Broad Streets. (Graphik: Nik Kesten)

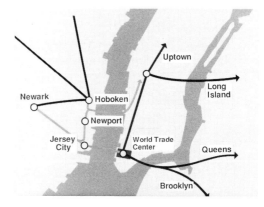

Abb. 6: U-Bahn- und Vorortbahnverbindungen vom *World Trade Center*. Neben den U-Bahn-Relationen nach Brooklyn sind die *PATH*-Strecken nach Jersey City, *Newport*, Hoboken und Newark mit Fahrtdauern zwischen 5 und 15 Minuten die günstigsten. (Graphik: Nik Kesten)

Abb. 7 (gegenüberliegende Seite): Flächennutzungsplan der *Battery Park City* nach dem Bebauungsplan von Cooper und Eckstut. In der Mitte das *World Financial Center* mit den beiden Fußgängerbrücken zum *World Trade Center* und nach Liberty Street. Westlich vom *WFC Tower A* der 1983 fertiggestellte *Gateway Plaza*-Wohnkomplex. Das Wohnviertel *Rector Place* (A-L) ist im Sommer 1988 ebenso fertiggestellt worden wie die Parkanlage *South Cove*. Die Baufläche 25/26 ist für die Erweiterung des *WFC* vorgesehen; *Olympia & York* hat auf sie eine Option erworben. Im Sommer 1988 ist der Bau des Fährhafens westlich vom *WFC Tower D* begonnen worden. (Graphik: Battery Park City Authority)

BATTERY PARK CITY VITAL STATISTICS

A 92 acre residential and commercial community at the tip of lower Manhattan, with the land allocated as follows by the 1979 Master Plan:

42% RESIDENTIAL-14,000 HOUSING UNITS
Gateway Plaza 1,712 apartments in three 35-story buildings and three six-story buildings completed and fully-occupied in 1983
Rector Place 2,287 apartments in ten buildings on nine acres, being built by six developers; occupancy began in 1986
Battery Place 3,500 units on nine blocks; developers to be announced
North Residential Area Preliminary planning under way

9% COMMERCIAL CENTER
- 6 million square feet of office space in four towers of the World Financial Center
- 280,000 square feet of commercial and retail space
- 18,500 square foot glass-enclosed public Winter Garden
- 3.5 acre public plaza
- estimated date of completion: 1987

30% OPEN SPACE-PARKS, PLAZAS, ESPLANADE
A 3.5 acre park at the southern end, a park at Rector Place, a plaza at the World Financial Center and a park at the northern end of the site, all linked by a 1.2 mile waterfront Esplanade.

19% STREETS AND AVENUES

TOTAL DEVELOPMENT COSTS: $4 billion (estimated)

POPULATION UPON COMPLETION:
30,000 residents, 31,000 workers

BATTERY PARK CITY HISTORY

1968 BPCA created by the New York State Legislature
1972 BPCA issued $200 million in moral obligation bonds for the development of the landfill and necessary infrastructure
1976 92-acre landfill completed
1974–1979 Due to New York's financial conditions, further development did not proceed
1979 BPCA was restructured and a financial workout plan was adopted to protect BPCA's bonds. A new development plan, the 1979 Master Plan was created
1980 Construction began on 1,712 unit Gateway Plaza, Battery Park City's first residential development
1981 Olympia & York Properties began construction of the 6,000,000 sq. ft. World Financial Center
1981 BPCA designated six development teams for the Rector Place residential development
1982 First tenants moved into Gateway Plaza
1983 Gateway Plaza fully rented
1983 First 20% section of 1.2 mile Esplanade completed and opened to public
1984 Construction completed on Rector Place infrastructure and started on 2,200 units in Rector Place Residential development
1984 Topping off of first two towers of World Financial Center
1984 Merrill Lynch signed lease with Olympia & York to occupy the remaining two towers in the World Financial Center
1985 South Cove Design approved
1985 Rector Park and extension of Esplanade opened
1985 World Financial Center opened. First tenants move in.
1986 New York legislature passes and Governor Cuomo signs Housing Bond Issue Bill.

BATTERY PARK CITY AUTHORITY
One World Financial Center, New York, New York 10281
(212) 416-5300

Meyer S. Frucher, President & CEO
Robert W. Seavey, Chairman
Pazel G. Jackson, Jr., Member
Richard J. Sirota, Member

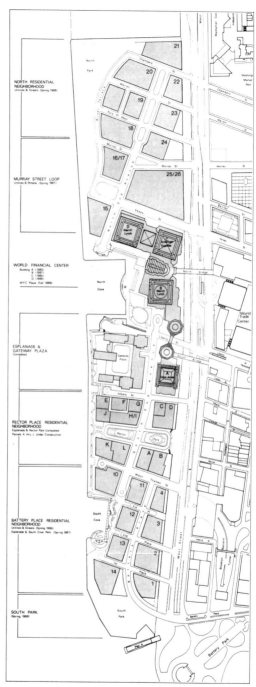

eine gewisse Anzahl Quadratmeter Nutzfläche zu schaffen und uns strikt an die Richtlinien der für das Projekt zuständigen Behörde zu halten."[109]

Cesar Pelli untertreibt ein wenig: erstens fügt sich sein Entwurf perfekt in die Umgebung ein und erfüllt peinlich genau die sehr weit gehenden Vorschriften der Richtlinien;[110] zweitens ist das *World Financial Center* aus einem Guß und nicht nur eine Ansammlung von Finanzpalästen;[111] drittens ist ihm das Geniestück gelungen, das Ensemble von der überaus komplexen Infrastruktur her, also gleichsam von innen nach außen zu entwerfen.[112] Es ist eine Infrastruktur, wie es sie vorher nie gegeben hat, nie hat geben können. Moshe Wertheim, einer von *Olympia & Yorks* Ingenieuren, führt sie darauf zurück, daß während der Planungsphase eine "technologische Explosion" stattfand, deren reifste Produkte man im *World Financial Center* angewendet hat: "Das Telephon wurde gerade computerisiert; Gebäudesysteme, die bis dahin pneumatisch betrieben wurden, verwandelten sich in elektronisch gesteuerte; Sicherungssysteme wurden unter Computerkontrolle gestellt. Im *World Financial Center* haben wir drei separate Computersysteme: je eins für das Gebäudemanagement, die Sicherheit und den Feuerschutz."[113]

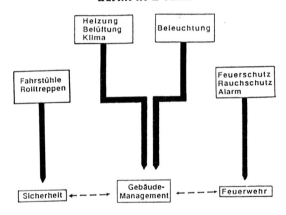

Abb. 8: Schematische Darstellung der Gebäudemanagementsyteme für alle öffentlichen und gemeinsamen Räume des *World Financial Centers* und für *Tower A*. Die beiden Großmieter *Merrill Lynch* und *American Express/Shearson* unterhalten analoge aber separate Systeme für ihre drei Türme. (Graphik: Nik Kesten)

Der Gebäudemanagementcomputer steuert Fahrstühle und Rolltreppen, Heizung und Klimaanlage und die Beleuchtung im öffentlichen Bereich.[114] Diese hier erstmals im Großen angewandte Technologie hat dem *World Financial Center* den Ruf eingetragen, der erste "smarte" oder "intelligente" Gebäudekomplex der Welt zu sein.[115] Der Besucher nimmt von alledem lediglich wahr, daß die Fahrstühle "sprechen" und das Licht automatisch angeht, wenn man einen leeren Raum betritt.[116]

Weshalb das *World Financial Center* als "intelligent" gilt, erläutert der Kommunikationsfachmann Norman Kurtz, der bei der Planung der Systeme als technischer Berater hinzugezogen war,[117] an einem Beispiel: "Mit Hilfe von Sensoren stellt der Gebäudemanagementcomputer Heizung, Klimaanlage und Beleuchtung nach dem Wetter draußen und den Aktivitäten drinnen ein. Er ist mit einer Jahresuhr programmiert. Folglich weiß er, wann Feiertage sind oder wann die Uhr von Winter- auf Sommerzeit umgestellt wird. Er registriert, was in den einzelnen Räumen vor sich geht. Auf Grund solcher Daten reguliert er Klima, Wärme, Kühlung, Licht und sorgt dafür, daß die Fahrstühle in den Nachtstunden nicht ohne elektronischen Ausweis benutzt werden können."[118]

Das computerisierte Gebäudemanagementsystem reduziert die Betriebskosten des *World Financial Centers* [119] und verhindert Pannen. Denn es ist mit einem Diagnoseprogramm ausgerüstet, das Verschleiß bei den Komponenten und potentielle Defekte vorauskalkuliert.[120]

Noch wichtiger ist zweifellos: das computergesteuerte Feuerschutzsystem alarmiert die Feuerwehr und löst selbsttätig erste Schutzmaßnahmen aus. "Der ganze Komplex ist in Zonen unterteilt. Bricht in einer Zone ein Feuer aus, treten natürlich sofort Sprinkler in Aktion. Gleichzeitig erzeugt der Computer mit Hilfe von Pumpen und Gebläsen in der Brandzone Unterdruck und in den angrenzenden Zonen Überdruck. Auf diese Weise wird der Rauch aus der Brandzone abgesogen und kann in die Nachbarzonen nicht eindringen. Das alles schafft ein einziger PC. Für die Sensoren muß man allerdings ein Vermögen ausgeben. Überall müssen sie installiert sein, und sie müssen absolut zuverlässig funktionieren."[121]

Das Schlagwort vom "intelligenten" oder "smarten" Gebäude bezieht sich auch auf die Organisation der Kommunikation: der Kommunikation der Beschäftigten mit Computern, Informationsdiensten, Datenbanken, mit der Außenwelt und untereinander.[122] Da die Bedürfnisse der Mieter zu verschieden sind, da sie unterschiedliche Hardware und Software verwenden und größten Wert auf strenge Geheimhaltung ihrer Geschäfte legen, überließ *Olympia & York* die kommunikationstechnische Ausstattung jedem selbst.[123] Alle drei Hauptmieter - *Merrill Lynch, Shearson/ American Express* und *Dow Jones* - nutzten die Chance der Übersiedlung ins *World Financial Center*, ihre Konzernzentralen durchweg auf Breitbandkommunikationskanäle für den Sprach-, Bild- und Datenfluß umzurüsten.[124]

Die junge Inderin Mino Akhtar plant als Direktorin bei *American Express* Erprobung und Einsatz fortgeschrittener Technologien. In ihrer Sicht gehört die "totale Verkabelung" heutzutage zu den "Grundversorgungseinrichtungen" eines modernen Verwaltungsgebäudes.[125] "*American Express* wurde zum Innovator, da man dies begriff und es sodann praktisch umsetzte. Das Ergebnis ist der erste komplett verkabelte Wolkenkratzer. Die Verkabelung mindert die Kosten beim Arbeitsplatzwechsel. Strategisch ermöglicht sie uns, das Gebäude auf Wunsch oder bei Bedarf in ein einheitliches Kommunikationsnetz umzuprogrammieren."[126]

Die Voraussetzungen für die Verkabelung schuf Cesar Pellis Entwurf. Der Fußboden ist in Zellen gegliedert und mit Kabelkanälen versehen.[127] In regelmäßigen Abstän-

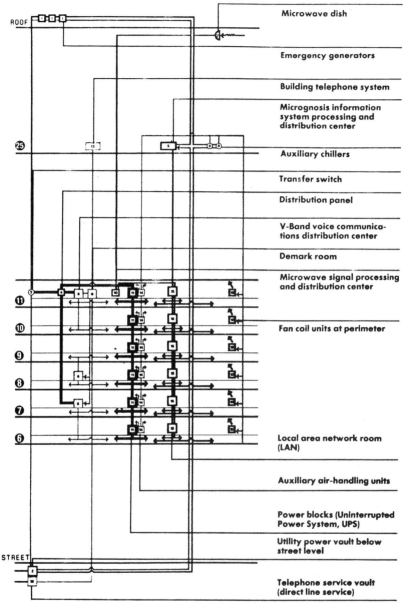

Abb. 9: Schematische Darstellung der speziellen informations-, kommunikations- und energietechnischen Installationen für die *trading floors* bei *American Express/Shearson* (Stockwerke 5-11). Unter dem pyramidenförmigen Dach sind die Hilfsgeneratoren der Notstromversorgung (*UPS =Uninterruptible Power Systems*) untergebracht. (Graphik: Kyung Hui Lee/Interiors)

den, d.h. an jedem möglichen Arbeitsplatz, befinden sich im Boden aufklappbare Anschlußbuchsen, in die man sein Telephon, seinen Computer und seine sonstigen Peripheriegeräte nur einzustöpseln braucht.[128] Für die richtigen Verbindungen zwischen Arbeitsplatz und den für diesen erforderlichen Computern und Schaltzentralen sorgt ein Leitungsmanagementprogramm.[129] Wechselt ein Mitarbeiter seinen Arbeitsplatz oder übernimmt er eine andere Aufgabe, schaltet das Programm seine neuen Verbindungen durch.[130]

Wo bei *American Express* dafür Bedarf besteht - so etwa bei der Tochter *Shearson* im Bereich Investitionen -, sind die Terminals der Beschäftigten über ein *local area network* direkt miteinander verbunden. Über dieses Lokalnetz haben sie alle Zugang zu denselben Daten und Arbeitsunterlagen wie die Kollegen.[131]

Bei *Dow Jones* fand man die vom Hausherrn getroffenen Vorkehrungen für die Kabelinstallation nicht ausreichend. Die Redakteure der Finanzinformationsdienste und des *Wall Street Journals*[132] sind auf eine Vielzahl von Verbindungen zu anderen Informationsdiensten, Nachrichtenagenturen oder Druckereien angewiesen.[133] Thomas Deutsch, der technische Betriebsleiter bei *Dow Jones*, beschreibt die zusätzlichen Einrichtungen: "Wir haben sämtliche Arbeitsplätze über ein A- und ein alternatives B-Netz verkabelt. Um dafür Platz zu haben, mußten wir einen zweiten Boden 20-30 Zentimeter über dem Betonboden einziehen. Darunter verlaufen die Kabelstränge zu zwei Verteilungskammern auf derselben Etage. Normalerweise ist das A-Netz in der Kammer A in Betrieb. Falls dort eine Störung im Leitungsnetz auftritt, schaltet das Programm automatisch auf das B-Netz um. Es ist ein Duplikat des ersten. Von den Kammern laufen die Kabel durch Schächte hinauf zum Computerraum im 15. Stock."[134]

Fast die gesamte 12. Etage ist ein dreiflügeliges Großraumbüro für die verschiedenen *Dow Jones*-Informationsdienste[135] Obwohl unausgesetzt telephoniert wird und die Drucker Papier ausspeien, kommt es dank geschickter Raumnutzung an keiner Stelle zu nervenzermürbendem Lärm. Bei hochgezogenen Jalousien haben die Informationsproduzenten den Hudson, New Jersey, die Freiheitsstatue und Staten Island vor Augen.

Kann ein Börseninformationsdienst es sich schlecht leisten, daß seine Aggregate oder Leitungen ausfallen; für die Privatbörsen der Investitionsbanken wäre schon ein kurzer Ausfall eine mittlere Katastrophe. Millionen, ja Milliarden stehen in jeder Minute auf dem Spiel. Kein Wunder also, daß sich sowohl *American Express* als auch *Merrill Lynch* mit duplizierten Leitungsnetzen ausgestattet haben.[136] Speziell für die *trading rooms* oder *trading floors* - diese Privatbörsen füllen ja mittlerweile ganze Etagen - haben beide zusätzliche Sicherungen eingebaut: sogenannte *UPS (Uninterruptible Power Systems)*.[137] Michael Loring, *Merrill Lynchs* Vizepräsident für Telekommunikationen, erklärt, was damit gemeint ist: "Sämtliche Systeme auf den *trading floors* sind gegen Stromschwankungen und -ausfälle doppelt abgesichert: auf der ersten Stufe durch Batterien, die jegliche Stromschwankungen ausgleichen, und auf der zweiten durch sechs Turbinen, die wir oben unter dem Dach untergebracht haben. Das Computerprogramm, das ständig Stromstärke und Frequenz kontrolliert, wirft sie bei einem Stromausfall sofort an. Eine Stromunterbrechung ist völlig ausgeschlossen."[138]

Früher waren *trading rooms* normale Büroräume mit Wandtafeln, auf denen der letzte Kursstand notiert wurde wie in der Börse. Wollte ein *trader* mit einem Kollegen im selben Raum einen *deal* machen, sprang er auf, schrie und gestikulierte. Trotz aller Technologie findet all das auf den heutigen *trading floors*, den Kapitalfabrikhallen *par excellence*, immer noch statt. Judith Baertsch, eine Technikerin bei *Shearson*, mokiert sich ein wenig über ihre *dealenden* Kolleginnen und Kollegen: "Wall Street ist ein äußerst emotionsgeladener Ort. Man möchte fast meinen, da herrschten die Gezeiten und der Mond, Aberglaube, Sorge und Angst."[139]

Die *trading floors* der 80er Jahre sehen wie eine Kreuzung zwischen Hörsaal und Fabrik aus, und in gewisser Weise sind sie das auch. Über die Wände der dreiflügeligen Räume, die fast ein ganzes Stockwerk von 4500 Quadratmetern einnehmen, flimmern die gleichen Schriftbänder wie an der Börse. Stufen ziehen sich von der Mitte der Längsachse zu den Wänden hinauf. Auf den Stufen drängen sich die Arbeitsplätze der *traders*.[140] Paul Stein, der für die *Merrill Lynch*-Konzernzentrale Verantwortliche, begründet die amphitheatralische Anordnung der drei *trading floors* von doppelter Geschoßhöhe:[141] "Sie brauchen den Blickkontakt miteinander. Wir haben alles Erforderliche an Technologie eingebaut. Niemand muß schreien. Der *trader* braucht bloß zwei Knöpfe zu drücken, will er mit dem *trader* da drüben reden. Aber sie verstehen einander besser und können einen *deal* schneller abwickeln, wenn sie einander ansehen und auf althergebrachte Weise mit den Fingern ihre Absichten signalisieren."[142]

Während eine junge Dame und ein junger Mann per Stimme ihren *deal* durchziehen an dem über Telephon noch ein Dritter in einem anderen *trading room* beteiligt ist, arbeiten sie mit ihren Fingern und Augen an zwei Geräten.

Das eine Gerät ist eine Kombination mehrerer kleiner Bildschirme. Laut Michael Loring befriedigt es das Informationsbedürfnis der *traders*. "Früher hatte jeder *trader* je ein Terminal für jeden Informationsdienst vor sich stehen, den er benutzte. Das war lächerlich: niemand konnte die vielen Bildschirme mehr überschauen. Nun verwenden wir eine Anlage der Firma *Rich*, einer Tochter der englischen Nachrichtenagentur *Reuters*. Sie integriert 50 bis 60 Informationsdienste in ein System. Je nach Bedarf kann sich ein *trader* bis zu acht verschiedene Dienste gleichzeitig auf seine Minibildschirme rufen, um unterschiedliche Daten miteinander zu vergleichen. Mit einem Knopfdruck hat er ein anderes Datenbild vor Augen."[143] Die *Rich*-Schaltanlagen füllen den ganzen 11. Stock. Dort stehen auch die Eingangsgeräte der verschiedenen Informationsdienste.[144]

Das andere Gerät ist ein Telephonwählbildschirm von der Größe eines Tischfern-

Abb. 10: Innenarchitektonischer Entwurf für die amphitheatralische Einrichtung der drei großen, je zwei Stockwerke hohen *trading floors* im *Merrill Lynch North Tower*. (Graphik: Merrill Lynch)

Abb. 11: *Merrill Lynch North Tower*: *trading floor* (Stockwerke 5-6) für den Handel mit Industriewertpapieren. Rechts neben der Dame im Vordergrund: ein Telephonwählbildschirm der Firma *Centel;* rechts daneben die Tastatur für die *squawk box*. (Photo: Merrill Lnych)

sehers. Der Bildschirm ist in 64 Felder aufgeteilt. In jedem Feld steht ein Name wie *Salomon* oder *Nomura*. Tippt der *trader* auf eins dieser Felder, ist er mit seiner Partnerin bei *Salomon* in New York oder mit dem Kollegen bei *Nomura* in Tokio verbunden.[145]

Die computergesteuerte Schaltzentrale für dieses Telephonsystem mit hunderten von Standleitungen, zum Teil bis nach Übersee, nimmt ebenfalls ein komplettes Stockwerk ein, nämlich das vierte in *Merrill Lynchs* Nordturm.[146] Die drei doppelstöckigen *trading floors* liegen zwischen den beiden Technologiegeschossen.[147]

Hat ein *trader* einen *deal* anzubieten, für den er auf Anhieb keinen Interessenten weiß, hilft ihm ein drittes System weiter: die sogenannte *squawk box*, der "Schreikasten". Es ist eine Lautsprecheranlage. Sie beschallt freilich nicht bloß diesen Raum, sie verbreitet die *message* des *traders* in allen *Merrill Lynch*-Filialen in den USA.[148]

Fein abgeschirmt sitzen die *program traders* oder Programmhändler in ihren Einzelbüros. Bis auf die ordinäre *squawk box*, die sie nicht wollen, stehen ihnen dieselben Installationen zur Verfügung wie auf den *trading floors*. Darüberhinaus haben sie noch ihre eigenen Standleitungen zu den Börsencomputern in New York und Chicago. Ihre Terminkontrakte und Aktienpakete können sie direkt über die Börsencomputer verhandeln. Haben sie jedoch einen aus unterschiedlichen Papieren zusammengesetzten Aktienkorb abzustoßen, bedienen sie sich - wie jeder andere Kunde - der gewöhnlichen *traders* auf den *trading floors*.[149]

Die Privatbörsen, die *trading floors*, sind der Kern, um den sich das Geschäft des Kapitalhandels dreht. Wie auf einem Fließband wird auf ihnen Kapital hinundhergeschoben. *Traders* werden gut honoriert, und sie bekommen einen Bonus, wenn ihr Umsatz über dem von der Geschäftsleitung angesetzten Soll liegt. Bleibt ihr Umsatz darunter, sind die *yuppies* freilich schnell arbeitslos.[150] Ihre Arbeit verrichten sie unter nicht nachlassendem Stress. Allzu schnell kann ein Gewinn in einen Verlust umschlagen, kann ein für sicher gehaltener *deal* platzen. Wenn mit dem allgemeinen 24-Stunden-Börsentag der Schichtbetrieb auf den *trading floors* zur Regel wird, dann wird der Stress zunehmen und die Frühpensionierung noch näher rücken. Daß Schichtbetrieb schon jetzt unvermeidlich ist, räumt John Heimann auf der *Merrill Lynch*-Vorstandsetage ein, obschon ihm das Wort "Schichtarbeit" unsympathisch ist: "Dank der Computer ist der 24-Stunden-Geschäftstag nicht bloß eine Möglichkeit, sondern Realität geworden. Versinkt die Sonne im einen Land im Westen, schließen dort die *trading rooms* der großen Finanzkonzerne, und in einem anderen Land fangen sie zu arbeiten wieder an, sobald dort die Sonne im Osten aufgeht. Das *trading* wandert mit der Sonne von New York nach Tokio, nach London und zurück nach New York. Findet *trading* rund um die Uhr statt, müssen Menschen auch rund um die Uhr arbeiten. Die Frage ist: wo? Eine Möglichkeit wäre, das *trading* in New York zu konzentrieren; das hieße Betrieb in drei Schichten. Eine andere wäre, in Tokio und London ebenfalls *trading rooms* zu betreiben. Die Konzerne handhaben es unterschiedlich. Indessen spricht die Logik für *trading rooms* in allen drei Haupt-

Abb. 12: Typischer Arbeitsplatz auf einem der *Merrill Lynch trading floors*. Links zwei Bildschirme nebst Tastatur eines computergestützen *trading*-Systems; direkt vor dem *trader* sieben Bildschirme (und verdeckt die Tastatur) des integrierten *Rich*-Informationssystems, rechts Bildschirm und Tastatur des *Centel*-Telephonsystems und daneben rechts (verdeckt) die Tastatur der *squawk box*. (Photo: Merrill Lynch)

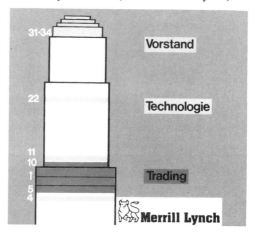

Abb. 13: Schematische Darstellung der Raumnutzung im *Merrill Lynch North Tower*: die drei doppelgeschossigen *trading floors* (Stockwerke 5-10) sind durch die zwei Technologiegeschosse 4 (*Centel*-Schaltanlagen) und 11 (*Rich*-Informationssystem) eingerahmt. Über den Vorstandsetagen unter dem Dach stehen die sechs Notstromturbinen des *Uninterruptible Power Systems*. (Graphik: Nik Kesten)

märkten, die aus der Konzernzentrale durch eine bescheidene Anzahl Schichtarbeiter unterstützt werden."[151]

In der letzteren Form wird es derzeit bei *Merrill Lynch* gehandhabt. Mittlerweile bereitet sich die New Yorker Börse auf ihren eigenen 24-Stunden-Börsentag vor. Anfang der 90er Jahre soll in New York, Tokio, London und an anderen strategisch wichtigen Börsenplätzen wie Sidney oder Hongkong simultan rund um die Uhr *gedealt* werden.[152] Spätestens dann werden die meisten *traders* - ob gelb, schwarz oder weiß, ob weibliche oder männliche *yuppies* - in den Kapitalfabriken in Schichten rund um die Uhr werkeln, kaum anders als Eisenbahner, Stahlwerker oder Autoarbeiter am Fließband, obzwar zu einem ungleich höheren Salär. Aber mit ihren Einkommen müssen sie selbst für ihren langen Lebensabend vorsorgen. Spätestens mit 45 Jahren werden *traders* in die Frühpension entlassen, weil ihre Reaktionsgeschwindigkeit hinter die der Computer und der Kursfluktuationen zurückzufallen beginnt.[153]

Die Kursbewegungen an allen relevanten Börsen der Welt seit dem 19. Oktober 1987 lassen keinen Zweifel zu, daß die Computerisierung den Kapitalhandel destabilisiert hat. Kein Monat ist vergangen, an dem es nicht zu einem Minikrach gekommen wäre.[154]

Die New Yorker Börse sucht übermäßige Kursschwankungen zu verhindern, indem sie ihre Programme so umprogrammiert hat, daß sie keine Programmhandelsgeschäfte mehr annehmen und ausführen, wenn die Kurse innerhalb eines Börsentags um mehr als 50 Punkte nach oben oder unten ausschlagen.[155]

Die führenden Börsenakteure, allen voran die beiden Bewohner des *World Financial Centers: Merrill Lynch* und *Shearson*, haben sich verpflichtet, wenigstens auf eigene Rechnung vorübergehend auf den Programmhandel zu verzichten.[156]

Aber das hysterische Gebaren der *traders* eskaliert anscheinend, je mehr Technologie ihnen zum *dealen* zu Verfügung steht, und je weiter die Technologie sie der gesellschaftlichen und ökonomischen Realität entfremdet. Je klarer der Himmel, je strahlender die Sonne scheint, desto stärker verdunkelt sich das imprägnierte Glas der Fenster im *World Financial Center*, versinkt die Welt im technischen Glast.[157]

Wenn in den 90er Jahren das gleichzeitige *trading* rund um den Globus und die Uhr beginnen wird, wenn Schichtarbeit für die meisten *traders* unausweichlich wird, werden sie neue Umsatzrekorde setzen und damit den Kapitalüberbau der Wirtschaft womöglich vollends ins Chaos stürzen. Für diesen Tag X stehen die Computer und sonstigen technischen Installationen in den Kapitalfabriken des *World Financial Centers* parat. Die Gebäude-, Leitungs- und Computermanagementsysteme werden auch dann verhindern, daß Störungen auftreten, daß Computer, Schaltzentralen oder die Gemüter sich überhitzen, oder daß der Strom ausfällt. Die Palmen im Wintergarten werden sich in einer künstlich erzeugten Brise leise wiegen.

Abb. 14: Blick von Süden auf *Battery Park City* mit den bis Mai 1988 fertiggestellten Wohnbauten der ersten Phase (im Vordergrund) und dem *World Financial Center*. Östlich davon das *World Trade Center* und der schwarze Koloss von *One Liberty Plaza*. Im Hintergrund die *skyline* von *midtown* Manhattan. (Photo: U. Becker)

Anmerkungen

Für diese Arbeit wurde - außer den im Anhang verzeichneten Interviews - eine Vielzahl von *annual* oder *technical reports* und von Prospekten der am *World Financial Center* (sowie an vergleichbaren Projekten in Manhattan, Brooklyn und an New Jerseys Hudson-Ufer) involvierten Finanzkonzerne, Terraingesellschaften, Technologieausstatter, Architekten und Planungsbüros aus den Jahren 1979 bis 1988 verwendet; außerdem natürlich die relevanten Untersuchungsberichte und Planungen der zuständigen Interessenverbände und Behörden in New York und New Jersey.

Außer den New Yorker Tageszeitungen wurden die wichtigsten Wirtschaftsblätter, Nachrichtenmagazine und technischen bzw. wissenschaftlichen Journale der Jahre 1976 bis 1988 zu Rate gezogen.

In den Fußnoten sind nur solche Quellen vermerkt, aus denen zitiert wurde, oder die im Text verwendete Daten oder andere Informationen geliefert haben.

1 Vgl. CESAR PELLI & ASSOCIATES: World Financial Center, New York, New York. [New Haven, o.J.], S. 1f; DEAN, ANDREA OPPENHEIMER / FREEMAN, ALLEN: The Rockefeller Center of the '80s?. Separatdruck aus: *ARCHITECTURE*, Dezember 1986; GOLDBERGER, PAUL: The Skyscraper. New York, ALFRED A KNOPF, 1982, S. 159f; ARCHITECTURE AND URBANISM: Cesar Pelli. July 1985 Extra Edition. Tokyo, Juli 1985, S. 184.
2 Auskunft von SAM LEFRAK, Tonbandinterview vom 10.04.1987; der Fährverkehr nach Newport (Jersey City) und Hoboken ist für 1989 angekündigt.
3 "Bloody Monday" - Schlagzeile auf der Titelseite von *USA TODAY*, 20.10.1987.
4 Business Digest, *NEW YORK TIMES*, 20.10.1987, D 1.
5 METZ, TIM / SMITH, PRISCILLA ANN: Blue Chips Snap Back on Big Board; Firms' Own Stocks Offer Bargains. *WALL STREET JOURNAL*, 21.10.1987, S. 3.
6 So der *Chairman* der *New York Stock Exchange (NYSE)*, John Phelan, in: DEMARIA, LAWRENCE J.: Stocks Plunge 508 Points, A Drop of 22.6%; 604 Million Volume Nearly Doubles Record. *NEW YORK TIMES*, 20.10.1987, D 34: "It's the nearest thing to a meltdown that I ever want to see."
7 Superschlagzeilen auf den Titelseiten der *DAILY NEWS* bzw. der *NEW YORK POST* am 20.10.1987.
8 Vgl. die Berichte in der *NEW YORK TIMES*, 20.10.1987, A 1, D 34f.
9 Vgl. GELMAN, ERIC: Does 1987 Equal 1929? *NEW YORK TIMES*, 20.10.1987, A 1, D 34. - Zum großen Krach von 1929, der sich zwischen Donnerstag, dem 24.10., und Dienstag, dem 29.10.1929, entfaltete, vgl. GALBRAITH, JOHN KENNETH: The Great Crash 1929. 50th Anniversary Edition. [New York], Avon Books, [1980], S. 97f; MCELVAINE, ROBERT S.: The Great Depression. America 1929-1941. [New York], Times Books, [1984], S. 46. - Zur Analyse der Ursachen der Weltwirtschaftskrise vgl. STURMTHAL, ADOLF: Die grosse Krise. Zürich, Verlag Oprecht, [1937].
10 KIRKLAND JR, RICHARD I. / KRAAR, LOUIS: Global Traders Head For Home. *FORTUNE*, 07.12.1987, S. 39f.
11 A glum 100 days. *FINANCIAL TIMES*, 27.01.1988, S. 22.
12 Extraordinary butchery. *ECONOMIST*, 24.10.1987, S. 75f.
13 Vgl. CURRAN, JOHN J.: Are Stocks Too High? *FORTUNE*, 12.08.1982, S. 20ff; The roaring 'Eighties. *ECONOMIST*, 24.10.1987, S. 84f; Wall Street's fevers, *ECONOMIST*, 16.01.1988, S. 17.

14 Extraordinary butchery, a.a.O., S. 76. Vgl. PENNAR, KAREN: That Rumble You Hear Is Called 'Recession'. *BUSINESS WEEK*, 02.11.1987, S. 25.
15 Extraordinary butchery, a.a.O., S. 76; HELM, LESLIE: Mutual Fund Mayhem May Not Be Over. *BUSINESS WEEK*, 09.11.1987, S. 26f.
16 PITT, DAVID E.: Just a Paper Loss, The Richest Say. *NEW YORK TIMES*, 21.10.1987, D 14; ORAM, RODERICK: New York specialists bear heavy burden. *FINANCIAL TIMES*, 23.10.1987, S. 2; BIANCO, ANTHONY: The Biggest Bomb Landed Smack In The Street. *BUSINESS WEEK*, 02.11.1987, S. 32; MELCHER, RICHARD A.: How The Highest Rollers Overseas Made Out. *BUSINESS WEEK*, 09.12.1987, S. 39, 43; BUSH, JANET: After the crash comes the shake-out. *FINANCIAL TIMES*, 09.12.1987, S. 24.
17 BIANCO, ANTHONY: The Casino Society. Playing With Fire. *BUSINESS WEEK*, 16.09.1985, S. 54-66. Vgl. ferner MAGNET, MYRON: The Money Society. *FORTUNE*, 06.07.1987, S. 18-23.
18 BENNETT, ROBERT A.: Who Gets Hurt? *NEW YORK TIMES*, 20.10.1987, A 1, D 34; Investors' Hopes Sink As Stocks Slip. *NEW YORK TIMES*, 20.10.1987, D 1, D 34; COWAN, ALISON LEIGH: Day to Remember In Financial District. *NEW YORK TIMES*, 20.10.1987, D 1, D 33.
19 An Wall Street finden die ersten größeren Entlassungsaktionen bereits vor dem "schwarzen Montag" statt, um danach zu einer großen Welle zu eskalieren. Vgl. NORTON, ROBERT E: Upheaval Ahead On Wall Street. *FORTUNE*, 14.09.1987, S. 58ff; The axe falls at Salomon. *ECONOMIST*, 17.10.1987, S. 85f; POWELL, BILL / FRIDAY, CAROLYN: A Jolt for Wall St.'s Whiz Kids. *NEWSWEEK*, 26.10.1987, S. 55ff; GLASGALL, WILLIAM / BARTLETT, SARAH: Wall Street's New Austerity. *BUSINESS WEEK*, 26.10.1987, S. 16f; STERNGOLD, JAMES: Contraction Is Wall Street Theme As Industry Plans for Major Cuts. *NEW YORK TIMES*, 02.11.1987, A 1, D 9; Bush, After the crash, a.a.O., S. 24; Fired by the salvo. *ECONOMIST*, 23.01.1988, S. 74. Nach verschiedenen Schätzungen haben Wall Streets Finanzkonzerne bis Mitte 1988 mindestens ein Viertel ihrer Angestellten entlassen. Vgl. ARMSTRONG, Gesprächsprotokoll vom 14.07.1988.
20 LAMBERT, BRUCE: Koch, Citing Falling Market, Freezes Jobs. *NEW YORK TIMES*, 28.10.1987, B 1, B 6; LUECK, THOMAS J.: Stock Impact Feared Grave In New York. *NEW YORK TIMES*, 29.10.1987, B 1, B 7; BUSH, JANET: Koch tries to put gilt back on the Golden Apple. *FINANCIAL TIMES*, 01.02.1988, S. 2.
21 PROWSE, MICHAEL: The message of the markets. *FINANCIAL TIMES*, 24.10.1987, Weekend FT I.
22 WAYNE, LESLIE: New Opportunities, and Risks, Arise. *NEW YORK TIMES*, 21.10.1987, D 1, D 18; *METZ / SMITH*, Blue Chips Snap Back, a.a.O., S. 3, 26f; WIGGINS, PHILLIP H.: Company Buybacks Increase. *NEW YORK TIMES*, 22.10.1987, D 14; BUCHAN, JAMES: Big US companies move to buy back own stock. *FINANCIAL TIMES*, 22.10.1987, S. 2; LADERMAN, JEFFREY M.: How The Bull Crashed Into Reality. *BUSINESS WEEK*, 02.11.1987, S. 28; FARRELL, CHRISTOPHER: Companies Are Staying Cool - But Moving Fast. *BUSINESS WEEK*, 09.11.1987, S. 21.
23 DEMARIA, LAWRENCE J.: Stocks Widely Battered Again But The Dow Rises By 102 Points As Biggest Issues Find Buyers. *NEW YORK TIMES*, 21.10.1987, A 1, D 18; ders.: Dow Slumps 77.42 to 1,950.43. *NEW YORK TIMES*, 23.10.1987, D 6.
24 Außer der *New York Stock Exchange (NYSE)* entschließen sich auch die *American Stock Exchange (AMEX)* in New York und die *Chicago Board Options Exchange (CBOE)*, an diesem und an den nächsten beiden Börsentagen den Börsenschluß bereits um 14.oo einzuläuten. Vgl. LABATON, STEPHEN: Big Board, Amex Set Shorter Hours. *NEW YORK TIMES*, 23.10.1987, D 6.
25 Zur Entwicklung von *Merrill Lynch* vgl. HECHT, HENRY R. [Hrsg.]: A Legacy of Leadership. Merrill Lynch 1885-1985. [New York], Merrill Lynch [1985];

FROMSON, BRETT DUVAL: Merrill Lynch, The Stumbling Herd. *FORTUNE*, 20.06.1988, S. 30-35.
26 HEIMANN, Filminterview vom 21.10.1987.
27 Ebenda.
28 DEMARIA, Stocks Plunge 508 Points, a.a.O., A 1.
29 KALETSKY, ANATOLE: Nightmares past and present. *FINANCIAL TIMES*, 21.10.1987, S. 24.
30 WIGGINS, PHILLIP H.: Record 95.46 Drop Puts Dow at 2,412.70. *NEW YORK TIMES*, 15.10.1987, D 1.
31 Wiggins (ebenda) zitiert einen prominenten *trader:* "Panic is definitely setting in and the prospect for a sustainable rally seems remote." Vgl. WIGGINS, PHILLIP H.: Dow Drops a Record 91.55 Points On Interest-Rate and Dollar Fears. *NEW YORK TIMES*, 07.10.1987, A 1, D 10.
32 Ebenda; DEMARIA, LAWRENCE J.: Dow Falls 34.44 Points, To 2,516.64. *NEW YORK TIMES*, 09.10.1987, D 1, D 6; WIGGINS, PHILLIP H.: Dow, Off Another 34.43, Slips Below 2,500 Level. *NEW YORK TIMES*, 10.10.1987, S. 45; WIGGINS, Record 95.46 Drop, a.a.O., D 1; HERSHEY JR, ROBERT D.: Trade Gap Shrinks Less Than Hoped; Markets Plunge. Dow Falls Record 95.46. *NEW YORK TIMES*, 15.10.1987, A 1, D 6; DEMARIA, LAWRENCE J.: Analysts Try to Put Plunge in Context. *NEW YORK TIMES*, 16.10.1987, D 1, D 6; ders.: Stock Prices Fall On A Broad Front; Volume Is Record. Dow Drops 108.36. *NEW YORK TIMES*, 17.10.1987, S. 1, 39.
33 HEIMANN, Fernsehinterview vom 21.10.1987.
34 Futures-ology. *ECONOMIST*, 31.10.1987, S. 87.
35 NORTON, ROBERT E.: The Battle Over U.S. Market Reform. *FORTUNE*, 01.02.1988, S. 23, 25.
36 Ebenda; Futures-ology, a.a.O., S. 87 f.
37 Siehe weiter unten die detaillierte Beschreibung der Arbeitsplätze der *traders* oder *dealers.*
38 Vgl. What caused the meltdown. *ECONOMIST*, 19.12.1987, S. 67 f.
39 BUCHAN, JAMES / HARGREAVES, DEBORAH: A program for distress. *FINANCIAL TIMES*, 29.10.1987, S. 14.
40 Ebenda.
41 Nach ROBERT, PAUL: Dictionnaire alphabétique & analogique de la langue française. [Paris], SNL, 1970, S. 82, taucht die *arbitrage* im heutigen Sinn um 1771 auf. Sie wird dort definiert als "opération d'achat et de vente en vue de tirer bénéfice des différences de cours entre deux choses différentes sur la même place ou entre deux places différentes sur la même chose (valeur ou marchandise)."
42 Bekräftigt wird diese Interpretation durch WAYNE, LESLIE: Market's Slide Aided By New Trading Tools. *NEW YORK TIMES*, 17.10.1987, S. 38; WEISS, GARY: Was Program Trading to Blame? *BUSINESS WEEK*, 02.11.1987, S. 31. Nach der Theorie dürfte eine solche gegenseitige Eskalation nicht stattfinden. Vgl. How computers bewitch the stockmarkets. *ECONOMIST*, 20.09.1986, S. 83.
43 BUSH, JANET: Portfolio insurance faces 'dynamic readjustment'. *FINANCIAL TIMES*, 12.02.1988, S. 32.
44 BUCHAN / HARGREAVES, Program for distress, a.a.O., S. 14; Futures-ology, a.a.O., S. 88.
45 Welche Investmentbanken, Investment- und Pensionsfonds und Versicherungskonzerne sich bereits ganz auf ihre Computerprogramme verlassen, kann man nur vermuten. Zumal seit den nach dem 19. Oktober gegen sie erhobenen Vorwürfen sind sie nicht sehr auskunftswillig.
46 How computers bewitch the stockmarket, a.a.O., S. 83; vgl. BIANCO, Casino Society, a.a.O.. S. 60.
47 LAMBERT, RICHARD: Two days in October. *FINANCIAL TIMES*, 13.02.1988, Weekend FT I.

48 BUCHAN/HARGREAVES, Program for distress, a.a.O., S. 14.
49 Vgl. die oben bereits zitierten Berichte in der NEW YORK TIMES am 15./16./ 17.10.1987 oder auch die entsprechenden Berichte in der FINANCIAL TIMES oder im WALL STREET JOURNAL.
50 Report of THE PRESIDENTIAL TASK FORCE ON MARKET MECHANISMS. [Washington, US Government Printing Office], Januar 1988, S. 29; vgl. KATZENBACH, NICHOLAS DEB: An Overview of Program Trading and Its Impact on Current Market Practices. [New York], New York Stock Exchange, 21. Dezember 1987, S. 19 ff.
51 LAMBERT, Two days in October, a.a.O., I.
52 Branding the guilty. ECONOMIST, 16.01.1988, S. 78.
54 WEISS, Was Program Trading to Blame? a.a.O., S. 31.
55 Einen ungemein akkuraten Ablauf des Börsentages am 19.10.87 vermittelt STERNGOLD, JAMES: The Hours That Changed The World of Wall Street. NEW YORK TIMES, 26.10.1987, A 1, D 7.
56 LAMBERT, Two days in October, a.a.O., I, III; BUCHAN/HARGREAVES, Program for distress, a.a.O., S. 14; Report of The Presidential Task Force, a.a.O., S. 30 ff.
57 Obzwar die Vernetzung bereits ziemlich weit fortgeschritten ist, ist der mit dieser Entwicklung einhergehende Automations- und Rationalisierungsprozeß noch keineswegs abgeschlossen.
58 Vgl. HELMS, HANS G: Künstliche Intelligenz. Eine Studie ihrer historischen Entwicklung, ihrer Triebkräfte und ihrer sozio- und politökonomischen Implikationen. New York 1984.
59 Vgl. KURTZ und COOPER, Tonbandinterview vom 18.12.1986; WERTHEIM, Tonbandinterview vom 18.12.1986.
60 Vgl. DEUTSCH, Tonbandinterview vom 19.12.1986.
61 Vgl. HELMS, HANS G: Der Aufmarsch der Reaktion oder das Spiel der Sonderinteressen mit der Demokratie. Tagebuchnotizen zum Präsidentschaftswahlkampf in den USA 1984. Sendung des SFB, New York / Berlin 1984.
62 NEIMAN, JANET L. [Hrsg.]: Mergerstat Review 1987. Chicago, W T Grimm & Co, 1988, S. 103f: Twenty-Five Year Statistical Review. Nach einem Rückgang im Krisenjahr 1987 (2032 Fusionen zum Preis von $ 164 Milliarden), hat die Konzentrationswelle 1988 einen neuen Höhepunkt erreicht: 2258 Fusionen zum Preis von $ 247 Milliarden. Vgl. Mergerstat Review Department of Merrill Lynch Business Brokerage and Valuation, Inc. Schaumburg, IL, 13.04.1989, S. 1, 4. Zwar ist die Zahl der Fusionen geringer als im Jahr 1986, doch ihr Wert um rund 50% höher. Mit anderen Worten: der Börsenkrach hat den Weg zu Großfusionen geebnet.
63 Vgl. NEIMAN, Mergerstat Review 1987, S. 107ff: Selected Acquisition Record Holders.
64 A.a.O., S. 129ff: Transaction Roster: 25: Electrical Equipment, 26: Office Equipment & Computer Hardware, 27: Electronics, 28: Aerospace, Aircraft & Defense, 29: Instruments & Photographic Equipment, 35: Communications, 44: Computer Software, Supplies & Services; zur Hochfinanz rechnen die Gruppen: 40: Banking & Finance, 41: Insurance, 43: Brokerage, Investment & Management Consulting Services.
65 A.a.O., S. 153ff: 40: Banking & Finance. In diesem Bereich hat es 1987 262 Fusionsankündigungen gegeben. Darunter sind 15 Fusionen, bei denen das aufgekaufte Finanzinstitut über Aktiva von mehr als $ 1 Milliarde verfügt.
66 A.a.O.: S. 158f: 43: Brokerage, Investment & Management Consulting Service. Von den 32 Fusionen in 1987 sind hier nur 5 detailliert dargestellt. Aber an diesen fünf sind vier der größten US-Häuser und eines der großen japanischen Häuser beteiligt.
67 SIMIC, TOMISLAVA [Hrsg.]: Mergerstat Review 1981. Chicago, W T Grimm & Co, 1982, S. 82f. Die Ehe zwischen *Anglo American* und *Salomon* ist mittlerweile

wieder gelöst worden. Vgl. KINKEAD, GWEN: Behind the Salomon Brothers Buyout. *FORTUNE*, 07.09.1981, S. 52-56; ORAM, RODERICK: Salomon juggles shareholders as part of strategic overhaul. *FINANCIAL TIMES*, 29.09.1987, S. 1; Salomon Brothers: Good friend for Gutfreund. *ECONOMIST*, 03.10.1987, S. 88.

68 SIMIC, Mergerstat Review 1981, a.a.O., S. 83; SIMIC, TOMISLAVA [Hrsg.]: Mergerstat Review 1984. Chicago, W T Grimm & Co, 1985, S. 182; NEIMAN, Mergerstat Review 1987, a.a.O., S. 158; KALETSKY, ANATOLE: Shearson Lehman in talks on merger with E.F. Hutton. *FINANCIAL TIMES*, 24.11.1987, S. 1; FROMSON, BRETT DUVAL: The Slow Death of E.F. Hutton. *FORTUNE*, 29.02.1988, S. 46-50.

69 Shearson Lehman edges ahead to $ 81m. *FINANCIAL TIMES*, 21.04.1988, S. 19; WILLIAMS, MONCI JO: Brash New Mogul on Wall Street. *FORTUNE*, 23.05.1988, S. 67-70; WOLMAN, CLIVE: Lean Shearson bounces back. *FINANCIAL TIMES*, 08.11.1988, S. 10; A marriage of inconvenience. *ECONOMIST*, 03.12.1988, S. 86ff; FRIEDMAN, JON: Can Shearson Regain That Old Midas Touch? *BUSINESS WEEK*, 23.01.1989, S. 46.

70 Anzeige von *Shearson Lehman Hutton* in *FINANCIAL TIMES*, 13.04.1988, S. 30. In den USA hat *Shearson Lehman* diesen Slogan schon seit Jahren für ihre TV-Werbung benutzt.

71 Vgl. NYSE Fact Book 1987. New York, New York Stock Exchange, 1986, S. 68. Die Computerisierung begann 1976 mit der Einführung des *Designated Order Turnaround (DOT)* Systems. Es wurde 1985 durch das vollautomatische System *SuperDOT 250* abgelöst. "SuperDOT is an electronic order-routing system through which member firms transmit market and limit orders in NYSE-listed securities directly to the post where the securities are traded or to the member firm's booth. After the order has been executed, a report of execution is returned directly to the member firm office over the same electronic circuit that brought the order to the floor. At the end of 1985, 143 member firms participated as SuperDOT subscribers. Some 77,000 market and limit orders typically moved through SuperDOT on the average 110 million share day, in fact, the system was able to process as many as 83,000 orders on December 11th, the highest order volume day in 1985." (a.a.O., S. 16).

72 Eigene Beobachtungen bei Besuchen im Dezember 1987. Vgl. How the New York Stock Exchange Works. *Reprint* aus: *USA TODAY*, 09.10.1985.

73 TORRENZANO, Tonbandinterview vom 09.12.1986.

74 Nach den Börsenberichten in der *FINANCIAL TIMES* 1987. Die Ziffern gelten nur für Umsätze an *NYSE*.

75 LAMBERT, RICHARD: NYSE plans to increase share trading capacity. *FINANCIAL TIMES*, 06.02.1988, S. 1; New York Stock Exchange 1987 Annual Report. New York, NYSE, 1988, S. 33f. A.a.O., S. 7 heißt es: "By June of 1988, the NYSE will be ready for a 600-million-share day. By year-end we will be able to handle 600-million-share days as easily as we handled 225-million-share days in 1987. We are moving ahead with plans for peak one-day capacity of one billion shares by the end of 1989." Für all diese Kapazitätserweiterungen des *SuperDOT*-Systems hat es nach den Schreckenstagen vom Oktober 1987 freilich keinen Bedarf gegeben: das Handelsvolumen ging auf weniger als 300 Millionen Aktien zurück und pendelte bei 150 Millionen pro typischem Börsentag.

76 NYSE Fact Book 1986, a.a.O., S. 16. *SuperDOT* ist eine Eigenentwicklung durch die *NYSE*-Tochterfirma *Securities Industry Automation Corporation (SIAC)*. Vgl. New York Stock Exchange 1985 Annual Report. New York, NYSE, 1986, S. 15. Von besonderer Relevanz ist das Subsystem *Touchtrade*, "which allows specialists to execute a trade, report it to the tape, send the report to the entering firm, and enter the transaction in the comparison system in a matter of seconds"; ferner das *Automated Search and Match-System (ASAM)* und das *Intermarket Surveillance*

System (ISIS); die beiden letzteren operieren in Tandem. Vgl. NYSE Quickfacts. New York, NYSE, Oktober 1986, S. 1. Zu anderen technologischen Verbesserungen an *SuperDOT* wie dem *Common Message Switch* und den *Electronic Display Books* vgl. New York Stock Exchange Annual Report 1986. New York, NYSE, 1987, S. 8.

77 SIMS, CALVIN: How the Exchanges' Computers Got By. *NEW YORK TIMES*, 28.10.1987, D 8.
78 Ebenda.
79 Ebenda; LAMBERT, NYSE plans to increase share trading capacity, a.a.O., S. 1.
80 Meine Recherchen haben ergeben, daß die großen New Yorker Kapitalfabriken ihre Software großenteils von ihren eigenen Spezialisten entwickeln lassen, nicht zuletzt in der Erwartung, kraft funktionstüchtiger eigener Software, die auf ihre Bedürfnisse exakt zugeschnitten ist, gewisse nicht unbeachtliche Wettbewerbsvorteile zu genießen.
81 Ein typisches Produkt ist das von der *Control Data Corporation*-Tochter *Micrognosis, Inc.* im Auftrag von und in enger Zusammenarbeit mit *Shearson Lehman* entwickelte *TRADE System*. Vgl. MICROGNOSIS, INC.: Applying technology to trading. Danbury, CT, MICROGNOSIS, INC, 1986, S. 3; Trade System. Danbury, CT, Micrognosis, Inc., 1986; Micrognosis' Trade System. *Reprint* aus: *TELECONNECT*, Juni 1986; BAERTSCH, Tonbandinterview vom 14.04.1987.
82 Vgl. DEUTSCH, Tonbandinterview vom 19.12.1986 sowie Filminterview vom 15.10.1987; AKHTAR, Tonbandinterview vom 19.12.1986; PELLI / MORTON, Tonbandinterview vom 13.12.1986; PELLI, Filminterview vom 17.10.1987.
83 ROSEN, Tonbandinterview vom 11.12.1986.
84 Ebenda; ROSEN, Filminterview vom 08.10.1987; eigene Beobachtungen im Verlauf der Jahre.
85 Beschreibung nach dem in der Eingangshalle der *Battery Park City Authority* stehenden Modell; vgl. weiter Battery Park City Draft Summary Report And 1979 Master Plan. Prepared for Battery Park City Authority By Alexander Cooper Associates. New York, Oktober 1979, S. 6ff, der ursprüngliche Bebauungsplan ist dort als Figure 2, S. 7 abgebildet; vgl. weiter ECKSTUT, Tonbandinterview vom 08.04.1987 sowie Filminterview vom 13.10.1987. - Eine interessante Parallele ist das nur zum Teil realisierte *Houston Center* des Energiekonzerns *Texas Eastern* in Houston, TX. Vgl. HELMS, HANS G: Auf dem Weg zum Schrottplatz. Zum Städtebau in den USA und in Canada. [Köln], Pahl-Rugenstein, [1984], S. 56f.
86 ROSEN, Tonbandinterview vom 11.12.1986; Battery Park City Authority Annual Report 1984. New York, BPCA, 1985, S. 2.
87 ROSEN, Tonbandinterview vom 11.12.1986.
88 Battery Park City ... 1979 Master Plan, a.a.O.; ECKSTUT, Tonbandinterview vom 08.04.1987.
89 ECKSTUT, Tonbandinterview vom 08.04.1987.
90 Vgl. z.B. WISEMAN, CARTER: The Next Great Place. The Triumph of Battery Park City. *NEW YORK MAGAZINE*, 16.06.1986, S. 34-41; KRÜGER, KARL HEINZ: "Ein Glücksfall, nicht nur für Amerika". *DER SPIEGEL*, 20.10.1986, S. 256-264; SCARDINO, ALBERT: Big Battery Park City Dreams. *NEW YORK TIMES*, 01.12.1986, D 1, D 10; PEHNT, WOLFGANG: Möwen über dem Wasser. *FRANKFURTER ALLGEMEINE ZEITUNG*, 16.01.1987, S. 25; WISEMAN, CARTER: A vision with a message. *ARCHITECTURAL RECORD*, März 1987, *Reprint*, o.S.
91 ROSEN, Tonbandinterview vom 11.12.1986.
92 Ebenda; ders., Filminterview vom 08.10.1987.
93 ROSEN, Filminterview vom 08.10.1987.
94 Beschreibung nach eigenen Beobachtungen und nach dem Battery Park City Site Plan.
95 ROSEN, Filminterview vom 08.10.1987.

96 ROSEN, Tonbandinterview vom 11.12.1986.
97 Zur Entwicklungsgeschichte des Familienunternehmens *Olympia & York Developments Ltd.* der Brüder Paul, Albert und Ralph Reichmann vgl. DEWAR, ELAINE: The Mysterious Reichmanns: The Untold Story. *TORONTO LIFE*, November 1987, S. 61-136; NEWMAN, PETER C.: The Acquisitors. The Canadian Establishment. Vol II. Toronto, Seal Books / McClelland and Stewart-Bantam Ltd, [1982], S. 210-224, wo es S. 210f heißt: "They have become the world's largest developers, with international assets estimated at more than $7 billion, growing at nearly a billion dollars every six months. [...] Their company, Olympia & York, ranks substantially ahead of any of its U.S. competitors. [...] The deal that took them into world-scale competition was their 1977 purchase (for $50 million down) of eight of New York City's largest office buildings, now worth at least $1.5 billion." Insgesamt zahlten sie für die acht Bürowolkenkratzer an Park Avenue und an Wall Street $320 Millionen. Vgl. auch JAVETSKY, BILL / TERRY, EDITH: What The Reichmanns See In Canada's Oil Patch. *BUSINESS WEEK*, 10.06.1985, S. 28f; THOMPSON, TERRI / TERRY, EDITH: What The Reichmanns Plan Next For Their Real Estate Billions. *BUSINESS WEEK*, 28.10.1985, S. 56f; TERRY, EDITH: The Reichmann Touch: Facing The Toughest Test Yet. *BUSINESS WEEK*, S. 76ff. Ms. Terry schätzt die Reichmann Aktiva zu diesem Zeitpunkt auf $18 Milliarden und fährt fort: "Paul, Albert, and Ralph Reichmann have become the largest real estate developers in the world. They control more than 45 million sq[uare] f[ee]t of office space in the U.S. and Canada, an area equal to all the office space in downtown Toronto." Dort ist ihr bislang größtes realisiertes Objekt der *First Canadian Place* mit dem 72-stöckigen *First Bank Tower*, der Residenz der *Bank of Montreal,* und dem 36-stöckigen *Exchange Tower* mit den Hauptmietern *Toronto Stock Exchange* und dem *Board of Trade of Metropolitan Toronto*. Vgl. OLYMPIA & YORK: Corporate Portfolio, handkorrigiertes Exemplar der Vorfassung. Toronto 1988, S. [29-33]. TIFFT, SUSAN: Giving London a Lift. *TIME*, 18.04.1988, S. 36-38, wo es S. 36 über die Gebrüder Reichmann heißt: "In little more than a decade, they have emerged as the world's biggest private urban developers. In the process, the intensely private family has put together a powerful conglomerate of real estate, natural resources and industrial concerns worth more than $20 billion."
98 In ihrem Corporate Portfolio (a.a.O., S.[3]) umreißt *Olympia & York* ihre Besitzpalette folgendermaßen: "In addition to its real estate activities, Olympia & York Developments owns interests in several public companies directly and through its wholly owned investment arm, Olympia & York Enterprises. The fields of the company's influence are varied, including: the oil and gas industry through Gulf Canada Resources; the forest products industry through Abitibi-Price; railways through the Santa Fe Railroad; financial services through Trilon Financial Corporation; real estate through Trizec Corporation and Landmark Land Company; and the food, drinks and leisure services through Allied-Lyons, based in England."
99 ROSEN, Tonbandinterview vom 11.12.1986,. Filminterview vom 08.10.1987, FORDSHAM, Filminterview vom 26.10.1987.
100 Nicht bloß wegen seiner Dimension, vielmehr auch um seiner Konzeption willen hat das *Rockefeller Center* dem *World Financial Center* als Vorbild gedient. Vgl. World Financial Center. [New York, Olympia & York, 1982], S. [17, 19]; FORDSHAM, Filminterview vom 26.10.1987; DEAN / FREEMAN, Rockefeller Center of the 80's, a.a.O., S. 37-44.
101 FORDSHAM, Filminterview vom 26.10.1987.
102 Ebenda.
103 Ebenda. Hervorragende Recherchen und Vertrautheit mit den Büromärkten sind auch die Grundlagen für *Olympia & Yorks* weitere Großprojekte: für *Canary*

Wharf, das Kernstück der Londoner *Docklands,* dessen Gesamtkosten auf $5.9 Milliarden geschätzt werden, und für das $2.5 Milliarden teure *Madison Square Garden*-Projekt in *midtown* Manhattan, dessen Realisierung freilich noch ungewiß ist. Zum letzteren vgl. SCARDINO, ALBERT: Building a Manhattan Empire. *NEW YORK TIMES*, 18.04.1987, S.27. Zum umstrittenen *Canary Wharf*-Projekt, dessen erste Phase im Frühjahr 1988 in Bau gegangen ist, und das bis 1997 fertiggestellt werden soll, vgl. FORDSHAM, Filminterview vom 26.10.1987; Site Plan, November 1987; Killing two birds on Canary Wharf. *ECONOMIST*, 27.06.1987, S. 91f; MAREMONT, MARK / MELCHER, RICHARD A.: The Reichmanns Make A Big Splash On The Thames. *BUSINEES WEEK*, 03.08.1987, S. 18; CHEESERIGHT, PAUL: Canary Wharf developer makes design changes. *FINANCIAL TIMES*, 23.09.1987, S.12; Where derelict land is a greenfield site. *ECONOMIST*, 13.02.1988, S.71f, 77; TAYLOR, ANDREW: Phase one of vast docklands project unveiled. *FINANCIAL TIMES*, 30.03.1988, S. 9; AMERY, COLIN: The biggest carbuncle of them all. *FINANCIAL TIMES*, 11.04.1988, S. 19; MARCOM JR, JOHN: Prince Charles Builds a Vision in Architecture. *WALL STREET JOURNAL*, 29.07.1988, S. 7; TIFFT, Giving London a Lift, a.a.O., S. 36ff.

104 STEIN, Filminterview vom 22.10.1987; vgl. STEIN, Tonbandinterview vom 09.04.1987.
105 ROSEN, Tonbandinterview vom 11.12.1986; Battery Park City Nutzungsplan mit *Vital Statistics* und *History.* Genau genommen sind *American Express* und *Merrill Lynch* sowohl Mieter der Gemeinschaftseinrichtungen des *WFC* als auch Eigentümer der von ihnen genutzten Türme, also des *WFC*-Turms C bzw. der *WFC*-Türme B und D. Teil des Vertrags zwischen *Olympia & York* und *Merrill Lynch* war es, daß *Olympia & York* gleichzeitig das alte *Merrill Lynch*-Hauptverwaltungsgebäude *One Liberty Plaza* erwarb, in dem nach wie vor ein Teil der *Merrill Lynch*-Konzernverwaltung residiert. Vgl. Battery Park City Authority 1985 Annual Report. New York, BPCA, 1986, S. [21]; Battery Park City Nutzungsplan, a.a.O.; OLYMPIA & YORK, Corporate Portfolio, a.a.O. S. [15]; STEIN, Tonbandinterview vom 09.04.1987, Filminterview vom 22.10.1987; ISOLINI, Tonbandinterview vom 19.12.1986.
106 FORDSHAM, Filminterview vom 26.10.1987.
107 Ebenda.
108 Zur Entwicklung Pellis vgl. PASTIER, JOHN: Cesar Pelli. Monographs In Contemporary Architecture. London - Toronto - Sydney - New York, *GRANADA / WHITNEY LIBRARY OF DESIGN*, [1980]; Cesar Pelli, A+U July 1985 Extra Edition, a.a.O.
109 PELLI, Filminterview vom 17.10.1987.
110 FORDSHAM, Filminterview vom 26.10.1987; ROSEN, Tonbandinterview vom 11.12.1986.
111 FORDSHAM, Filminterview vom 26.10.1987. Diese Vorgehensweise brachte es mit sich, daß die Hauptmieter an den schon halbfertigen Bauwerken bzw. an den feststehenden Bauplänen nachträgliche Änderungen vornehmen mußten, um ihre spezifische technologische Infrastruktur unterbringen zu können. Vgl. AKHTAR, Tonbandinterview vom 19.12.1986; ISOLINI, Tonbandinterview vom 19.12.1986; MORTON, Tonbandinterview vom 13.12.1986; DEUTSCH, Tonbandinterview vom 19.12.1986; LORING, Tonbandinterview vom 09.04.1987; SERINO, Tonbandinterview vom 09.04.1987; STEIN, Tonbandinterview vom 09.04.1987: "The biggest lessons that we learned though were: if we ever constructed another major headquarters facility like this, we would want to start with the base building and be a part of the design of the base building."
112 PELLI / MORTON, Tonbandinterview vom 13.12.1986; PELLI, Filminterview vom 17.10.1987. *Merrill Lynchs* Paul Stein ist dennoch mit Pellis Entwurf nicht ganz glücklich und argumentiert (Tonbandinterview vom 09.04.1987): "In the history of building design it has been traditional to design the outside of the building

and then fit the tenant and the technology into the building. In the future, we at *Merrill Lynch*, because we are so technology-intensive, must design the technology first and then design the building around the technology."

113 WERTHEIM, Tonbandinterview vom 18.12.1986.
114 Ebenda. Vgl. World Financial Center, a.a.O., S. [36ff]; KURTZ / COOPER, Tonbandinterview vom 18.12.1986; PELLI / MORTON, Tonbandinterview vom 13.12.1986.
115 RIPPETEAU, JANE: High (rise) IQ ... or how buildings get smart. *FINANCIAL TIMES*, 31.01.1986, S. 10; RIPPETEAU, JANE: The intelligent office building is born. *FINANCIAL TIMES*, 09.04.1986, S. 12; TETLOW, KARIN: Expressing An Image. *Reprint* aus: *INTERIORS*, Juni, August, Oktober 1986, S. [40]; Intelligent Buildings. Brücke in die Zukunft. *WIRTSCHAFTSWOCHE*, 12.09.1986, S. 90-98; FORDSHAM, Filminterview vom 26.10.1987; KURTZ / COOPER, Tonbandinterview vom 18.12.1986; PELLI / MORTON, Tonbandinterview vom 13.12.1986; ISOLINI, Tonbandinterview vom 19.12.1986.
116 Eigene Beobachtungen; WERTHEIM, Tonbandinterview vom 18.12.1986; KURTZ / COOPER, Tonbandinterview vom 18.12.1986.
117 KURTZ, a.a.O.
118 Ebenda.
119 FORDSHAM, Filminterview vom 26.10.1987; WERTHEIM, Tonbandinterview vom 18.12.1986.
120 FORDSHAM, a.a.O.; WERTHEIM, a.a.O.: Datenpakete aus sämtlichen *Olympia & York*-Objekten in Canada und in den USA werden regelmäßig elektronisch an die Hauptverwaltung in Toronto übermittelt und dort analysiert.
121 MORTON, Tonbandinterview vom 13.12.1986.
122 Vgl. RIPPETEAU, High (rise) IQ, a.a.O., S.10; TETLOW, Expressing An Image, a.a.O., S. [38ff], KURTZ / COOPER, Tonbandinterview vom 18.12.1986.
123 WERTHEIM, Tonbandinterview vom 18.12.1986; AKHTAR, Tonbandinterview vom 19.12.1986; DEUTSCH, Tonbandinterview vom 19.12.1986; STEIN, Tonbandinterview vom 09.04.1987; LORING, Tonbandinterview vom 09.04.1987.
124 AKHTAR, a.a.O.; DEUTSCH, a.a.O.; LORING, a.a.O.
125 AKHTAR, a.a.O.
126 Ebenda. Eine schematische Darstellung der Verkabelung im *American Express Tower* ist zu finden bei TETLOW, Expressing An Image, a.a.O., S. [40] (vgl. Abb. 9).
127 PELLI / MORTON, Tonbandinterview vom 13.12.1986.
128 Eigene Beobachtungen bei *American Express, Dow Jones* und *Merrill Lynch*.
129 AKHTAR, Tonbandinterview vom 19.12.1986; DEUTSCH, Tonbandinterview vom 19.12.1986.
130 Ebenda.
131 AKHTAR, a.a.O.
132 Zur Geschichte und zu den Konzernteilen von *Dow Jones* vgl. Dow Jones Annual Report 1981: Celebrating Our First Century. New York, Dow Jones, 1982; *BARRON'S*. Educational Edition [1986]; *THE WALL STREET JOURNAL*. 1986/87 Educational Edition.
133 DEUTSCH, Tonbandinterview vom 19.12.1986 und Filminterview vom 15.10.1987; GROSECLOSE, Filminterview vom 15.10.1987; If you could follow The Wall Street Journal on its way to your desk, here's the view you'd enjoy [Schema des Satellitennnetzes]; The Wall Street Journal [Darstellung der Zentralredaktion und der 17 Druckereien in den USA].
134 DEUTSCH, Filminterview vom 15.10.1987.
135 Eigene Beobachtungen; GROSECLOSE, Filminterview vom 15.10.1987.
136 AKHTAR, Tonbandinterview vom 19.12.1986; LORING, Tonbandinterview vom 09.04.1987.

137 LORING, a.a.O.; KURTZ, Tonbandinterview vom 18.12.1986.
138 LORING, a.a.O.
139 BAERTSCH, Tonbandinterview vom 14.04.1987.
140 Beschreibung nach eigenen Beobachtungen bei *Merrill Lynch* und *Shearson Lehman*.
141 Es handelt sich um die Doppelgeschosse 5/6, 7/8 und 9/10; vgl. Abb. 13.
142 STEIN, Filminterview vom 22.10.1987.
143 LORING, Tonbandinterview vom 09.04.1987.
144 Eigene Beobachtungen.
145 LORING, Filminterview vom 23.10.1987.
146 Eigene Beobachtungen. Auf diesem Stockwerk sind auch die Batterien des *Uninterruptible Power Systems* untergebracht.
147 Vgl. Abb. 13.
148 LORING, Tonbandinterview vom 09.04.1987 sowie Filminterview vom 23.10.1987.
149 Eigene Beobachtungen.
150 PIZZIMENTI, Gesprächsprotokoll vom 21.10.1987.
151 HEIMANN, Filminterview vom 21.10.1987.
152 Nach Auskunft von *NYSEs* Richard Torrenzano in einem Telephonat im Juli 1988. Zu den Rund-um-die-Uhr-Plänen anderer US-Börsen vgl. HARGREAVES, DEBORAH: Second New York exchange studies 24-hour trading. *FINANCIAL TIMES*, 20.08.1987, S. 30; NICOLL, ALEXANDER / HARGREAVES, DEBORAH: Reuter deal opens way to 24-hour trading in Chicago. *FINANCIAL TIMES*, 09.04.1987, S. 1; Inserate der *Chicago Mercantile Exchange (CME)* in der *FINANCIAL TIMES*, 13.07.1988, S. 6 / 24.10.1988, S.14 / 11.11.1988, S. 14.
153 Nach Gesprächen mit mehreren männlichen und weiblichen *traders* bei *Merrill Lynch* am 10.04.1987 und bei *Shearson* am 14.04.1987.
154 Vgl. die täglichen Börsenberichte in der *FINANCIAL TIMES* seit dem "schwarzen Montag".
155 EICHENWALD, KURT: 2 Exchanges Back A Plan For Halts In Their Trading. *NEW YORK TIMES*, 28.07.1988, A 1; WALLACE ANISE E.: Big Investors Fear Exchanges' Plan. *NEW YORK TIMES*, 11.07.1988, D 1; ROBB, GREGORY A.: Big Board's Curb Called Ineffective. *NEW YORK TIMES*, 15.07.1988, D 1; ZIGAS, DAVID: A Chill In The Pits Cools Off Program Trading. *BUSINESS WEEK*, 22.02.1988, S. 39. - In der Tat scheint das 50-Punkte-Limit sich am Donnerstag, dem 24.03.1988, bewährt und eine neuerliche Panik verhindert zu haben. Vgl. KALETSKY, ANATOLE: Trading limit stops a panic. *FINANCIAL TIMES*, 26.03.1988, Weekend FT III.
156 BUSH, JANET: US brokers halt programme trading. *FINANCIAL TIMES*, 23.01.1988, S. 1; Shearson's Super Bull. *ECONOMIST*, 06.02.1988, S. 78; News/Trends: October 19 still isn't over. *FORTUNE*, 14.03.1988, S. 10; BUSH, JANET: US brokers shy away from programme trading. *FINANCIAL TIMES*, 11.05.1988, S. 1; WALLACE, ANISE E.: 5 Wall St. Firms Move to Restrict Program Trades. *NEW YORK TIMES*, 11.05.1988, A 1, D 4; LADERMAN, JEFFREY M. / YANG, CATHERINE: Why The Street Dealt Itself Out of Program Trading. *BUSINESS WEEK*, 23.05.1988, S. 39.
157 Eigene Beobachtungen.

Tonbandinterviews, Filminterviews, Gesprächsprotokolle

AKHTAR, MINO F.: Director - Advanced Technology, Corporate Systems & Technology. American Express Co. New York, NY: 19.12.1986 / 14.00 - 15.00.
ANDOOS. KEITH L.: Chief Engineer, Video Network, Merrill Lynch World Headquarters. Merrill Lynch & Co. New York, NY: 20.07.1988 / 16.00 - 16.30.
ARMSTRONG, REGINA BELZ: Urbanomics. New York, NY: 20.10.1987 / 20.00 - 22.30; New York, NY: 14.07.1988 / 17.00 - 18.20.
BAERTSCH, JUDITH: Technical Research Analyst - Capital Markets / DSS. Shearson Lehman Brothers / American Express Co. New York, NY: 14.04.1987 / 11.00 - 11.45.
BARWICK, KENT: President. The Municipal Arts Society of New York. New York, NY: 19.07.1988 / 11.00 - 12.00.
BROPHY, CHARLES: Director - Corporate Relations. Salomon Brothers Inc. Telephonate am 06./08./15.10.1987 in New York.
COHEN, RICK: Director - Department of Housing and Economic Development, City of Jersey City. Jersey City, NJ: 17.04.1987 / 15.00 - 16.15; Jersey City, NJ: 10.10.1987 / 11.00 - 11.30.
COOPER, ALEXANDER: Architect. Alexander Cooper & Partners. Telephonat am 07.04.1987 in New York.
COOPER, WALTER A.: Associate - Communications Technology Group. Flack + Kurtz, Consulting Engineers. New York, NY: 18.12.1986 / 9.30 - 11.00 (mit Norman Kurtz).
DEUTSCH, THOMAS J.: Operations Manager - New York Communications. Dow Jones & Co., Inc. New York, NY: 19.12.1986 / 10.00 - 12.00 (mit Trish Leader); New York, NY: 15.10.1987 / 10.00 - 10.30.
ECKSTUT, STANTON: Principal. The Ehrenkrantz Group & Eckstut, Architects. New York, NY: 08.04.1987 / 18.00 - 19.30; New York, NY: 13.10.1987 / 13.00 - 13.30.
FIGLIUOLO, LEE: Vice President - WFC Communications Services. Merrill Lynch & Co. New York, NY: 10.04.1987 / 13.15 - 15.15 (mit Anthony Pignataro).
FLAHIVE, ROBERT E.: Deputy Director - Manhattan Office, Department of City Planning. City of New York. New York, NY: 16.04.1987 / 16.30 - 17.30 (mit Rebecca Robertson); New York, NY: 08.10.1987 / 15.00 - 15.30.
FORDSHAM, SIMHA L.: Vice President & Director Design & Communications. Olympia & York Developments Ltd. New York, NY: 26.10.1987 / 12.30 - 13.00.
GROSECLOSE, EVERETT: Managing Director - Dow Jones News Services. Dow Jones & Co., Inc. New York, NY: 15.10.1987 / 14.30 - 15.00.
HACKETT, VERONICA (RONNIE) W.: Executive Vice President. Park Tower Realty Corp. New York, NY: 17.04.1987 / 13.00 - 15.30.
HEIMANN, JOHN G.: Vice Chairman - Merrill Lynch Capital Markets. Merrill Lynch & Co. New York, NY: 21.10.1987 / 16.00 - 16.30.
HOOVER, JULIANA: Facilities Management Administration (until end of 1987). Merrill Lynch & Co. New York, NY: 12.07.1988 / 20.30 - 23.00.
HOROWITZ, ROBERT: Technical Director - OlympiaNet. Olympia & York Developments Ltd. New York, NY: 18.07.1988 / 10.00 - 11.00.
ISHERWOOD, DAVE: Information Services Division. Shearson Lehman Brothers / American Express Co. New York, NY: 14.04.1987 / 10.00 - 11.00.
ISOLINI, RICHARD J.: Director - Building Management Systems, Headquarters Facilities. Corporate Real Estate & General Services Office, Design and Construction Department. American Express Co. New York, NY: 19.12.1986 / 15.00 - 16.15.
KURTZ, NORMAN D.: Partner. Flack & Kurtz, Consulting Engineers. New York, NY: 18.12.1986 / 9.30 - 11.00 (mit Walter Cooper).

LANCIOTTI, JOSEPH: Senior Information Officer - Public Affairs Department. The Port Authority of New York & New Jersey. New York, NY: 14.10.1987 / 14.00 - 14.40.
LEADER, TRISH: Associate - Corporate Relations. Dow Jones & Co., Inc. New York, NY: 19.12.1986 / 10.00 - 12.00 (mit Thomas Deutsch).
LEFRAK, SAMUEL J.: Chairman. LeFrak Corporation. Jersey City, NJ: 10.04.1987 / 10.00 - 10.30; New York, NY: 19.10.1987 / 16.15 - 16.45.
LORING, MICHAEL A.: Vice President - Telecommunications Services Group. Merrill Lynch & Co. New York, NY: 09.04.1987 / 10.30 - 11.15; New York, NY: 23.10.1987 / 9.00 - 9.30.
LURCOTT, THOMAS E.: Senior Associate. The Ehrenkrantz Group & Eckstut. New York, NY: 16.04.1987 / 14.00 - 14.30.
MARSHALL, CATIE: Director of Editorial Services, Public Affairs. New York State Urban Development Corporation. New York, NY: 14.04.1987 / 15.00 - 16.00.
MELROSE, CONSTANCE: Communications. Merrill Lynch & Co. Telephonat am 28.07.1988 in New York.
MORTON, THOMAS J.: Associate. Cesar Pelli & Associates, Architects. New Haven, CT: 13.12.1986 / 14.00 - 16.00 (mit Cesar Pelli).
PELLI, CESAR: Principal. Cesar Pelli & Associates, Architects. New Haven, CT: 13.12.1986 / 14.00 - 16.00 (mit Tom Morton); New Haven, CT: 17.10.1987 / 11.30 - 12.00.
PIGNATARO, ANTHONY L.: Communications Manager - WFC Communication Services. Merrill Lynch & Co. New York, NY: 10.04.1987 / 13.15 - 15.15 (mit Lee Figliuolo).
PIZZIMENTI, GINA: Trader - OTC Trading. Merrill Lynch Capital Markets. Merrill Lynch & Co. New York, NY: 21.10.1987 / 17.30 - 18.00.
RICHARDS, CAROL L.: Manager - Public Affairs. Teleport Communications New York. Telephonat am 21.07.1988 in New York.
ROBERTSON, REBECCA: Senior Planner - Manhattan Office, Department of City Planning. City of New York. New York, NY: 08.10.1987 / 16.30 - 17.30 (mit Robert Flahive).
ROCKEFELLER, DAVID: (former) Chairman of the Board. Chase Manhattan Bank. New York, NY: 17.04.1987 / 11.00 - 11.45.
ROSEN, ELLEN: Vice President - Public Information. Battery Park City Authority. New York, NY: 11.12.1986 / 11.00 - 11.40: New York, NY: 08.10.1987 / 10.30 - 11.00.
SAFDIE, MOSHE: Principal. Moshe Safdie and Associates Inc., Architects and Planners. New York, NY: 15.04.1987 / 17.00 - 17.45; Somerville, MA: 09.10.1987 / 12.30 - 13.00.
SERINO, JOHN: Assistant Vice-President - Facilities Management. Merrill Lynch & Co. New York, NY: 09.04.1987 / 11.45 - 12.10.
SIMMNIS, ADRIENNE: Assistant - Corporate Communications. Salomon Brothers Inc. Telephonate am 25./26./27.07.1988 in New York.
STEIN, PAUL A.: Director - Corporate Real Estate. Merrill Lynch & Co. New York, NY: 09.04.1987 / 9.00 - 9.30; New York, NY: 22.10.1987 / 13.30 - 14.00.
STRAUS, CATHY FRIEDER: Director of Communications. Park Tower Realty Corp. Telephonat am 26.07.1988 in New York.
TETLOW, KARIN: Business Roundup Editor. Interiors Magazine. New York, NY: 13.10.1987 / 19.00 - 22.30; New York, NY: 19.07.1988 / 18.30 - 19.00.
TORRENZANO, RICHARD: Vice President - Communications. New York Stock Exchange. New York, NY: 09.12.1986 / 14.00 - 14.30.
WERTHEIM, MOSHE: Engineer. Olympia & York Developments Ltd. New York, NY. 18.12.1986 / 13.00 - 14.00.

"Nicht klotzen, kleckern!"
Motto des Post-Industrialismus

Georgia Tornow

DANIEL DÜSENTRIEB IM GEMISCHTWARENLADEN

Industrieparks zwischen *high tech*-Entwicklung und lokaler Beschäftigungspolitik

Science- und *industrial parks* - oder Gründer- und Technologie-Zentren, wie wir sie in der Bundesrepublik nennen - sind im Wirtschaftsleben mittlerweile nichts neues mehr.

Auf der Suche nach *dem* Ausgangspunkt für das *high tech*-Wirtschaftswunder im *Silicon Valley* (die *Route 128* rund um Boston ist demgegenüber weit weniger zur Legende geworden) ist der 1947 gegründete *Stanford Industrial Park* ins Fadenkreuz von Planern und Praktikern der Wirtschafts- und Regionalpolitik geraten. Der Wachstumsschub war überwältigend, die Reproduktion des Erfolgs brauchte ein Vehikel. Neben tausend spezifischen Einflußfaktoren konnte das Zentrums- bzw. Park-Modell als transportierbarer Katalysator der Entwicklung herausdestiliert werden. Ab Mitte der 70er Jahre begann ein Übertragungswettlauf. Rund um den Globus - in der Vor-Perestroika-Periode allerdings noch unter Aussparung der RGW-Länder - wurden in rascher Folge Industrieparks als Antwort auf den Niedergang der alten Massenproduktions-Industrien, die neue Weltarbeitsteilung, der Strukturwandel und gesellschaftliche Umbruch eingerichtet. Dabei erfuhr das Instrument "Industrie-Park" selbst Modifikationen.

Bevor in diesem Beitrag der *Bathgate Industrial Park* in der New Yorker South Bronx als Einzelbeispiel vorgestellt wird, soll deshalb zuerst ein kleiner Überblick die Entwicklung und Rahmenbedingungen von Industrieparks charakterisieren und zum Schluß ihre Bedeutung für verschiedene Politikfelder abgefragt werden.

In den USA gibt es an die 40 *science-parks* . Dabei haben sich - grob untergliedert - zwei Typen herausgebildet: Einmal gibt es Parks, deren Entstehung sehr deutlich durch die Nähe der Universitäten geprägt ist. Die Zusammenarbeit zwischen amerikanischen Universitäten und der Industrie ist traditionell - auch vor dem Hintergrund des ganzen Stiftungswesens - wesentlich enger verzahnt als bei uns: Beispiele für diesen Typus sind die Einrichtungen in Stanford, Princeton und das MIT. Diese Universitätszentren überlagern sich teilweise mit staatlichen Forschungszentren, die stark im militärischen *high tech*-Bereich engagiert sind. Der zweite Typ kann aus den eigentlichen Nachzüglern dieser Entwicklung herausdestiliert werden. Zunächst haben sich Industrieparks vor allem in den Regionen herausgebildet, die ohnehin schon ökonomisch und technologisch vorne lagen. In einer zweiten Phase werden sie dann als regionalpolitische Instrumente für wirtschaftlich stagnierende oder niedergehende Regionen entdeckt und eingesetzt. Ein hervorragendes Beispiel hierzu ist der *Research Triangle Park* in North Carolina, wo es zunächst große Anlaufschwierigkeiten gab, heute aber 54 Unternehmen und Institute mit 32.000 Beschäftigten (Wirtschaftswoche 29/1988) beherbergt werden - für einen Industriepark eine außerordentlich hohe Zahl.

Gewöhnlich gilt nämlich für Industrieparks das Motto: Nicht klotzen, sondern kleckern. Dimensionen, die früher bei Industrieansiedlungen denkbar waren - eine große Autofirma siedelt sich an, das bedeutet 20.000 Arbeitsplätze -, von solchen Dimensionen gilt es wahrscheinlich insgesamt Abschied zu nehmen. Selbst im *Silicon Valley* - dem Mekka der *high tech*-Entwicklung - blieben Großfirmen mit Massenproduktion die Ausnahme und mitterweile hat auch ein Prozeß der Auslagerung eingesetzt, entweder in Drittweltländer oder im Rahmen der internationalen Arbeitsteilung nach Japan. Massenproduktion in riesigen Betriebseinheiten gibt es in den Industrieparks also in der Regel nicht.

Was sind nun die Vorteile solcher Industrieparks? Haben wir da überhaupt völlig neue Strukturen vor uns? Und warum etablieren sich in ihnen in diesem Maße Firmen aus dem *high tech*-Bereich?

Die modernen Industrieparks mit ihrem spezifischen Ansiedelungsangebot erweisen sich als günstig, als besonders geeignet für die Neugründung von Firmen mit ganz neuen Produkten, für Unternehmensstarts also. Im wesentlichen lassen sich analytisch vier Startformen unterscheiden, die sich in der Realität selbstverständlich überlagern können (die Einteilung stammt von dem britischen Ökonom Matthew Bullock):

1. Die *soft company:* Sie ist stark auftragsorientiert und erarbeitet vor allem Gutachten, führt Messungen und Entwicklungen bis zur Herstellung von Prototypen durch. Als Hauptabnehmer gelten die öffentliche Hand oder Großunternehmen.

2. Die *hard company*: Sie ist deutlich produktorientiert. Sie hat eine klar abgegrenzte, standardisierte Produktpalette und einen breiten Kundenkreis. Diese sogenannte *hard company* ist das Lieblingskind aller Wirtschaftsförderer, weil sie so fabelhaft marktorientiert zu funktionieren scheint.

3. Die *warm garage*: Dieser Gründungstyp wird *warm garage* genannt, weil Garagen zu Beginn insbesondere im ohnehin schon warmen Kalifornien - vielleicht wäre die *high tech*-Gründerwelle schon deswegen bei uns nicht ganz so einfach denkbar gewesen - Ausgangspunkte für eine ganze Reihe von Unternehmensstarts waren. Die Computerfirma Hewlett-Packard ist ein Beispiel dafür. Unter den Firmenannalen gibt es diverse Publikationen, in denen plötzlich irgend-

wo ein Hüttchen auftaucht und darunter steht, daß dies die Garage der Familie Packard sei, wo Hewlett-Packard auf den Weg geschickt wurde. In solchen "Garagen" läuft eine erste Entwicklungsphase ab; da ist der Erfinder-unternehmer noch ganz Erfinder und arbeitet mit minimaler Basisfinanzierung, und meist allein oder mit ganz kleinem Mitarbeiterstab.

4. Die *spin-offs:* Der vierte Gründertyp firmiert unter der Rubrik "*spin-offs*", was meint, daß es ein Ableger ist, häufig auch nur eine Person aus einem Großunternehmen. Hier findet die Entwicklung und Fertigung eines spezifischen Produkts statt, was unter Rentabilitätsgesichtspunkten nicht in Großunternehmen, sondern in dieser Nische produziert wird. Man kann das auch als direkte Auslagerung verstehen. Jedenfalls gibt es in aller Regel eine sehr enge Kooperations- und Lieferbeziehung mit dem alten Arbeitgeber, der faktischen Mutterfirma.

Diese vier Formen von Neugründungen sind es, die ganz besonders abgefedert werden durch so etwas wie Industrieparks. Im Zentrum der Aufmerksamkeit steht dabei vor allem das Bild des Erfinderunternehmers Schumpeter'scher Prägung. Und dieser Erfinderunternehmer ist eine gespaltene Persönlichkeit: technisch genial, aber kaufmännisch im Grunde ein Trottel. Deswegen muß ihm ökonomisch - ideell und materiell - der Rücken gestärkt werden. Diese Aufgabe fällt dem Zentrumsmanagement zu, das ihn von der Erstellung des Betriebsplans bis zur Frage, woher kommen die "guten" Subventionen, unter die Arme greift. In der Regel haben die Erfinderunternehmer nämlich selbst kaum Eigenkapital.

Es stellt sich jetzt die Frage, wo funktionieren diese Industrieparks eigentlich besonders erfolgreich? Anscheinend gibt es besonders günstige und weniger geeignete regionale Rahmenbedingungen. Ich folge hier Manuel Castells in den Ergebnissen, die Untersuchungen - insbesondere in den USA, aber auch im internationalen Maßstab - ergeben haben. Günstige Raumstrukturen für *high tech*-Entwicklung (sie verzahnt sich ja häufig mit dem Entstehen von Industrieparks) sind danach

1. die Ausstattung mit großen Universitäten und Forschungseinrichtungen;

2. die Nähe von Versuchseinrichtungen für Militär- und Raumfahrtprogramme;

3. eine schwach entwickelte Gewerkschaftsarbeit. Ein sehr wichtiger Punkt, der von Manuel Castells, der nun wirklich nicht verdächtig ist, diese Situation verniedlichen zu wollen, so erklärt wird, daß die Ablehnung von Gewerkschaften weniger aus Kostengründen entstehe, sondern weil es in diesen (*high tech*-) Bereichen eine unglaubliche Angst davor gibt, daß die eigene Entwicklungsgeschwindigkeit durch Bürokratien gestoppt werden könnte. Dahinter steht eine Argumentation, die vor allen Dingen besagt: wir brauchen ganz schnelle Entscheidungen, wir müssen unsere Entwicklung ganz schnell umsetzen können. Da können wir keine Mitbestimmung (wie bei uns in der Bundesrepublik) gebrauchen und auch kein

closed shop-Gewerkschaftssystem (wie in den USA), das uns vielleicht dabei irgendwie hinderlich ist. Jedenfalls werden keine besonders starken und vielleicht auch noch zwischen Gewerkschaften und regionaler Administration verfilzten Gefüge gewollt. Aus derartigen Überlegungen beziehen auch die Deregulierungsfanatiker im *high tech*-Bereich ihren *drive*.

4. Das Vorhandensein einer innovativen unternehmerischen Kultur. Das heißt im wesentlichen, daß Risikokapital vorhanden sein soll, daß es also Firmen oder auch Banken gibt, die bereit sind, relativ neue Entwicklungen mit Kapital zu fördern, auf die sozusagen noch keine Garantie gegeben werden kann.

5. Anschluß an ein ausgebautes modernes Verkehrs- und Kommunikationsnetz; bei letzterem ist "kupfer-koaxiale" Verkabelung mittlerweile schon das Mindeste, im Grunde muß schon Glasfaser verfügbar sein.

Sieht man sich nun im Überblick an, welche Räume es in des USA gibt, die dem *Silicon-Valley*-Gebiet gleichen könnten, wo es also Versuche gibt, so etwas nachzumachen, so müßte man genauer untersuchen, was davon geplant ist und was sozusagen spontan ist. Spontan bedeutet hier, daß es natürlich auch geplant ist, aber daß dahinter eher unkoordinierte Ansiedlungsinteressen der Wirtschaft stecken und nicht gezielte Anstrengungen einer regionalen Administration. Es zeigt sich, daß in vielen Fällen der Entwicklung von Industrieparks renommierte Universitäten mit den Kommunalverwaltungen kooperieren.

Darüber hinaus ist der Hinweis wichtig, daß es unterschiedliche Profile von *high tech*-Regionen und Industrieparks gibt. Das verhält sich ähnlich wie bei uns in der Bundesrepublik.[1]

Fehlen diese oben genannten besonders günstigen Voraussetzungen, ist es also unentschieden, ob sich eine positive Entwicklung einstellen könnte oder nicht, spricht man von *chance potential* ("vielleicht wird da nochmal etwas draus"). Es handelt sich um eine eher schwebende Angelegenheit.

Schließlich sei noch auf einen Gesichtspunkt hingewiesen, von dem auch immer sehr viel gesprochen wird, nämlich daß es einen Wertewandel gibt, der sich insbesondere bei der Arbeitsplatz- und Wohnortwahl von hochqualifizierten Leuten niederschlägt. Das ist die *sunbelt*-Theorie: die "Eierköpfe" gehen alle in den Süden, immer der Sonne nach. Die Untersuchungen von Manuel Castells haben aber im Grunde ergeben, daß es eher ein nachgelagerter Gesichtspunkt ist, wie dies für das Klima am Ort oder die Lebensqualität allgemein gilt. Trotzdem wird das Argument bei der Standortwahl immer wieder als Grund angeführt und geht auch ohne Zweifel in den Entscheidungsprozeß ein. Letztlich garantieren aber gute Verkehrsanschlüsse bei bestimmten Einkommensgruppen ohnehin, daß man jederzeit an die Sonnen-plätze dieser Welt kommen kann.

Nun zu New York: In New York gibt es 13 regionale Schwerpunktgebiete für die Industrieansiedlung, in denen die Möglichkeit besteht, Industrieparks anzulegen, d.h. es sind im Flächennutzungsplan Gebiete für Parks ausgewiesen, die aber längst noch nicht alle bestehen. In der mittleren Bronx sind drei Gebiete ausgewiesen, von denen Bathgate - von dem gleich ausführlicher die Rede sein wird - das älteste Projekt ist.

Selbstverständlich gibt es in New York Subventionen für solche Projekte, insbesondere vor dem Hintergrund, daß in einigen früher wesentlichen Produktionsbereichen kaum noch industrielle Arbeitsplätze verblieben sind: Dies betrifft den ganzen Hafenbereich einschließlich Schiffbau und Schiffsreparatur, den Maschinenbau und den Bereich vor- und nachgelagerter gewerblicher Dienstleistungen (z.B. Eisenbahn). Deswegen wird überall dort, wo es auch nur im Ansatz Möglichkeiten der Gewerbeansiedlungen gibt, massiv gefördert. Die Subventionen für Industrieparks beziehen sich

- auf die Energiekosten, die für die gewerblichen Mieter, die dort einziehen, deutlich gesenkt werden,
- auf die Miete selbst und,
- auf die Senkung von Transportkosten.

Auch die Senkung der Grundsteuer ist ein ganz wichtiger Punkt bei dem Versuch, in der Großregion New York - New Jersey strukturell und das heißt hier auch immer in Richtung auf eine Entlastung des extrem verdichteten Stadtteils Manhattan - einzugreifen: Für eine Ansiedlung in einem Industriepark außerhalb Manhattans werden für 22 Jahre die Grundsteuern völlig erlassen. Die Subventionierung bezieht sich weiter auf billige Kredite und auf die Zurverfügungstellung von Serviceleistungen und Vermittlungsaktivitäten, was man mit dem Begriff Zentrums-Management kennzeichnen kann.

New York und Umgebung operieren darüber hinaus noch mit einem besonderen Vorteil, der recht erstaunlich erscheint: New York liegt mit seinen Industrielöhnen extrem niedrig, und zwar insbesondere in Manhattan. Die allerniedrigsten Löhne innerhalb Manhattans werden im ehemaligen Hafenbereich gezahlt, vermutlich weil es sich um marginale Restnutzungen handelt.

Jedenfalls betrug der durchschnittliche Industrielohn in New York im Jahre 1985 lediglich 8,53 $, in Detroit - dem Zentrum der amerikanischen Automobilindustrie und auch ihrer Krise - dagegen 13,24 $. Sieht man mal von dieser gewaltigen Lohnschere ab, so fällt doch immerhin auf, daß in den *suburbs* - offenbar als Folge der Randwanderung der Industrie - in jedem Fall höhere Löhne gezahlt werden als in New York City. In New Jersey z.B. liegt der Durchschnittslohn in der Industrie bei 9,60 $. Im regionalen Vergleich dienen niedrige Löhne und heruntersubventionierte Mieten als Anreiz für die Ansiedlung in dieser Region, wobei allerdings Manhattan ausgespart bleibt.

Vor diesem Hintergrund hat auch die *Port Authority* zwei Projekte initiiert: ein Projekt in Elizabeth, N.J., mit 125 *acres* ist in Planung, das andere - Bathgate in der *South Bronx* - ist schon weitgehend in Funktion. Es ist im Grunde mit 21,5 *acres* untypisch klein, hat aber nach Ansicht des Parkmanagements eine Reihe von Vorteilen, etwa daß es innerstädtisch gelegen ist und, was die Transportmöglichkeiten für bestimmte Gewerbe anbetrifft, günstige Schnellstraßenanschlüsse bietet. Die Mieter des Bathgate-Parks können - je nach ihren Voraussetzungen - auf Fördermittel aus zahlreichen Fördertöpfen zurückgreifen - "your total assistance package" - hält das Parkmanagement bereit und es gibt mehrere Quellen, die hierfür Geld liefern:

Da gibt es einmal *federal money*, also Bundessubventionen, die sich insbesondere auf die Unterstützung von Klein- und Mittelbetrieben beziehen - wie bei uns auch ein Lieblingskind aller Förderer, jedenfalls was die Außendarstellung anbetrifft, nicht aber in der Höhe der Summen (der Hauptteil der Subventionen, insbesondere im Forschungssektor, geht natürlich weiterhin an die Großunternehmen). Dann gibt es eine Subventionsschiene des Staates New York, mit der die Schaffung neuer Arbeitsplätze gefördert wird, und schließlich sehr breit gefächerte Spezialfördermittel, die für Ansiedlungen in einzelnen *boroughs* also Stadtteilen und auch als Strukturförderung für bestimmte industrielle Zusammenhänge der Stadt New York gewährt werden.

Darüber hinaus existiert noch ein Unterstützungspaket der *Port Authority* selbst, die in New York ein wesentliches Entwicklungspotential darstellt. Dabei handelt es sich von dieser Seite weniger um finanzielle Förderung - außer in einem bestimmten Bereich als *venture capital*, das aber dann ganz normal zurückkommen soll -, als um die Bereitstellung von speziellen Dienstleistungen für den einzelnen Unternehmer durch die *Port Authority*.

Ihr Prinzip könnte man als projektorientierte Förderung bezeichnen, d.h. der einzelne Unternehmer bzw. das einzelne Unternehmen oder ein einzelnes Projekt, ein bestimmter Prototyp soll gefördert werden und darauf konzentrieren sich die Anstrengungen.[2]

Dies ist offenbar ein neues Förderungsmuster, im Gegensatz zu anderen Vorgehensweisen, die eher auf Regionen und Flächen, also flächendeckende Förderung bezogen sind.

Nun zu Bathgate selbst: Die ersten Ansätze für Industrieparks gaben die Staaten New York und New Jersey 1978 in einem Gesetzgebungsverfahren auf den Weg, indem sie beschlossen, in den schon erwähnten 13 Gebieten Industrieansiedlung nach dem Muster von Industrieparks betreiben zu wollen. Im Jahre 1981 wurde das erste Gebäude im *Bathgate Industrial Park* errichtet. Das Management des Industrieparks, das von der *Port Authority* gestellt wird, hatte die Philosophie, immer nur ein Gebäude zur Zeit zu bauen. Zuvor war eine Flächensanierung durchgeführt worden, d.h. Abräumung des noch vorhandenen, allerdings außerordentlich verfallenen *public housing*, also Kahlschlagsanierung eines Zustandes, der für die *South Bronx* zu diesem Zeitpunkt kennzeichnend war. Was als erstes auf diesem Gelände installiert wurde, das im übrigen durch zwei U-Bahn-Anschlüsse auch für Arbeitskräfte ausgezeichnet erschlossen ist, war die Anmietung einer Sicherheitsfirma. Da sich Bathgate in der *South Bronx* in einem sehr unsicheren Gebiet befindet oder zumindest befand, spielten Sicherheitsüberlegungen eine große Rolle für die intendierte Ansiedlungspolitik und die angestrebte Revitalisierung des Gebietes. Mittlerweile gibt es neun unterschiedlich große Unternehmen im Park, die hier kurz vorgestellt werden sollen, weil es ganz wichtig ist - wenn man schon von Restrukturierung des sekundären Sektors spricht -, sich anzuschauen, in welchen Bereichen denn überhaupt restrukturiert oder etwas Neues gemacht wird. Neben der *Bathgate Security Company* (dieser Sicherheitsmannschaft) und einem *Job Training Center* (einer Ausbildungsinstitution für Humandienstleistungen) gibt es folgende produzierende Betriebe: [3]

- *Air Craft Supplies*, eine Firma für Flugzeugzulieferteile mit 15 Beschäftigten (1988: 30)
- *Ampco Printing*, eine Druckerei mit 55 Beschäftigten (1988: 85)
- *Clay Park Labs*, eine Firma, die vor allem Pharma-Erzeugnisse und Kosmetika herstellt, mit 250 Beschäftigten (1988: 350; erst kürzlich wurden von den bundesstaatlichen Kontrollbehörden neue *drug-production-lines* genehmigt. Die hierfür erforderlichen Gebäude werden unter Mitwirkung der *Port Authority* in eigener Regie des Unternehmens im Industriepark erstellt, was das Konzept der *Port Authority* verdeutlicht: Starthilfe geben und baldmöglichst in die Eigenverantwortlichkeit entlassen)
- *Collector's Guild International*, eine Firma, die im wesentlichen Bilderrahmen fertigt, mit 175 Beschäftigten (1988: 200)
- *Majestic Shapes*, eine Firma, die nichts anderes als hochmodische Schulterpolster in Massenfertigung herstellt, mit 280 Beschäftigten (1988: 360)
- *Photocom*, das *high tech*-Vorzeigestück, eine Computerfirma mit 30 Beschäftigten, die Ende 1986 an die Börse gegangen ist (1988: 15; IBM setzt diesem Unternehmen mittlerweile als Konkurrent erheblich zu, weshalb die Überlebenschancen des Betriebes ungewiß sind)
- *South Bronx Greenhouse*, etwas ganz Besonderes, eine große Gärtnerei, die im Großraum New York alle Spezialitätenrestaurants mit erlesenen Kräutern beliefert, mit 80, vorwiegend weiblichen Beschäftigten (1988: 40; Dieses Unternehmen ist aufgrund von Managementfehlern in Schwierigkeiten geraten: Es hatte zunächst stark expandiert und 1987 sogar einen zweiten Berieb auf Puerto Rico errichtet. Nach zu schneller Betriebsausweitung kann langfristig wahrscheinlich nur der Betrieb auf Puerto Rico weitergeführt werden. Gegenwärtig werden keine Mietzahlungen an die *Port Authority* geleistet. Ein betriebewirtschaftliches Gutachten soll Aussagen über die Zukunftschancen erbringen)
- *Avenue Systems*, eine Firma, die vor allem Essen für Fluggesellschaften verpackt; einzige Neuansiedlung im Industriepark seit 1986 mit 150 Beschäftigten im Jahre 1988. Der Betrieb war schon zuvor in der Bronx beheimatet, hatte aber am alten Standort nicht ausreichend Raum für Erweiterungen. Der Betrieb floriert. Bis Januar 1989 sollen weitere 150 Arbeitsplätze geschaffen werden.

Abb.1: Gelände des *Bathgate Industrial Parks* vor Beginn der Umnutzung 1980

Abb.2: *Bathgate Industrial Park*, 1986
Photos: Port Authority of NY & NJ

Das Projekt *Bathgate Industrial Park* als Restrukturierungsprogramm für eine besonders niedergehende Region hat also bislang 885 Arbeitsplätze (1988: 1.230) in die Bronx gebracht, davon nach Auskunft der *Port Authority* etwas über die Hälfte für Beschäftigte, die in der Bronx leben oder schon zuvor dort gelebt haben. Es wurde also durchaus das örtliche Arbeitskräftepotential angesprochen. Die Idee war - wie schon gesagt -, die Ansiedlung dadurch attraktiv zu machen, daß man die Kosten für die Betriebe im Vergleich zu anderen Standorten zu senken versucht. Der uns genannte Satz von 25 % für das ganze Paket von Subventionsmöglichkeiten erscheint geschönt, vermutlich läuft es auf mehr hinaus.[4]

Was sind die Kriterien für die Aufnahme einer Firma in den Industriepark? Die Betriebe müssen einen Unternehmensplan vorlegen, der eine selbsttragende Kostenentwicklung garantiert. Die *Port Authority* ist bereit, mit *venture capital* zu unterstützen. Es muß aber absehbar sein, wann der *break-even-point* eintritt, also wann wirklich kostendeckend gearbeitet wird. Da es noch immer eine Pioniertat ist, mit einem Unternehmen in die Bronx zu gehen, stellt sich die Frage, ob es zusätzlich besondere Motive für eine Ansiedlung gibt. Die Miete beträgt dort 2 $ *per square foot* und Jahr (das entspricht etwa 1,80 $ pro qm und Monat) - ein äußerst niedriger Satz, wenn man sich vorstellt, daß der Standort noch im Einzugsbereich der City von New York liegt, und gleichzeitig an die Miethöhen denkt, die in Manhattan gezahlt werden müssen. Dazu ist zu berücksichtigen, daß die Verkehrsanbindung durchaus nicht schlecht ist. (Ende 1988 stellte sich die Situation so dar: Der *Bathgate Industrial Park* hat sich zur vollen Zufriedenheit der *Port Authority* entwickelt. Da 90 % der verfügbaren Flächen inzwischen vermietet sind, werden keine weiteren Unternehmen angesiedelt, damit noch genügend Expansionsmöglichkeiten für die ansässigen Betriebe verbleiben. Die *Port Authority* beabsichtigt, sich im Jahre 1989 aus dem Management des Industrieparks zurückzuziehen und es einem privaten Unternehmen zu übertragen, das unter Mitwirkung der Mieter ausgewählt wird. Die Unternehmen sollen sukzessive Eigentümer ihrer Produktions- und Verwaltungsgebäude werden. Die Einnahmen aus Grundstücks- und Hausverkäufen will die *Port Authority* für den Aufbau des Industrieparks in Elizabeth, N.J., verwenden, in den auch das *manage-ment-team* von Bathgate wechseln soll.)

Einige wichtige Punkte gilt es abschließend festzuhalten:

- Die Funktion der Industrieparks ist eine strukturpolitische. Einerseits sind sie Schubkraftverstärker in prosperierenden Regionen, andererseits werden sie gerade in den niedergehenden, alten industriellen Zentren als restrukturierendes Element eingesetzt. Dies trifft nicht nur auf die USA zu, sondern ein Großteil der Entwicklung der *development agencies* in Großbritannien, insbesondere in den Küstenregionen folgt ähnlichen Strukturen wie sie die Industrieparks implementieren.

- Wirtschaftspolitisch gibt es für die Industrieparks zwei grundsätzliche Entwicklungsrichtungen: Auf der einen Seite der Versuch, alles zusammenzubringen

Abb. 3: Gewerbebau im *Bathgate Industrial Park*

Abb. 4: *South Bronx Greenhouse* im *Bathgate Industrial Park*
Zeichnungen: *Port Authority of NY & NJ*

und zu aktivieren, was auf dem inneren Markt an Potenzen vorhanden ist, zum anderen die Fixierung auf Weltmarktorientierung, bis hin zur Ausweisung dieser Parks als *free enterprise zones*, die versuchen, mit den Konditionen von Sonderzonen der ungehemmten wirtschaftlichen Entwicklung im südostasiatischen Markt zu konkurrieren.

- Technologiepolitisch können Industrieparks ein "*window on technology*" für die Großindustrie sein, mit dem Vorteil zu sehen, was sich da tut, ohne daß alles in den eigenen Entwicklungsabteilungen laufen muß. Darüber hinaus kann eine Förderung von Produktentwicklungen stattfinden, gerade in solchen Industrieparks, die stärker auch einen regionalen Bezug, eine regionale Orientierung aufnehmen könnte. Natürlich ist das immer davon abhängig, ob ein aufnahmefähiges Potential vorhanden ist.

- Beschäftigungspolitisch ist der quantitative Effekt von Industrieparks gering. International werden Zahlen genannt, die besagen, daß die kleinen neuen Firmen, die in Industrieparks entstehen, pro Jahr 1,7 bis 2,2 Arbeitsplätze schaffen - pro Jahr und pro Firma. Qualitativ ist der Effekt groß, was die Umorientierung der Arbeitskräfte auf neue Qualifikationen anbetrifft, da es *high tech*-orientierte und gemischte Industrieparks gibt. Besonders wichtig ist, daß dort auch andere, neue Formen der Arbeitsteilung erprobt werden, die sich von den herkömmlichen, in Unternehmen üblichen unterscheiden. Vielleicht entwickelt sich für die Beschäftigten zumindest zum Teil so etwas wie neue Lebensmuster. Das ist aber erstmal noch ein vages und weites Feld.

- Der Industriepark ist also ein ambivalentes Instrument. Seine Möglichkeiten bestehen im *high tech*-Bereich auf der Ebene des Förderinstrumentariums für Klein- und Mittelbetriebe. Es stellt sich die Frage, ob hiermit nur eine vorübergehende Nische eröffnet wird. Günter Spur, der Leiter des Produktionstechnischen Zentrums in Berlin, der immer wieder im Rahmen verschiedener Symposien dazu beiträgt, daß neue Zahlen über die Technologieentwicklung herauskommen, geht - auch international unwidersprochen - davon aus, daß 70 % der Produkte, die mit neuen Technologien hergestellt werden könnten, noch nicht entwickelt sind. Also ist dies ein *high tech*-Bereich, in dem mittlere und ganz kleine Unternehmen in Zukunft weiter kräftig zunehmen werden. Wenn man sich einmal die industrielle Entwicklung der ersten Gründerzeit vor Augen führt, so wissen wir, daß auch damals sehr viele kleine Unternehmen eine zeitlang tätig waren. Der dann einsetzende Konzentrations- und Zentralisationsprozeß steht sozusagen auf einer anderen Stufe der Entwicklung, ist aber auch für unsere Zukunft sehr wahrscheinlich.

Anmerkungen

1 Das Heidelberger Zentrum konzentriert sich auf Biotechnologie, Karlsruhe stützt sich im wesentlichen auf Mikroelektronik und Atomphysik. BIG und TIP in Berlin sind dagegen eher Gemischtwarenläden.
2 Diese Vorgehensweise unterscheidet sich grundsätzlich von dem, was bei uns die Administration derzeit noch macht: Für die Förderung eines bestimmten Projektes muß man ganz verschiedene Stellen anlaufen und versuchen, sich die Mittel zu beschaffen.
3 Die Darstellung des Standes im Jahre 1986 wird ergänzt durch Auskünfte über die weitere Entwicklung bis Mitte 1988.
4 Wir dürfen demgegenüber nicht mit unseren Berliner Zahlen operieren: Ausländische Anlegergruppen sehen sich manchmal die Berliner Zahlen an und vermuten, daß hier die Hölle los sein muß, schon allein weil die Subventionen so hoch liegen. Das soll im übrigen manchmal sogar für die Gründung einer Firma abschreckend sein.

Ulrich Becker

Antagonismen des Wirtschaftsbooms

Sozioökonomische und räumliche Entwicklungsprobleme im Schatten der Prosperität

Beim Anblick der von modernen Hochhäusern und Baukränen geprägten Silhouette der Bostoner City erscheint es schwer vorstellbar, daß diese Stadt noch in den 60er Jahren als wirtschaftlich rückständig galt.

Inzwischen hat sich allerdings das Bild grundlegend gewandelt. Boston zählt heute mit einem rasch expandierenden Arbeitsmarkt und einer außergewöhnlich geringen Arbeitslosenquote von 3,2 % (1978)[1] zu den wirtschaftsstärksten Großstädten in den USA.

Dies gilt ebenso für die gesamte Region, die mit rund 4 Mio. Einwohnern unter allen *metropolitan areas* in den USA
- den 4. Rang hinsichtlich der Arbeitsmarktgröße
- den 6. Rang hinsichtlich der Einwohnerzahl
- den 7. Rang hinsichtlich des Pro-Kopf-Einkommens
einnimmt. In der Region betrug die Arbeitslosenquote Mitte 1986 nur 3,3%. Dies war der mit Abstand niedrigste Wert in allen *metropolitan areas*.[2]

Sofern die Prognosen der *National Planning Association* zutreffen, wird die wirtschaftliche Zukunft dieser Region noch rosiger aussehen als die Gegenwart. Danach ist während der nächsten 15 Jahre ein saldierter Zuwachs von mehr als 750.000 Arbeitsplätzen zu erwarten. Nur in der Region Los Angeles wird ein noch größerer Arbeitsplatzzuwachs erwartet. Auch die Einwohnerzahl und das Pro-Kopf-Einkommen werden nach dieser Prognose überdurchschnittlich ansteigen.[3]

Angesichts dieser bemerkenswerten Erfolgsbilanz und der vermeintlich ungetrübten Zukunftsaussichten stehen Ursachenanalysen des gegenwärtigen Wirtschaftsaufschwungs in der Region Boston weltweit hoch im Kurs. Die Ergebnisse derartiger Untersuchungen müssen oft genug für die Konzipierung mehr oder weniger seriöser Wirtschaftsförderungsstrategien in allen Teilen der Welt herhalten.[4] Dabei verstellt jedoch die Rezeption der unbestreitbaren regionalökonomischen Wachstumsdynamik meist den Blick auf hiermit untrennbar verbundene sozioökonomische Verwerfungen, die sich zunehmend als Hemmnis für die weitere Entwicklung der Region Boston erweisen und deren Erfolgsmythos künftig nachhaltig beeinträchtigen könnten.

Im folgenden sollen deshalb nicht nur die Ursachen und Erscheinungsformen des regionalen Regenerations- bzw. Restrukturierungsprozesses am Beispiel der *high*

Abb. 3: Neubauten am Rande von *Downtown* Boston, 1986
Links: Rohbau des Bürohochhauses *International Place;* Bildmitte: Rohbau des Hotel- und Apartmenthauskomplexes *Rowes Wharf*; rechts: Zwei Ende der 60er Jahre erbaute Apartmenthochhäuser.

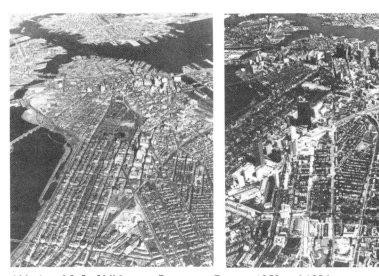

Abb. 1 und 2: Luftbilder von *Downtown* Boston, 1959 und 1984

tech-Industrie und der Bürodienstleistungen schlaglichtartig beleuchtet, sondern ebenso die damit verbundenen Reibungsverluste analysiert werden.

Wirtschaftskrise als Wegbereiter der regionalen Restrukturierung

Die ersten Anzeichen einer grundlegenden (und bis heute andauernden) Restrukturierung der regionalen Wirtschaft reichen bis in die 20er Jahre dieses Jahrhunderts zurück, als die traditionellen Hauptwirtschaftsbereiche der Region, die Textil-, die Bekleidungs- und die Lederwarenindustrie in eine Strukturkrise gerieten. Zu jener Zeit entstanden im Süden der USA kostengünstigere Produktionsstandorte, die binnen weniger Jahre zu beträchtlichen Absatzeinbußen insbesondere in der Textil- und Bekleidungsindustrie Neu-Englands führten. Darüber hinaus trugen drastische Nachfrageeinbrüche im Gefolge der Weltwirtschaftskrise maßgeblich dazu bei, zahlreiche Unternehmen zur Standortverlagerung nach Süden oder zur Betriebsschließung zu veranlassen.

Die negativen Rückwirkungen auf die wirtschaftliche Entwicklung Bostons waren gravierend, da diese Stadt aufgrund der dort angesiedelten Textilindustriebetriebe und ihrer Funktion als Handelszentrum der neuenglischen Textil-, Bekleidungs- und Lederwarenindustrie doppelt betroffen war.

In dieser Phase des beginnenden wirtschaftlichen Niederganges wurden bereits die Grundlagen zur späteren Regeneration der regionalen Wirtschaft geschaffen, als an der *Havard University* und am *Massachusetts Institute of Technology (MIT)* neben anderen technologieorientierten Forschungszweigen die Computer-Forschung begann. Der Rüstungsbedarf im Vorfeld und während des 2. Weltkrieges wirkte mit seinen gesteigerten elektrotechnischen Anforderungen wie ein Katalysator für dieses neue Forschungsfeld, dessen Bedeutung für die regionale Wirtschaft rapide zunahm. Insbesondere die Geheimhaltungsauflagen für einen Teil dieser Forschung trugen maßgeblich dazu bei, daß derartige Aufträge - unter Hinweis auf die in den Hochschulstatuten verankerte freie Zugänglichkeit von Forschungsergebnissen - nicht an den Universitäten durchgeführt, sondern an private, meist von ehemaligen Mitarbeitern des MIT gegründete Firmen weitergegeben wurden.[5]

Wenngleich sich auf diese Weise bereits während der 30er und 40er Jahre einige Betriebe aus dem *MIT* entwickelten und in dessen Nähe ansiedelten, entstand erst in den 50er Jahren eine regelrechte Welle von Unternehmensgründungen, mit deren Hilfe sich die *high tech*-Industrie als eigenständiger Wirtschaftsbereich in der Region Boston konstituierte.[6] Ausschlaggebend hierfür war einerseits der inzwischen erreichte technologische Entwicklungsstand vor allem in der Computerindustrie, deren Produktpalette während des Krieges vielfältige Anwendungsmöglichkeiten in nahezu allen Bereichen der Wirtschaft eröffnete. Andererseits wurden unmittelbar nach dem 2. Weltkrieg infolge drastischer Kürzungen der Militärforschung zahlreiche hochspezialisierte Wissenschaftler, Ingenieure und Facharbeiter in der Region Boston entlassen, denen sich als Alternative zur Arbeitslosigkeit nur der Weg in die Selbständigkeit bot. Eine in den 60er Jahren durchgeführte Untersuchung ermittelte immerhin 175 Unternehmen, die seit den 50er Jahren durch ehemalige Mitarbeiter von nur vier *MIT*-Forschungslabors bzw. -Fachgebieten gegründet wurden. Einige dieser neuen Unternehmen, darunter die Computerhersteller *Digital Equipment Corporation, Data General* und *Wang*, trugen selbst wiederum zur Entstehung weiterer 75 Unternehmen, sogenannter *spin-offs*, bei.[7]

Rückblickend mag es als Ironie des Schicksals erscheinen, daß die rasche Expansion dieses neuen Industriezweigs durch den Niedergang der alten Leitindustrien maßgeblich begünstigt wurde. Tatsächlich sind ähnliche Konstellationen auch in zahlreichen anderen altindustriellen Regionen zu beobachten und finden eine theoretische Erklärung durch die von Kondratieff begründete Theorie des industriellen Lebenszyklus. Typisch für derartige Umbruchphasen ist das Anknüpfen und sukzessive Umstrukturieren vorhandener Infrastruktur- und Dienstleistungsangebote in den betreffenden Regionen.

So kam der heranwachsenden *high-tech*-Branche zugute, daß Boston als traditionelle Handels- und Industriemetropole auch nach dem 2. Weltkrieg - ungeachtet wirtschaftlicher Rückschläge - über eine leistungsfähige Mischung von Banken, Versicherungen, Wirtschaftsberatern und Universitäten verfügte. Diese überwiegend privatwirtschaftlichen Dienstleistungsbetriebe mußten im Interesse ihrer eigenen Existenzsicherung neue Kapitalanlagesphären bzw. Aufgabengebiete erschließen. Bereits 1946 setzten sich Vertreter der größten Universitäten und der Wirtschaft zusammen, um Strategien zur Förderung neuer Wirtschaftszweige zu erarbeiten. Als Ergebnis wurde u.a. noch im selben Jahr mit Hilfe anlagesuchender Kapitale aus der Versicherungswirtschaft in Boston die weltweit erste Risikokapitalgesellschaft gegründet, die in den 50er Jahren auch dem späteren Branchenriesen *Digital Equipment Corporation* Geburtshilfe gewährte.[8]

Die Erfolge dieser neuen Kapitalgesellschaft veranlaßten binnen weniger Jahre zahlreiche ortsansässige Banken und Versicherungen, Risikokapital für Gründerunternehmen bereitzustellen, so daß in der Region Boston während der 50er und 60er Jahre für *high tech*-Gründer leichter Finanzquellen zu erschließen waren als anderswo in den USA.[9]

Darüber hinaus orientierten sich die Ausbildungs- und Forschungsprogramme der 65 meist privatwirtschaftlich betriebenen Hochschulen in der *Greater Boston Area* zunehmend auf die speziellen Anforderungen der expandierenden *high tech*-Industrie - zumal die amerikanische Bundesregierung insbesondere nach dem Start des sowjetischen "Sputniks" die elektrotechnische Forschung für die Luft- und Raumfahrt massiv förderte.[10] Bereits Anfang der 60er Jahre absolvierten jährlich Tausende von entsprechend spezialisierten Ingenieuren und Informatikern, aber auch von Rechtsanwälten und Betriebswirten diese Hochschulen.

Zusammen mit den aus den altindustriellen Betrieben ausscheidenden Arbeitnehmern stand damit der *high tech*-Industrie ein riesiges, alle Qualifikationsebenen umfassendes Arbeitskräftereservoir zur Verfügung. Überdies blieben die Lohnkosten angesichts der hohen regionalen Arbeitslosenquote bis in die 70er Jahre vergleichsweise niedrig.[11]

Zu den regionalen Faktoren , die das Wachstum der *high tech*-Industrie begünstigten, gehörte nicht zuletzt das reichhaltige Angebot preiswerter Gewerberäume, die nahezu überall in der Region - vor allem aber in unmittelbarer Nachbarschaft zu den *MIT*-Forschungslabors in Cambridge - in brachliegenden Industrie- und Gewerbebauten des 19. und frühen 20. Jahrhunderts zur Verfügung standen.[12]

Mit der fortschreitenden Expansion der *high tech*-Industrie zeichnete sich frühzeitig ab, daß der eingeleitete regionalökonomische Wandel von der Herausbildung veränderter wirtschafts- und sozialräumlicher Disparitäten begleitet sein würde. Wesentlichen Anteil daran hatte der Aufbau eines regionalen Autobahnnetzes, durch das billige Gewerbeflächen in geringer Entfernung zu den wichtigsten Universitäten und - als Standortfaktor für die *high tech*-Industrie zunehmend bedeutsamer - zum internationalen Flughafen Logan im Nordosten Bostons erschlossen wurden (siehe Abb. 4).

Bereits in den 50er Jahren trug der Bau einer halbkreisförmig im Abstand von 15 km um Boston und Cambridge führenden Landstraße, der *Route 128*, zur Entstehung einer neuen Standortkonzentration von *high tech*-Betrieben bei, die im Zuge von Betriebserweiterungen an ihren Standorten in Cambridge und Boston in Raumnot gerieten. 5 Jahre nach dem Bau der *Route 128* hatten sich dort 99 Betriebe angesiedelt; davon waren allein 77 Betriebe aus Boston verlagert worden, wobei in Boston 3.700 Arbeitsplätze verloren gingen, während an den neuen Standorten infolge von Betriebserweiterungen 18.000 Arbeitsplätze entstanden. Bis 1967 stieg die Zahl der an der Route 128 angesiedelten Betriebe auf 729 mit mehr als 66.000 Beschäftigten.[12]

Abhängig von den unterschiedlichen planungspolitischen Vorgaben der 20 Gemeinden, durch deren Gebiet die *Route 128* verläuft, siedelten sich die meisten *high tech*-Betriebe vorzugsweise dort an, wo die großzügige Ausweisung von Gewerbeflächen für vergleichsweise niedrige Grundstückspreise sorgte. Dies galt zwar für das Gebiet rings um den südlichen Abschnitt der *Route 128* in gleicher Weise wie für das beiderseits des nördlichen Abschnitts. Aufgrund ihrer landschaftlich attraktiven Lage wurden allerdings die Gemeinden im Norden nahe den dort einmündenden *Routes 3* und *93* für die Ansiedlung der *high tech*-Betriebe eindeutig bevorzugt, weil sich deren Standortanforderungen gegenüber denen der Altindustriebetriebe grundlegend gewandelt hatten: Mit Blick auf den wesentlich höheren Anteil an hochqualifizierten Beschäftigten sollten die neuen Betriebsstandorte, wie die universitären "Denkfabriken", in die Naturlandschaft eingebunden werden und zugleich in nächster Nähe zu attraktiven und preiswerten Eigenheimquartieren gelegen sein.

Die leichte Erreichbarkeit der Bostoner City spielte in dieser Phase der regionalen Restrukturierung für die Standortwahl von Betrieben und Wohnungen zwar ebenfalls eine bedeutende Rolle, war aber kein Unterscheidungsmerkmal zwischen den Gemeinden im Süden und im Norden der Region. Anders verhielt es sich mit der Erreichbarkeit der *MIT*-Forschungslabors und des Bostoner Flughafens, die von Norden leichter zugänglich waren.

Gemeinden, wie Billerica, Burlington und Woburn (siehe Abb. 4) entsprachen dem Anforderungsprofil der *high tech*-Industrie und sahen angesichts ihres hohen Farm- und Industriearbeiteranteils sowie in den 50er Jahren rapide steigender Arbeitslosenquoten in der Ansiedlung von neuen Betrieben eine Chance, die beträchtlichen sozioökonomischen Probleme ihrer Bewohner mindern zu können. Tatsächlich wurden diese Gemeinden nicht zuletzt infolge ihrer industriefreundlichen Bauleitplanung von Industrieansiedlungen regelrecht überrannt. So stieg z.B. in Burlington im Zeitraum von 1950 bis 1970 die Beschäftigtenzahl um rund 800% von 1.300 auf knapp 12.000 und die Einwohnerzahl um 650% von 3.250 auf mehr als 24.000.[14]

Es wurde allerdings sehr schnell deutlich, daß der Boom dieser Gemeinden mit erheblichen Nachteilen verbunden war. Zum einen kamen die neu geschaffenen Arbeitsplätze mit ihren meist hohen Qualifikationsanforderungen nur einem geringen Teil der ortsansässigen Bevölkerung zugute. Zum anderen schwoll der Zustrom von Zuwanderern und Pendlern derart an, daß die Preise auf dem Wohnungsmarkt ebenso drastisch stiegen wie die Imissionswerte an den hoffnungslos überlasteten Straßen.

Kontrastierend zu diesen *high tech*-"*boom towns*" konnten es sich die meisten Gemeinden entlang des westlichen Abschnitts der *Route 128* leisten, Gewerbeansiedlungen durch restriktive Bauleitpläne (*zoning ordinances*) fernzuhalten. Dort hatten sich beiderseits der *Route 2*, die direkt ins Zentrum von Boston und Cambridge sowie zur *Harvard University* und zum *MIT* führt, die Führungskräfte der Region seit langem niedergelassen. Infolgedessen waren die Grundstückspreise in Kleinstädten wie Concord, Lexington, Newton und Wellesley deutlich höher als im übrigen suburbanen Raum und daher ohnehin für Gewerbeansiedlungen nicht

Auch im Bereich der traditionell am dichtesten besiedelten Teile des suburbanen Raumes nordöstlich von Boston gab es kaum neue Industrieansiedlungen - wenngleich auch aus anderen Gründen als an der *Route 2*. Zahlreiche Gewerbebauten blieben hier, wie auch an anderen alten Industriestandorten in Lynn, Lowell, Cambridge und Boston, leer stehen, weil offenkundig von den expandierenden *high tech*-Betrieben und ihren Zulieferern die neu erschlossenen Standorte "im Grünen" vorgezogen wurden.

Die räumlich-disparitäre Entwicklung der Wirtschaftsstruktur spiegelte sich weitgehend in der fortschreitenden sozialen Segregation von Wohnquartieren wider. Insbesondere die Zentren der alten Industriestädte wurden mit einer wachsenden Konzentration städtebaulicher und sozioökonomischer Probleme konfrontiert, die von stetigen Arbeitsplatzverlusten über den Anstieg sozialer Randgruppen bis zum Leerstand und physischen Verfall der Gebäude reichten und infolge sinkender Steuereinkommen zu rigiden Einschränkungen kommunaler Leistungen (Schulsystem, Wohnungsbau u.a.) zwangen.

Leidtragende der voranschreitenden regionalen Restrukturierung waren in den 60er Jahren vor allem die traditionellen Industriearbeiter und die sozialen Randgruppen, die in den alten, dicht besiedelten Stadtquartieren zurückblieben, während die neuen Arbeitsplätze weit entfernt davon entstanden und für sie - weil nicht durch öffentliche Verkehrsmittel erschlossen - meist unerreichbar blieben.

Aufwertung der surburbanen Zentren

Ungeachtet eines ersten Booms der *high tech*-Industrie und ihres sozioökonomischen Umfeldes bestanden die regionalökonomischen Strukturprobleme auch in den 70er Jahren fort. Erschwerend kam hinzu, daß selbst die *high tech*-Industrie, die sich zum regionalen Hoffnungsträger entwickelt hatte, Ende der 60er Jahre ins Schlingern geriet, als infolge einer Änderung der Militärstrategie im Vietnamkrieg die Aufträge des Pentagon an Firmen in der Region drastisch gekürzt und die Beschäftigtenzahl entsprechend verringert wurde.[16] Die wirtschaftlichen Probleme der Region kumulierten schließlich im Jahre 1970 im Zusammenhang mit den Auswirkungen einer markanten Rezession, die den Niedergang der Altindustrien beschleunigte und die Arbeitslosenziffern sprunghaft ansteigen ließ. Von 1967 bis 1972 wurden im gesamten Bundesstaat Massachusetts 112.000 Arbeitsplätze abgebaut; allein 1971 mußten mehr als 50 Fabriken schließen. Die Zahl der Sozialhilfeempfänger stieg von 170.000 im Jahre 1960 auf 750.000 im Jahre 1972,[17] wobei der größte Anteil davon in der Region Boston lebte.

Der Tiefpunkt in der ökonomischen Entwicklung der Region Boston wurde allerdings erst im Anschluß an die weltweite Rezession des Jahres 1973 erreicht. Als die Ölpreise innerhalb eines Jahres um 150% anstiegen, hatte dies in den Neu-England-Staaten mit ihrer ungewöhnlich hohen Abhängigkeit vom Öl als Hauptenergielieferant massivere Produktionskostensteigerungen zur Folge als in anderen Regionen der USA. Die Zahl der Betriebsabwanderungen und -schließungen stieg sprunghaft an und trug wesentlich dazu bei, daß mit dem Abbau von 40.000 Arbeitsplätzen (1974-75) die regionale Arbeitslosenquote 1975 den Nachkriegshöchststand von 10,5% erreichte (Boston: 12,8%) und damit weit über der nationalen Durchschnittsquote von 8,5% lag.[18] Problematisch für die Entwicklungsaussichten der Region war überdies die zunehmende Abwanderung qualifizierter Arbeitskräfte in die prosperierenden Regionen im Süden und Westen der USA.

Selbst für die meisten Wirtschaftsexperten unerwartet, begann sich die wirtschaftliche Situation der Region jedoch bereits 1976 zu entspannen: Zum einen war die Rezession weitgehend überwunden, zum anderen wurden die Militärausgaben in Neu England als Beitrag zur regionalen Wirtschaftsförderung im Zeitraum von 1976 bis 1979 um 42% gesteigert und brachten der Region eine Finanzspritze von mehreren Milliarden Dollar.[19] Gleichzeitig erschlossen sich die Computerhersteller mit der Entwicklung von Minicomputern einen rasch expandierenden Markt, der diese Branche aus der bedingungslosen Abhängigkeit von Militäraufträgen befreite.

Der Elektroindustrie bescherte die Wachstumsdynamik zwischen 1975 und 1979 einen Zuwachs von 12.100 Arbeitsplätzen (+29,5%). Vergleichbar hohe Wachstumsraten verzeichnete im sekundären Sektor nur die Maschinenbauindustrie, die zusammen mit den Computerherstellern mehr als die Hälfte des sektoralen Beschäftigungszuwachses (+41.000) stellte.[20] Arbeitsmarktpolitisch weniger wirksam, jedoch regionalökonomisch ähnlich bedeutsam war die Entwicklung in den nicht mit der Elektroindustrie verflochtenen *high tech*-Bereichen von der Biotechnologie bis zur Polymerforschung, die sich durch erweiterte Anwendungsmöglichkeiten ihrer Produkte ebenfalls bessere Marktchancen erschlossen und mit dazu beitrugen, daß Hunderte neuer *high tech*-Unternehmen gegründet wurden.[21]

Wenngleich der wirtschaftliche Aufschwung der Region zunächst eng mit dem Wachstum des sekundären Sektors verbunden war, wurde das Ausmaß dieses Aufschwungs in den 70er Jahren zunehmend durch das überproportionale Wachstum des Tertiärsektors bestimmt. Vor dem Hintergrund einer globalen Tertiärisierung der Wirtschaft wurden auch in der Region Boston immer komplexere Steuerungsmechanismen erforderlich, um Produktion und Absatz angesichts immer kürzerer Produktionszyklen auf dem Weltmarkt zu koordinieren. Tatsächlich verzeichneten die unternehmensbezogenen Dienstleistungen mit dem Heranwachsen von ursprünglich kleinteiligen zu weltweit agierenden *high tech*-Unternehmen den bei weitem stärksten Beschäftigtenzuwachs aller Branchen. Allerdings stiegen auch im Finanzwesen, im Gesundheitswesen und im Bildungsbereich die Beschäftigtenzahlen überdurchschnittlich an.[22]

Im gesamten Dienstleistungsbereich der Region nahmen die Beschäftigten von 1975 bis 1978 um mehr als 100.000 zu, wobei annähernd die Hälfte dieses Zuwachses auf den suburbanen Raum entfiel. Mit Blick auf die bereits erwähnte Konzentration neuer Produktionsstandorte und des Bevölkerungswachstums auf das Gebiet rings um den nordöstlichen Abschnitt der *Route 128* wird deutlich, in welchem Maße dieser Teilraum für die wirtschaftliche Entwicklung der Region an Bedeutung gewann.[23]

Die Tertiärisierung entwickelte sich vor allem in der ersten Hälfte der 80er Jahre zum Motor des weiteren Aufschwungs in der Region. Dies wurde einmal mehr deutlich, als während und nach der Rezession von 1980 bis 1982 empfindliche Einbrüche in den Wachstumsraten der Hersteller von Computern und mikroelektronischen Bauteilen bei gleichzeitig steigenden Produktionsüberkapazitäten zur Entlassung und Kurzarbeit von mehreren tausend Beschäftigten führten und im produzierenden

Gewerbe per Saldo 13.400 Arbeitsplätze abgebaut wurden. Gleichzeitig nahm jedoch die Beschäftigtenzahl im Tertiärsektor zwischen 1980 und 1983 um mehr als 57.000 zu[24] und stabilisierte das regionale Wirtschaftswachstum in einem Maße, daß die Arbeitslosenquote in der Region Boston von 1980 bis 1985 um rund 2-4% unter die nationale Durch-schnittsquote sank.[25]

Die kleinräumige Aufschlüsselung der Arbeitslosenziffern gibt jedoch zu erkennen, daß die alten Industriestädte in der Region - wie in den 60er Jahren - überdurchschnittliche Arbeitslosenquoten aufwiesen, während in den neuen suburbanen Wohnquartieren der Arbeitslosenanteil deutlich geringer war.[26]

Kennzeichnend für die regionale Arbeitsmarktentwicklung der frühen 80er Jahre war die zunehmende Polarisierung zwischen der Zunahme von Arbeitsplätzen mit gehobenen Qualifikationsanforderungen und dem drastischen Abbau von Arbeitsplätzen mit geringen Qualifikationsanforderungen. Die durch ausländische Produzenten verschärfte Konkurrenz auf dem Markt für elektronische *high tech*-Produkte veranlaßte nämlich Mitte der 80er Jahre insbesondere die Computerhersteller, beträchtliche Teile ihrer Produktion an kostengünstigere Standorte in Südostasien und Südamerika zu verlagern. Der Region blieben im wesentlichen nur die Forschungs- und Entwicklungsabteilungen sowie Teile der für den regionalen und nationalen Markt produzierenden Betriebseinheiten,[27] so daß die strukturelle Arbeitslosigkeit im unteren Qualifikationsbereich verstärkt wurde.

Mit der Diffusion neuer, flexibler Produktionstechnologien und der damit verbundenen Verkleinerung von Produktionseinheiten setzte im gesamten sekundären Sektor ein Erosionsprozeß von Produktionsstätten ein, der auch in anderen Industrieregionen der USA zu beobachten war, und für den das Schlagwort der "Deindustralisierung" geprägt wurde.[28] Für die wirtschaftsstrukturelle Gesamtbilanz der Region Boston wirkte sich diese Entwicklung eher günstig aus, da hierdurch der Anteil hochqualifizierter und -dotierter Arbeitsplätze rascher anstieg, als dies ohnehin im Zuge des Tertiärisierungsprozesses erfolgte.

Was in der amtlichen Wirtschafts- und Sozialstatistik häufig unbeachtet blieb, konnte allerdings im Erscheinungsbild vieler innerstädtischer Wohnquartiere in Boston, Cambridge und den alten Industriekleinstädten der Region nicht übersehen werden: die zunehmende Verelendung eines Teils der Bevölkerung, die aufgrund ihrer unzureichenden beruflichen Qualifikation zur Dauerarbeitslosigkeit verdammt war. Die sozioökonomische Situation der betreffenden Bevölkerungsgruppen wurde zusätzlich dadurch verschärft, daß angesichts der stetig steigenden Durchschnittseinkommen auch die Lebenshaltungskosten in die Höhe schnellten, und damit die spärlichen Sozialhilfezahlungen - soweit sie überhaupt bezogen wurden - rapide an Kaufkraft verloren.

Mitte der 80er Jahre erreichte die Steigerung der Lebenshaltungskosten unter dem Einfluß des anhaltenden Wirtschafsbooms ein Ausmaß, daß selbst mittlere Ein-

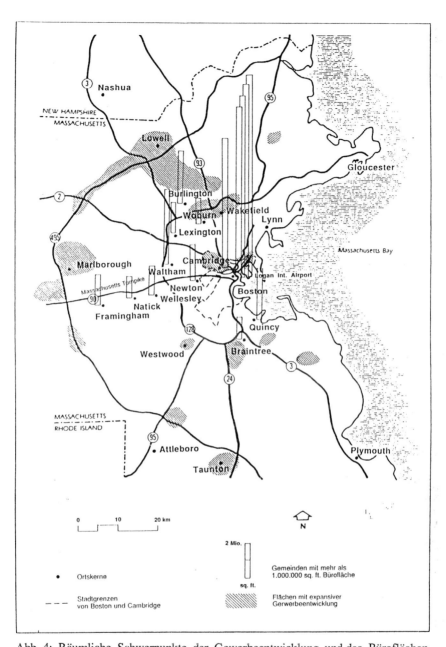

Abb. 4: Räumliche Schwerpunkte der Gewerbeentwicklung und des Büroflächenbestands in der Region Boston, 1988
Quelle: Eigene Darstellung nach statistischen Daten und Planvorlagen der Boston Redevelopment Authority und Leggat McCall / Grubb & Ellis

kommensgruppen die drastisch gestiegenen Wohnungsmieten und Einfamilienhauspreise in weiten Teilen der Region nicht mehr bezahlen konnten. Da die Preise für Einfamilienhäuser allein von 1984 bis 1985 im Durchschnitt um 70% stiegen,[29] waren die meisten Familien allenfalls am äußersten Rand des Bostoner Verdichtungsraumes in der Lage, ihren Traum vom eigenen Haus zu verwirklichen. Die rapide Expansion von Wohngebieten im Süden des Bundesstaates New Hampshire ist spätestens seit Beginn der 80er Jahre ein anschaulicher Beleg für diese Entwicklung.

Bereits Ende der 70er Jahre hatte die damals neu formierte Lobby der *high tech*-Industrie unter Verweis auf Arbeitsmarktengpässe im mittleren und oberen Qualifikationsbereich (erfahrene Ingenieure, Wissenschaftler und Manager) drastische Einkommenssteuersenkungen gefordert, um qualifizierte Arbeitnehmer in der Region Boston halten zu können.[30] Trotz einschneidender gesetzgeberischer Maßnahmen hat sich die Situation auf dem Arbeitsmarkt seither allenfalls kurzzeitig entspannt. Die Verknappung preiswerten Wohnraums verursacht inzwischen vor allem im unteren Lohn- und Qualifikationsbereich Engpässe des Arbeitskräfteangebots. Dies gilt in besonderem Maße für die neuen, suburbanen Siedlungsgebiete, wo nur im Ausnahmefall preiswerte Wohnraumangebote geschaffen werden, so daß die Bezieher niedriger Einkommen weiterhin auf die alten Industriearbeiterquartiere als Wohnstandorte angewiesen sind und die neu angesiedelten Betriebe nur schwer erreichen können.

Die soziale Segregation schreitet indessen weiter fort, obwohl die Arbeitsplatzentwicklung in den *suburbs* in jüngster Zeit einen größeren Bedarf an geringer qualifizierten Arbeitnehmern entstehen ließ. So entfielen von den 1985 bis 1986 im nordwestlichen Teilraum der Region neu geschaffenen 10.000 Arbeitsplätzen immerhin 4.000 auf den Einzelhandel und 1.000 auf das Baugewerbe. Andererseits wurden jedoch zur selben Zeit 3.000 *blue collar*-Arbeitsplätze im sekundären Sektor abgebaut, davon ca. 50% - meist infolge von Rationalisierungsmaßnahmen - in *high tech*-Betrieben. Saldiert ergab sich daraus ein leichter Anstieg von Arbeitsplätzen mit geringen Qualifikationsanforderungen, wenngleich sich der Anteil höher qualifizierter Beschäftigter durch die übrigen 5.000 neu geschaffenen Arbeitsplätze (v.a. in Banken) weiter erhöhte.[31]

In Abbildung 4 ist deutlich zu erkennen, daß die Expansion des produzierenden Gewerbes sich gegenwärtig vor allem an der nordwestlichen Peripherie des Bostoner Verdichtungsraumes entlang des Ende der 70er Jahre erbauten äußeren Autobahnringes, der *Route 495*, vollzieht. Dieses Gebiet ist sowohl von den "älteren", in den 50er und 60er Jahren entstandenen *suburbs* als auch von den erst in jüngster Zeit erschlossenen Eigenheimgebieten im südlichen New Hampshire in gleicher Weise günstig erreichbar. Dessenungeachtet sind dort die Grundstücks- und Mietpreise im Durchschnitt noch immer niedriger als entlang der näher zu Boston und Cambridge gelegenen *Route 128* und damit für einen Teil des produzierenden Gewerbes weiterhin attraktiv[32]. Dies gilt insbesondere für die *high tech*-Industrie, die aufgrund der drastischen Verkürzung der Produktentwicklungsphase in jüngster Zeit wieder eine stärkere räumliche Verzahnung der Forschungs- und der Entwicklungsabteilungen mit den Produktionsstätten anstrebt.

Während die Produktionskapazitäten in Übersee nur noch in bescheidenem Maße erweitert, oft sogar verringert werden, erstellen amerikanische *high tech*-Unternehmen ihre neuen Produktionsanlagen wieder zunehmend in unmittelbarer Nähe der Entwicklungsabteilungen in den USA. Damit soll der Aufbau neuer Produktionslinien bereits während der Entwicklungsphase der Produkte ermöglicht werden.[33] Ungeachtet der vergleichsweise hohen Gewerbemieten werden die nördlichen und westlichen Teilräume der Region als Standorte für diese neuen Betriebsstätten bevorzugt, um in unmittelbarer Nähe attraktiver Wohnquartiere insbesondere die - auch von der Konkurrenz umworbenen - Entwicklungsingenieure an das jeweilige Unternehmen binden zu können. Angesichts der knapper werdenden Flächenreserven in diesen Teilräumen wendet sich allerdings das Interesse nun vermehrt auf die Wiedernutzung seit langem brachliegender Gewerbebauten in den nahegelegenen alten Industriestädten, wie Hull, Lynn, Revere und Lowell.[34]

Im Gegensatz zu den Produktionsstätten der übrigen Industriezweige, die - meist den preiswerten Gewerbemieten folgend - vor allem die Ausdehnung der Siedlungsflächen im Süden und am nordwestlichen Rand der Region bewirken, ist das Wachstum der *high tech*-Industrie zumindest teilweise auf die Reaktivierung von Gewerbebrachen und die Umstrukturierung bestehender Gewerbenutzungen gerichtet.[35]

Im Zusammenhang mit dieser Restrukturierung des sekundären Sektors wird zwar das regionale Muster wirtschaftsräumlicher Disparitäten vielfältiger und kleinteiliger. Das Strukturgefälle innerhalb der Region zwischen den prosperierenden Teilräumen in Norden und Westen sowie dem bislang auf "Überschwappeffekte" der *boom towns* angewiesenen Süden besteht jedoch im wesentlichen fort. Allerdings eröffnet sich für die Städte im Süden der Region angesichts der negativen Begleiterscheinungen des Booms im Norden nun erstmals die Chance zu einer eigenständigen Wirtschaftsentwicklung.

Dagegen haben die an der nordwestlichen Regionsperipherie gelegenen Klein- und Mittelstädte ihre wirtschaftsräumliche Eigenständigkeit gegenüber Boston schon während der letzten Jahre erheblich steigern können. Beispiele wie Lowell und Nashua zeigen, daß ehemals bedeutende Industriestädte des 19. Jahrhunderts nach jahrzehntelangem Dornröschenschlaf und Verfall nun ebenfalls vom Wirtschaftsboom der Region erfaßt werden und eine neue Blüte erleben. Es gibt sogar Anzeichen dafür, daß ein Teil der regionalen Handels- und Dienstleistungsfunktionen aus Boston (aufgrund der dort rapide steigenden Grundrenten und der permanenten Überlastung des regionalen Straßennetzes) in die aufstrebenden suburbanen Zentren verlagert wird. Eine Aufwertung dieser Städte in der regionalen Zentrenhierarchie ist damit vorgezeichnet.

Soweit durch diese Entwicklung dringend benötigter Büroraum für die überregional agierenden Dienstleistungsfunktionen im Zentrum von Boston verfügbar wird, dürfte diese neue Facette der regionalen Restrukturierung des Tertiärsektors von den maßgeblichen Vertretern der *business community* einhellig begrüßt werden. Ganz anders wird sich diese Entwicklung aus der Sicht des größten Teils der Bostoner Bevölkerung darstellen, weil jede Expansion der überregional agierenden Dienstleistungen im Zentrum der Stadt den ohnehin kaum erschwinglichen Wohnraum weiter verteuern wird. Es ist unschwer vorauszusehen, daß die einkommensschwachen Bevölkerungsgruppen in den Innenstadtquartieren einmal mehr zu den Hauptverlierern eines derartigen Strukturwandels zählen werden.

Aber noch ist nicht absehbar, ob die suburbanen Zentren weitere Einzelhandels- und Dienstleistungsfunktionen aufnehmen und ihre gegenwärtige Metamorphose in geordnete Bahnen lenken können. Denn insbesondere in den *boom towns* steht die kommunale Entwicklungsplanung vor dem Offenbarungseid, da dort die technische Infrastruktur von der Kanalisation über die Energiezufuhr bis zum Straßensystem bereits jetzt überlastet ist und aus eigener Finanzkraft der betreffenden Kommunen nicht von Grund auf erneuert werden kann. Burlington, zum Beispiel, muß heute mit 10.000 erwerbsfähigen Bewohnern und 30.000 Arbeitsplätzen den täglichen Ansturm von ca. 100.000 Autos verkraften, die sich in stundenlangen Staus zu und von den *high tech*-Betrieben, *shopping malls* und Büros bewegen. Trotz des Ansiedlungsbooms von Gewerbebetrieben halten die Steuermehreinnahmen mit den inflationär steigenden Investitions- und Verwaltungsausgaben nicht Schritt.[36] Die Beeinträchtigungen des Wohnumfeldes sind in allen Ortsteilen bedrückend und haben längst zur Gründung von Bürgerinitiativen geführt, die der Ansiedlung weiterer Gewerbebetriebe endgültig einen Riegel vorschieben wollen.[37]

Immerhin signalisieren erste kommunalpolitische Erfolge der Bürgerinitiativen ein Umdenken in der Entwicklungsplanung der *boom towns*: in Burlington, aber auch in Newton und Woburn konnten erstmals befristete Ansiedlungsstops für jegliches Gewerbe durchgesetzt werden.

Doch an den vorhandenen Problemfeldern der suburbanen Siedlungsentwicklung werden diese kommunalpolitischen Entscheidungen auf absehbare Zeit wenig ändern; sie werden zunächst lediglich den völligen Kollaps der suburbanen Zentren verhindern helfen. Ihr Beispiel könnte allerdings Schule machen und langfristig die wirtschaftsräumliche Landkarte der Region einschneidend verändern. Die alten, nördlich von Boston gelegenen Industriestädte warten ohnehin seit langem auf die Reaktivierung ihrer Gewerbebrachen und werden voraussichtlich als erste von der restriktiven Gewerbepolitik der *boom towns* profitieren.

Es eröffnen sich jedoch darüber hinaus weiterreichende Optionen für einen Wandel der strukturellen Gegensätze in der Region, der das Nord-Süd-Gefälle ebenso wie das Verhältnis zwischen Boston und den suburbanen Zentren grundlegend verändern könnte.

Hierarchisierung der räumlichen Verteilung von Bürodienstleistungen

Die Konturen einer qualitativ veränderten Regionalstruktur werden allmählich insbesondere im Zusammenhang mit der umfassenden Restrukturierung der Bürodienstleistungen sichtbar. Eine Schlüsselrolle kommt dabei dem Strukturwandel im Zentrum der Region zu.

Obwohl die wirtschaftliche "Wiedergeburt" Bostons in den 60er und 70er Jahren wesentlich durch den Aufschwung der im Umland prosperierenden *high tech*- Industrie mitgetragen wurde, basierte sie in Wahrheit auf der Wachstumsdynamik des überregional agierenden Tertiärsektors. Als ehemalige Handels- und Industriemetropole verfügte Boston traditionell über ein breites Spektrum von Dienstleistungsbetrieben, deren Geschäftsbeziehungen zum großen Teil über den regionalen Markt hinausreichten. Infolgedessen konnte Boston im Vergleich zu anderen Großstädten in den USA überdurchschnittlich an der allgemeinen Tertiärisierung der amerikanischen Wirtschaft partizipieren.

Der Ende der 60er Jahre einsetzende Tertiärisierungsboom im Zentrum der Stadt wurde allerdings durch die damalige Stadtentwicklungspolitik zusätzlich gefördert: Um dem drohenden Funktionsverlust der Innenstadt angesichts der rasch expandierenden suburbanen Siedlungsgebiete entgegenzuwirken, wurde unter Einsatz gewaltiger bundesstaatlicher Finanzmittel ein beträchtlicher Teil des Stadtzentrums zusammen mit einem angrenzenden Wohnquartier sozialer Randgruppen abgerissen und für einen neuen Verwertungszyklus aufbereitet. Staatliche Subventionen, Steuernachlässe und zinsgünstige Darlehen sowie die Erschließung dieses Gebietes durch aufwendige Straßenbauten sorgten im Rahmen eines Flächensanierungsprojektes dafür, die angestrebte Revitalisierung des Bostoner Stadtzentrums vor allem den privaten Investoren schmackhaft zu machen.

Nachdem annähernd 30 Jahre lang keine Bürobauten in Boston errichtet worden waren, setzte Ende der 60er Jahre rings um das als Initialprojekt der Innenstadterneuerung konzipierte *Government Center*[38] ein beeindruckender Bauboom ein, der allein im Zeitraum von 1971 bis 1975 mehr als 900.000qm (rund 9 Mio. *square feet*) neuer Büroflächen entstehen ließ.[39] Zwar wurde dieser Bauboom in den späten 70er und frühen 80er Jahren (als Folge der Rezession von 1973) jäh unterbrochen, doch setzte er sich - wie Tabelle 1 zeigt - nach 1984 unvermindert fort. Allein von 1975 bis 1989 wurden in den neuerbauten und modernisierten Bürogebäuden mehr als 110.000 Arbeitsplätze neu geschaffen.[40] Obgleich für die Entwicklung der Beschäftigtenzahlen in den übrigen Bauten keine gesonderten Daten verfügbar sind, ist zu unterstellen, daß auch dort - ähnlich wie in anderen Großstädten der USA - eine große Zahl von Arbeitsplätzen, vor allem im Dienstleistungsbereich, neu entstand.[40]

Die Gesamtbilanz der Beschäftigtenentwicklung in Boston geht für den Zeitraum von 1976 bis 1985 aus Tabelle 2 hervor: Danach stehen den drastischen Rückgängen im produzierenden Gewerbe und im Großhandel weit höhere Zuwächse im Tertiärsektor gegenüber, die per Saldo zu einem beträchtlichen Anstieg der Beschäftigtenzahl führten. Die größten (absoluten) Beschäftigtenzunahmen entfielen dabei auf den Finanz- und Immobilienbereich, die unternehmensbezogenen Dienstleistungen, die freiberuflich Tätigen (Anwälte, Makler u.a.) und den öffentlichen Dienst.

Aufgrund dieser gegenläufigen Entwicklung der Wirtschaftsbereiche hat sich in Boston während der vergangenen drei Jahrzehnte ein signifikanter Strukturwandel vollzogen: Betrug der Anteil der Dienstleistungsbeschäftigten noch Anfang der 50er Jahre lediglich 37%, stieg er bis Mitte der 80er Jahre bereits auf rund 69%. Gleichzeitig ging der Anteil der im produzierenden Gewerbe Beschäftigten von 19 auf 7% und im Handel von 27 auf 15% zurück.[42]

Es sind jedoch nicht allein die Verschiebungen zwischen den Wirtschaftsbereichen, sondern auch ihre Bedingungen und Begleiterscheinungen, die zur Entstehung qualitativ neuer Stadtstrukturen führen. Dies kann an dieser Stelle nur exemplarisch erläutert werden: So geht die Anwendung neuer Informations- und Kommunikationstechnologien, ohne die die rapide Tertiärisierung der Wirtschaft während der vergangenen drei Jahrzehnte kaum möglich gewesen wäre, mit einer zunehmenden Polarisierung der Arbeitsplatzanforderungen einher, die sich nicht nur auf den sozioökonomischen Strukturwandel der Wohnbevölkerung, sondern ebenso auf den Standortstrukturwandel der Bürobetriebe nachhaltig auswirkt.

Zum einen führt der prozentuale Anstieg höherer Einkommensgruppen unter den Beschäftigten[43] - im Zusammenhang mit der Wiederentdeckung der Innenstadt als bevorzugtem Wohnort - zur fortschreitenden Verdrängung niedriger und mittlerer Einkommensgruppen, die sich die rapide steigenden Mieten in Boston nicht mehr leisten können (vgl. Beitrag von SCHOEN).

Zum anderen ergeben sich durch die veränderten Arbeitsplatzanforderungen neue Möglichkeiten der innerbetrieblichen Arbeitsteilung und der räumlichen Verteilung der reorganisierten Tätigkeitsfelder. Angesichts einer ständig zunehmenden räumlichen Konzentration hochrangiger Dienstleistungsfunktionen im Zentrum von Boston und der damit verbundenen Verteuerung von Büroraum sind die größeren Dienstleistungsunternehmen deshalb dazu übergegangen, einen Teil der routinegeprägten und standortunabhängigen Bürotätigkeiten aus dem *Central Business District* an die Peripherie der Innenstadt oder ins Umland von Boston zu verlagern. Da es sich hierbei überwiegend um Computerarbeitsplätze (Datenverarbeitung u.a.) handelt, die andere Standortanforderungen stellen als die managementorientierten Tätigkeitsfelder in den Hauptverwaltungen der Großunternehmen, hat sich in den 80er Jahren - wie auch in anderen amerikanischen Großstädten - ein neuer Betriebstyp herausgebildet: die sogenannten *back offices*.

Im Unterschied zu den *front offices*, die im weitesten Sinne Leitungsfunktionen der Unternehmen aufnehmen und daher auf die Fühlungsvorteile zentraler Standorte ange-

Tab. 1: Zunahme von Büroflächen und -arbeitsplätzen durch Neubauten und Modernisierung in Boston, 1975 - 1989

	Flächenzuwachs		Arbeitsplatzzuwachs
	Neubau	Modernisierung* (in 1.000 sq.ft.)	
1975	5.213.000	-	23.695
1976	1.278.500	-	5.811
1977	1.043.000	90.000	5.150
1978	-	80.000	364
1979	-	-	-
1980	8.200	-	37
1981	990.000	46.200	4.710
1982	138.000	114.000	1.145
1983	-	64.000	291
1984	4.351.500	589.330	22.458
1985	1.039.870	265.745	5.835
1986	1.248.955	1.191.005	11.091
1987	1.535.390	1.014.980	11.593
1988	3.297.250	263.360	16.185
1989	745.100	81.000	3.755
Summe	**20.888.765**	**3.799.620**	**112.220**

* nach Leerstand bzw. Entmietung

Quelle: Boston Redevelopment Authority, Policy Development and Research Department

Tab. 2: Veränderung der Beschäftigtenstruktur in Boston, 1976 - 1985

Wirtschaftsabteilungen	1976	1985	Veränderungen 1976 - 1985	
			absolut	in %
Agriculture / Mining	1.037	1.277	240	23,1
Construction	14.661	13.654	-1.007	-6,9
Manufacturing	53.775	42.535	-11.240	-20,9
Transportation / P.U.	34.784	36.588	1.804	5,2
Wholesale Trade	31.242	25.799	-5.443	-17,4
Retail Trade	57.905	63.658	5.753	9,9
Finance/Insurance/Real Estate	64.677	85.106	20.429	31,6
Services	168.316	225.851	57.535	34,2
Hotel	4.905	10.246	5.341	108,9
Medical	56.654	65.855	9.201	16,2
Educational	23.495	27.696	4.201	17,9
Cultural	5.060	6.274	1.214	24,0
Social Nonprofit	18.160	20.471	2.311	12,7
Business	30.381	47.183	16.802	55,3
Professional	22.397	36.317	13.920	62,2
Personal & Repair	7.264	11.811	4.547	62,6
Government	84.773	99.168	14.395	17,0
Beschäftigtenzahl insgesamt	**511.170**	**593.636**	**82.466**	**16,1**

Quelle: Massachusetts Department of Employment Security, ES-202 Series; U.S. Department of Commerce, Bureau of Economic Analysis

wiesen sind, ist die Standortwahl für *back offices* vor allem auf die Senkung der Unternehmenskosten gerichtet. Vor diesem Hintergrund erklärt sich die vermehrte Verlagerung dieses Betriebstyps in den Süden der Region, namentlich nach Braintree und Quincy (vgl. Abb. 4), wo die Mietpreise und Energiekosten deutlich geringer sind als in anderen Teilräumen der Region.[44]

Noch experimentieren allerdings viele Unternehmen mit der Auslagerung unterschiedlicher Funktionsbereiche in die *back offices*. Übereinstimmung besteht offenkundig nur darin, die Rechenzentren und die damit eng verflochtenen Arbeitsbereiche (Buchhaltung, Kontoführung der Banken u.a.) als Kern der Auslagerung zu betrachten. Vereinzelt werden aber auch gesamte Forschungs- und Planungsabteilungen ausgelagert, sofern sich preiswerte Büroflächen in geringer Entfernung zu den Hauptverwaltungen finden lassen.[45]

Unabhängig von der Bandbreite der ausgelagerten Funktionsbereiche ist die Aufspaltung und räumliche Trennung der Tertiärfunktionen in *front* und *back offices* als ein Indiz für die fortschreitende Hierarchisierung im Standortgefüge der Bürodienstleistungen zu werten. Dabei ist die Trennung von leitenden und nachgeordneten Bürofunktionen nur eine Facette des umfassenden Restrukturierungsprozesses im Tertiärsektor, der durch das Zusammenwirken von globalen und lokalen Einflußfaktoren gekennzeichnet ist: Global verursacht die zunehmende Flexibilisierung der Produktion und der hierfür gesteigerte Steuerungsaufwand ein beträchtliches Wachstum von (spezialisierten) Bürodienstleistungen.[46] Lokal tragen vor allem die bislang fehlenden räumlichen Ausdehnungsmöglichkeiten des *Central Business Districts* dazu bei, daß die anhaltend starke Büroflächennachfrage zu einem sich ständig verschärfenden Verdrängungswettbewerb führt. Im Konkurrenzkampf um die begehrtesten Standorte specken selbst die finanzstarken Dienstleistungsunternehmen - durch die Verlagerung von Unternehmensteilen in *back offices* - ab, um die ständig steigenden Mieten verkraften zu können.[47]

Boston weist, als eines der führenden Finanz-, Versicherungs- und unternehmensbezogenen Dienstleistungszentren der USA sowie als Hauptstadt des Staates Massachusetts und Verwaltungszentrum Neu-Englands, inzwischen unter allen amerikanischen Großstädten nicht nur den größten Beschäftigtenanteil an den büro- (1980: 54%) und exportorientierten Dienstleistungen (1980: 41%) auf.[48] Auch die Büromieten in *Downtown* Boston erreichen Spitzenwerte (1988: $55 - 60 pro *square foot*), wie sie in den USA nur noch in *Midtown* Manhattan üblich sind.[49]

Durch dieses Mietniveau ist ein Verdrängungsprozeß unter den Bürodienstleistungen in Gang gekommen, der das Stadtzentrum schrittweise in einen Exklusivstandort für Managementfunktionen überregional agierender Dienstleistungsunternehmen zu verwandeln scheint. Auf der Strecke bleiben in erster Linie die auf den lokalen und regionalen Markt orientierten Dienstleistungen, die sich am Rande der Innenstadt oder im Umland von Boston neue Standorte suchen müssen, und dort ihrerseits Mietsteigerungen und Nutzungsverdrängungen verursachen.Dies ist gegenwärtig besonders

Tab. 3: Räumliche Verteilung von Büroflächen in der Region Boston, 1989

Teilraum	Gebäudezahl	Fläche in 1.000 sq. ft.	Flächenleerstand
Boston			
Downtown	125	29.891	6,8%
Back Bay	45	10.563	3,5%
Cambridge	61	7.586	11,3%
Suburbs	497	36.482	18,6%
davon Route 128	333	26.063	17,2%
Route 495	46	2.835	23,9%

Quelle: Leggat Mc Call / Grubb & Ellis; eigene Berechnungen

Tab. 4: Absorption von Büroflächen in der Region Boston, 1983 - 1987
in Mio. square feet

	1983	1984	1985	1986	1987
Boston	1,70	1,20	1,10	1,80	1,90
Cambridge	0,72	0,78	0,68	0.85	1,20
Suburbs	1,93	2,40	3,06	2,56	2,90

Quelle: Kasvinsky, Robert: Boston Metropolitan Area Market Report, Leggat McCall / Grubb & Ellis, Boston 1988, S. 15

Tab. 5: Neubau von Büroflächen in Cambridge und Boston, 1975 - 1989

	1975-79	1980-84	1985-89	>1989
		in 1.000 square feet		
Cambridge				
East Cambridge, Kendall Square Massachusetts Ave.	450	1.454	3.072	911
Cambridgeport Harvard Square	-	497	730	1.232
Alewife	40	428	775	2.385
Boston				
Central	5.534	4.193	5.955	
Back Bay	2.000	1.238	900	
Charlestown East Boston	-	20	240	
übrige Stadtteile	-	36	615	

Quelle: Boston Redevelopment Authority, Research Department; Leggat Mc Call /Grubb & Ellis; City of Cambridge, Community Development Department; eigene Berechnungen

im nördlichen Umland von Boston bis zur *Route 128* zu beobachten, wo ältere Produktions- und Lagergebäude in großem Umfang abgerissen oder umgebaut werden, um Raum für Büroflächen zu schaffen. Denn ein Großteil der bislang im Stadtzentrum von Boston ansässigen unternehmensbezogenen Dienstleistungen (vor allem *computer* und *data processing*) wandert in die nahegelegenen *suburbs* im Norden der Stadt ab, u.a. weil dort das Mietniveau um 50% niedriger ist als in *Downtown* und zugleich die regionalen Kunden in der *high tech*- Industrie schneller erreicht werden können.

Bereits seit Ende der 70er Jahre wachsen die Büroflächen in den *suburbs* stärker als in Boston (vgl. Tabelle 4), und es ist absehbar, daß im suburbanen Raum in wenigen Jahren ein größerer Büroflächenbestand zur Verfügung stehen wird als im Zentrum der Region (vgl. Tabelle 3). Kehrseite der starken Expansion von Bürodienstleistungen im nördlichen Teilraum der Region ist die Verdrängung des produzierenden Gewerbes, das - dem Mietpreisgefälle folgend - überwiegend an den äußersten nördlichen sowie den westlichen und südlichen Rand der Region ausweicht.[50]

Auf diese Weise vollzieht sich ein qualitativer witschaftsräumlicher Strukturwandel, der - vergröbert gesehen - vom Zentrum der Region ausgeht und sich wellenartig bis an deren Peripherie fortpflanzt. Bei differenzierter Betrachtung zerfällt allerdings dieses Bild des Strukturwandels in ein Mosaik unterschiedlich großer und verschiedenartiger Teile, die sich mitunter in gegensätzlicher Weise verändern und oft nicht zueinanderzupassen scheinen. Selbst im Stadtzentrum von Boston gibt es noch immer einzelne Grundstücke und Baublöcke, die schlecht instandgehalten und/oder untergenutzt sind, während sich andererseits am Rande der Region vereinzelt Hauptverwaltungen von Konzernen - fernab von den ansonsten beschworenen Fühlungsvorteilen der Bostoner City - ansiedeln.[51]

Waren diese kleinräumigen Gegensätze bislang charakteristisch für die Struktur der Ballungsräume in den USA, so zeichnet sich vor allem im Zentrum von Boston, aber auch in Teilen des Umlands ein Trend zur strukturellen Vereinheitlichung immer größerer, hierarchisch miteinander verflochtener Teilräume ab. Gleichzeitig ist jedoch erkennbar, daß dieser Prozeß mit erheblichen Reibungsverlusten verbunden ist, die sich regionalökonomisch zunehmend als kontraproduktiv erweisen.

Dies wird am Beispiel des Büroflächenbooms im Stadtzentrum von Boston offensichtlich. Denn ungeachtet der steuerlichen Mehreinnahmen infolge der Expansion von Bürofunktionen,[52] steigen die sozialen Kosten des Büroflächenbooms drastisch an. Neben den vermehrten Aufwendungen für Brandschutz, Polizei, Erschließung und Entsorgung muß die Kommune Milliarden von Dollar in den Ausbau von Hauptverkehrsstraßen und des öffentlichen Personennahverkehrs investieren, um angesichts der räumlichen Konzentration von zehntausenden neuer Arbeitsplätze auf engstem Raum, die Funktionsfähigkeit der Innenstadt aufrechtzuerhalten. Tatsächlich bricht an jedem Wochentag ein Verkehrschaos über das Bostoner Stadtzentrum herein, das während der morgendlichen und abendlichen *rush hour* den Verkehr in weitem Umkreis nahezu völlig zum Erliegen bringt.[53]

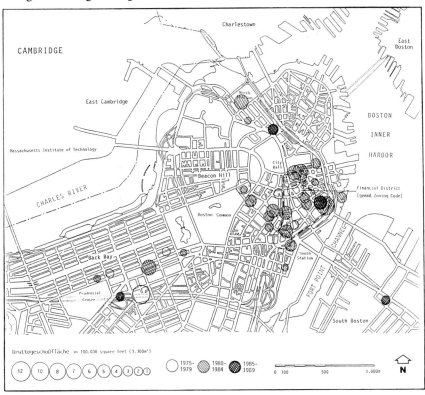

Abb. 5: Räumliche Verteilung von Büroneubauten in *Downtown* Boston, 1975-1989
Quelle: eigene Darstellung nach statistischen Daten der Boston Redevelopment Authority und Leggat McCall / Grubb & Ellis

Es hat den Anschein, als seien immer größere Kompensationsanstregungen erforderlich, wenn die Stadtentwicklung die Büroflächenexpansion unbeirrt weiterverfolgen will. Schon sind im Vorfeld weiterer Bürobauprojekte erhebliche Infrastrukturinvestitionen der Kommune geplant, um brachliegende Industrie-, Bahnhofs- und Hafenanlagen in unmittelbarer Nähe des *Central Business Districts* für eine Umnutzung durch private Investoren aufzubereiten und den Entwicklungsdruck in andere Teilräume der Innenstadt zu lenken.[54]

Gleichzeitig treten jedoch Arbeitsmarktengpässe immer deutlicher in Erscheinung, die ein weiteres Wachstum des Bürosektors einzuschränken drohen. Infolge des Wirtschaftsbooms haben sich nämlich die Lebenshaltungskosten, darunter insbesondere die Wohnungskosten, während der vergangenen Dekade in einem Maße erhöht, daß es nicht nur für niedrige, sondern zunehmend auch für mittlere Einkommensgruppen immer schwerer wird, Wohnraum zu erträglichen Preisen zu finden.⁵⁵ Als Konsequenz fehlt es an Dienstleistungspersonal in zahlreichen Sparten von Verkäufern über Sekretärinnen, Handwerkern bis zu Technikern.⁵⁶ Zwar hat die Stadtverwaltung in Abstimmung mit Investoren und Nachbarschaftsgruppen ein System sogenannter *"linkages"* geschaffen, das die Genehmigung großer Bürobauten u.a. an die zweckgebundene Abgabe für einen gemeinnützigen Wohnungsbaufonds bindet, der den Bau preiswerter Wohnungen fördern soll.⁵⁷ Faktisch ist jedoch das Finanz-volumen dieses Fonds bislang derart begrenzt, daß damit kein nennenswerter wohnungsmarktpolitischer Effekt erzielt werden kann.⁵⁸ Eine Aufstockung der Abgaben würde andererseits preistreibend auf die Büroraummieten wirken und sie in größerem Ausmaß unvermietbar machen und den Verdrängungsprozeß unter den Bürodienstleistungen verschärfen.

Schon jetzt trägt das erreichte Mietpreisniveau dazu bei, daß sich die im Stadtzentrum von Boston ansässigen Dienstleistungsunternehmen mit lange verschmähten Bürostandorten in den *suburbs* oder im benachbarten Cambridge und Charlestown (zumindest für ihre *back offices*) anfreunden (vgl. Tabelle 5). Für Boston könnte dies der Beginn eines Erosionsprozesses von Bürodienstleistungen sein, der mit einem schleichenden Bedeutungsverlust der Stadt im regionalen Zentrengefüge verbunden sein kann, voraussichtlich jedoch noch mehr Raum für die Expansion der Managementfunktionen von überregional agierenden Unternehmen schaffen und die regionale Zentrenhierarchie (ebenso wie die sozioökonomischen Gegensätze unter den Einwohnern der Stadt) vertiefen wird.

Anmerkungen

1 Nationale Arbeitslosenquote 1987: 6,2%. Vgl. KAZNOCHA, EDWARD: Analysis of Employment Trends in the Boston Service Delivery Area, Division of Employment Security, Boston 1988, S. 47
2 · Vgl. GANZ, ALEXANDER / PERKINS, GREGORY: Boston's Recent Performance and Prospects for the Future, Boston Redevelopment Authority 1985
3 Vgl. NATIONAL PLANNING ASSOCIATION: Employment Growth in Metropolitan Areas (News-letter) o.J.
4 Selbst auf einer OECD-Konferenz im Mai 1987 diente die Erfolgsstory von Massachusetts und der Region Boston als Fallbeispiel für die Diskussion von Wirtschaftsstrategien in den industriellen Schwellenländern.
5 Ein Beispiel für derartige Firmen ist die Raytheon Company, die bereits vor dem 2.Weltkrieg durch einen Mitarbeiter von *MIT* gegründet wurde und heute zu den größten Rüstungsindustriebetrieben der Region zählte. Vgl. LAMPE, DAVID R.: The Making of a Miracle, in: ders. (Hrsg.): The Massachusetts Miracle, Cambridge 1988, S. 4
6 Aus pragmatischen Gründen wird im folgenden die Definition der *Massachusetts Division of Employment Security* zugrundegelegt, die der *high tech*-Industrie insgesamt 20 Branchen zurechnet. Vgl. MASSACHUSETTS DIVISION OF EMPLOYMENT SECURITY: High Technologiy Employment in Massachusetts and Selected States, Boston 1981
7 ROBERTS, E. B. / WAINER, H. A.: New Enterprises Along Route 128, in: Science Journal, Heft 2, 1968

8 Die erste Risikokapitalgesellschaft hieß *American Research and Development* Vgl. DORFMAN, NANCY S.: Route 128: The Development of a Regional High Technology Economy, in: LAMPE, a.a.O., S. 255
9 ebenda
10 LAMPE, DAVID: The Making of a Miracle in: ders. a.a.O., S. 4ff.
11 In der Computer-Industrie lagen die Stundenlöhne noch 1977 um 10% unter den durchschnittlichen Industrielöhnen und weit unter dem Lohnniveau in den anderen amerikanischen Zentren der Computer-Industrie. Vgl. HIGH TECH RESEARCH GROUP: Massachusetts High Tech - The Promise and the Reality, West Somerville 1984, S.9
12 DORFMAN, a.a.O., S. 255
13 MASSACHUSETTS DEPARTMENT OF COMMERCE AND DEVELOPMENT, RESEARCH DEPARTMENT: Survey of Route 128, Boston 1967
14 HIGH TECH RESEARCH GROUP, a.a.O., S. 61f.
15 SAXENIAN, ANNALEE: Slicon Valley and Route 128: Regional Prototypes or Historic Exceptions? in: Castells, M.: High Technology, Space and Society. Urban Affairs Annual Reviews Bd. 28, 1985, S. 96
16 BROWNE, LYNN E. / HEKMAN, JOHN S.: New England's Economy in the 1980s in: Lampe, a.a.O., S. 174
17 LAMPE, a.a.O., S. 7
18 BURNS, BERNHARD J. / KAZNOCHA, EDWARD F.: An Analysis of Employment and Unemployment Trends in the Boston Standard Metropolitan Statistical Area, 1972-1984, Massachusetts Division of Employment Security, Boston 1985, S. 16
19 LAMPE, a.a.O., S. 11
20 BURNS / KAZNOCHA, a.a.O., S.7ff.
21 Dennoch blieb der Anteil der *high tech*- Industrie an der Gesamtbeschäftigtenzahl Bostons gering (1980: 8,5%). Infolge ihrer vielfältigen Multiplikatoreffekte dürfte die *high tech*-Industrie jedoch zur Schaffung der Hälfte aller neuen Arbeitsplätze im Staate Massachusetts beigetragen haben. "Fachleute schätzen, daß ... 100 neue Stellen in der High Technology- Industrie etwa 68 neue Stellen in anderen Industrien und im Dienstleistungsgewerbe nach sich ziehen." LAMPE, DAVID R.: Das MIT und die Entwicklung der Region Boston in: Die Zukunft der Metropolen, Katalog zu einer Ausstellung der TU Berlin, Bd. 1, Berlin 1984, S. 558
22 BURNS / KAZNOCHA, a.a.O., S. 7ff
23 ebenda
24 ebenda
25 BROWN, JEFFREY P.: The Revitalization of Downtown Boston: History, Assessment and Case Studies, Boston Redevelopment Authority, Boston 1986, Tab. 6
26 Gespräch mit LAURA CROWD, DAVID DAUNING und PAUL SIMPSON, Mass. Division of Employment Security, im Mai 1988
27 Gespräch im September 1986 mit ED REIS, Leiter der Immobilienabteilung bei der *Digital Equipment Corporation*
28 Gespräch im September 1986 mit BENNETT HARRISON, Massachusetts Institute of Technology; vgl. auch BLUESTONE, BARRY / HARRISON, BENNETT: The Deindustrialisation of America, New York 1982
29 LAMPE, a.a.O.,S. 17
30 Eine im Jahre 1980 durchgeführte Studie zeigt, daß die Gesamtkosten für Transport, Wohnung und Steuern für einen durchschnittlich verdienenden Ingenieur in einer Kleinstadt entlang der *Route 128* um 50% höher lagen als in den aufstrebenden Technologiezentren in Austin ,Texas, und dem *Research Triangle Park* in North Carolina. Vgl. *BUSINESS WEEK*, 03.10.1980; zitiert nach SAXENIAN, a.a.O. S. 98.
31 BURNS, BERNHARD J.: Analysis of Employment Trends in the Metro North Service Delivery Area, Division of Employment Security , Boston 1988, S. 2ff.

32 Die Grundstückspreise reichen für Industrieflächen von $60.000 im Süden der Region über rund $100.000 im Bereich von Marlborough bis zu mehr als $500.000 entlang der *Route 128* im Bereich von Burlington. Gespräch mit ROBERT KASVINSKY, Director of Research, Leggat McCall / Grubb & Ellis, im Mai 1988.
33 Gespräch mit ANNALEE SAXENIAN im Mai 1988, die zu diesem Zeitpunkt eine vergleichende Analyse zur Restrukturierung in der *high tech*- Industrie im *Silicon Valley* und in der Region Boston erarbeitete.
34 Vgl. KASVINSKY, ROBERT: Boston Metropolitan Area Market Report, Boston 1988
35 Gespräch mit ROBERT KASVINSKY, a.a.O.
36 SAXENIAN, a.a.O. S. 97
37 Vgl. HIGH TECH RESEARCH GROUP, a.a.O.
38 Das *Government Center* umfaßte 30 Neubauten, darunter auch ein neues Rathaus für die Stadt Boston.
39 BROWN, a.a.O., Figure 2
40 Die in den betreffenden Betrieben vor dem Umzug in neuerbaute oder modernisierte Büroräume bereits vorhandenen und lediglich verlagerten Arbeitsplätze bleiben bei dieser Bilanzierung unberücksichtigt.
41 DAVID BIRCH hat in einer Reihe empirischer Studien nachgewiesen, daß insbesondere kleine, unternehmensbezogene Dienstleistungsbetriebe, deren Standorte vorzugsweise in älteren Bauten am Rand der Innenstädte liegen, zum Arbeitsplatzwachstum in den 80er Jahren maßgeblich beigetragen haben. (Vgl. u.a. *BAY GUARDIAN*, 23.10.1985, 22.10.1986). Auch in Boston haben die meisten Unternehmen nur wenige Angestellte; fast die Hälfte aller Unternehmen hat nicht einmal 5 Beschäftigte. Selbst im Finanzwesen haben drei Viertel der Unternehmen weniger als 20 Beschäftigte; bei den Versicherungen beschränkt sich die Hälfte der Unternehmen auf weniger als 20 Beschäftigte. (Vgl. BROWN, JEFFREY P. / CONROY, CAROL A.: Large Employers in the City of Boston, 1983, Boston Redevelopment Authority, Boston April 1985, S. 2) Da erfahrungsgemäß nur ein geringer Anteil dieser Kleinunternehmen die Mieten in den Büroneubauten amortisieren kann, ist davon auszugehen, daß ein großer Teil in älteren Gebäuden (mit geringeren Mieten) angesiedelt ist und dort einen stattlichen Beitrag zum Zuwachs der Gesamtbeschäftigtenzahl geleistet hat.
42 BROWN, JEFFREY P.: The Revitalization of Downtown Boston: History, Assessment and Case Studies, Boston Redevelopment Authority, Research Department, Boston August 1986, S. 10f; KAZNOCHA, a.a.O., S. 10f.
43 Nach einer differenzierten Prognose der *Boston Redevelopment Authority* (Datenbasis 1983) werden sich die Beschäftigtenstruktur in den büroorientierten Dienstleistungen von 1985 - 1990 folgendermaßen verändern:

alle Büroberufe	+ 12,7%
Professionals, technicals	+ 18,7%
Managers, officials	+ 13,7%
Clerical workers	+ 8,4%

BROWN, JEFFREY P.: Downtown Boston - Economy, Employment and Labor Force, Boston Redevelopment Authority, Research Department, Boston November 1985, Tabelle E 8.
44 Gespräch mit ROBERT KASVINSKY, a.a.O.; KAZNOCHA, a.a.O., S. 3
45 Cambridge versucht, diesen Restrukturierungsprozeß für die eigene Stadtentwicklung zu verwerten, indem spezifische Nutzungsangebote für die Ansiedlung von *back offices,* Forschungs- und Entwicklungsabteilungen sowie für hochspezialisierte, auf engstem Raum komprimierbare Produktionsbereiche in neuen Gebäudetypen geschaffen werden. Als Standorte dafür dienen einerseits großflächige Gewerbebrachen, die mit beträchtlichem Kostenaufwand in unmittelbarer Nachbarschaft zu den renommierten Forschungszentren an der *Harvard University*

und am *Massachusetts Institute of Technology* reaktiviert werden (East Cambridge,Cambridgeport, Kendall Square) und andererseits bislang unbebaute Flächen am westlichen Stadtrand (Alewife), die über einen neuen U-Bahnanschluß mit den Zentren von Cambridge und Boston verbunden sind (vgl. Tabelle 5). (Gespräch im Oktober 1988 mit Joseph A. KELLOG, Community Development Department, City of Cambridge)
46 PIORE, MICHAEL J. / SABEL, CHARLES F.: Das Ende der Massenproduktion. Studie über die Requalifizierung der Arbeit und die Rückkehr der Ökonomie in die Gesellschaft, Berlin 1985
47 Gespräch mit ROBERT KASVINSKY, a.a.O.
48 Den büroorientierten Bürodienstleistungen werden hier folgende Branchen zugerechnet: *communication, finance and money management, business and professional services.* Vgl. GANZ, ALEX / PERKINS, G.: Boston's Recent Performance and Prospects for the Future, Boston Redevelopment Authority, Research Department, Boston 1985, S.4
49 Vgl. LITTLE, JAY / RANDALL, EDWARDS (Hrsg.): *MARKET TRENDS,* Grubb & Ellis, Februar 1989, S. 6
50 Gespräch mit ROBERT KASVINSKY, a.a.O.
51 Gespräch im September 1986 mit WILLIAM WHEATON und MICHAEL WHEELER, Center for Real Estate, MIT, Cambridge
52 Im Zeitraum von 1977 bis 1987 soll das Steueraufkommen der Stadt nach Berechnungen der *Boston Redevelopment Authority* allein aufgrund von Büroneubauten und -modernisierungen um $ 1,6 Milliarden gestiegen sein. Vgl. AVAULT,JOHN / JOHNSON, MARK: A Summary and Survey of Development in Boston 1975 - 1989, Teil 1, Boston Redevelopment Authority, Juli 1987, Tabelle C-VI
53 Größere Unternehmen haben bereits zur Selbsthilfe gegriffen und Hubschrauberdienste zwischen ihren Firmensitzen und dem Bostoner Flughafen eingerichtet.Die Stadtverwaltung hat einen Wassertaxidienst initiiert, der seit kurzem unter Umgehung der Autostaus den Flughafen mit dem *Financial District* verbindet.
54 In diesem Zusammenhang werden gegenwärtig die beiden Innenstadtbahnhöfe (*North* und *South Station*) grundlegend erneuert und insbesondere für den regionalen Schnellbahnverkehr ausgebaut. Im Umfeld der Bahnhöfe sind zahlreiche Büroneubauten geplant. Darüber hinaus ist die Umnutzung und Aufwertung der ehemaligen Hafenanlagen am *Inner Harbor* in Angriff genommen.
55 Infolge des Wirtschaftsbooms haben sich die Lebenshaltungskosten in Boston während der vergangenen Jahre drastisch erhöht; sie sind heute die zweithöchsten von allen Großstadtregionen in den USA. Vgl. GANZ, ALEXANDER / PERKINS, G.: Boston's Recent Performance and Prospects for the Future, Boston Redevelopment Authority, Research Department, Boston 1985, S. 4
56 Vgl. BOSTON REDEVELOPMENT AUTHORITY / NEIGHBORHOOD DEVELOPMERNT AND EMPLOYMENT AGENCY: Household Survey, Boston 1985; BOSTON REDEVELOPMENT AUTHORITY:Boston Office Industry Survey, Boston 1986
57 BECKER, ULRICH / LÜTKE-DALDRUP, ENGELBERT: Ablaßzahlungen des Big Business in New York und Boston, in: *RAUMPLANUNG* Heft 37, 1987
58 Für die zwischen 1986 und 1990 neu entstehenden Großbauten in der City werden beispielsweise 27,3 Mio. Dollar an den Wohnungsbaufond zu überweisen sein. BOSTON REDEVELOPMENT AUTHORITY:Downtown Projects, Bd 1, Boston 1984, S.5, Bd. 2, Boston 1986, S. 50

Abbildungsnachweis

BECKER, ULRICH	Abb. 3, 6-9
GREEN, LISA J. / KRIEGER, ALEX: Past Futures. Two Centuries of Imagining Boston, Cambridge 1985, S. 71	Abb. 1,2

Abb. 6: Aufbereitung einer großflächigen Gewerbebrache für die Ansiedlung von Forschungslabors und Büros; Links: ein bereits fertiggestellter Hotel- und Büroneubau; Im Hintergrund: Büroneubauten am Kendall Square.

Abb. 7: Alte Gewerbebauten in South Boston, die heute als Lagerhallen (im Vordergrund) oder als Büros (im Mittelgrund) genutzt werden. Im Hintergrund die *skyline* von *Downtown* Boston.

Abb. 8: Ehemalige Textilfabrik in Lowell, die heute durch Büros, kleine Produktionsbetriebe, ein Museum und Gaststätten genutzt wird

Abb. 9: *Business park* in Burlington nahe dem Autobahnkreuz der *Routes 3* und *128*.

Scott Campbell

RÜSTUNGSINDUSTRIE UND REGIONALÖKONOMIE

Standortstrukturwandel einer Leitindustrie und dessen Auswirkungen auf die Region Boston

Ein in den USA häufig diskutiertes Thema während der siebziger Jahre war die Herausbildung der Diskrepanz "*frostbelt/sunbelt*" - jenes Süd-Nord- bzw. West-Ost- Gefälle, von dem auch in der Bundesrepublik die Rede ist. Merkmale dieser wirtschaftsräumlichen Disparität waren Gewerbebrachen, strukturelle Arbeitslosigkeit und "Deindustrialisierung" in den älteren Industriegebieten des Nord-Ostens und des Mittleren Westens der USA, aber auch neue Technologieparks, Wirtschaftswachstum und die Wiederbelebung der Goldgräberstimmung in zahlreichen Städten des Südens und des Westens. Man sah die wirtschaftsräumliche Entwicklung weitgehend als zwangsläufigen Prozeß einer Verlagerung der industrie-technologischen Dynamik (und damit auch des Kapitals sowie der Arbeitsplätze) in den Südwesten, wobei die älteren Industriezentren - nach der Theorie des industriellen Lebenszyklus - sich mit einem gravierenden Bedeutungsverlust abzufinden hatten.

In diesem Zusammenhang waren die Nachrichten von der ökonomischen Wiedergeburt New Englands - zumindest für Beobachter von außen - überraschend. Dieses Gebiet, mit den antiquierten Textil- und Maschinenwerkzeugfabriken in den alten, an Flüssen und am Atlantik gelegenen Städten, war offensichtlich schon in die industrielle Vergangenheit abgeschoben worden. Jedoch zeigen in jüngerer Zeit ältere Industriestädte wie Hartford, Lexington, Nashua, Lynn und vor allem Boston einen deutlichen Aufschwung. Die Tatsache, daß einige Bundesstaaten in New England gegenwärtig die niedrigsten Arbeitslosigkeitsraten in den USA haben, ist auch eine neue und (für viele) eine überraschende Entwicklung. Hätte man früher bei einer Diskussion des Süd-Nord-Gefälles alle Bundesstaaten zwischen Massachusetts und Illinois in einen Topf mit der Bezeichnung "*frostbelt*" geworfen, so muß man jetzt zwischen dem immer noch stagnierenden Mittleren Westen und dem "zukunftsorientierten" New England unterscheiden.

Wie ist diese Wiederbelebung der Wirtschaft New Englands zu erklären? Sicher spielt die neue Entwicklung der Dienstleistungswirtschaft - und die entsprechende Ausdehnung von Banken, Versicherungsfirmen und anderen tertiären Funktionen, die besonders in Boston und der Umgebung konzentriert sind - eine Schlüsselrolle. Eine zweite, oft erwähnte Entwicklung ist das rapide Wachstum der *high tech*-Unternehmen - vor allem in der Elektroindustrie. Diese Industrien haben sich auch um Boston konzentriert, wobei die sogenannte *Greater Boston Area* - neben dem *Santa Clara Valley* ("*Silicon Valley*"), Los Angeles, und Gebieten in Florida und Texas - ein Zentrum der neuen Technologieentwicklung in den USA bildet. Und wenn man von neuen

Technologien (*high technology*) in Amerika spricht, dann meint man damit zugleich die Rüstungsproduktion. Denn ein beachtlicher Teil wird ausschließlich für das Militär produziert; dies gilt namentlich für die Industrieproduktion New Englands.

Rüstungsaufträge hatten schon lange einen bedeutenden Anteil an der wirtschaftlichen Entwicklung New Englands. Die erhöhten Militärausgaben der Reagan-Ära (und auch der letzten Jahre der Carter Amtszeit) haben jedoch Umfang und Wirkung dieser Aufträge verstärkt. Darüber hinaus haben neuere Änderungen des Militärbedarfs durch die verstärkte Nachfrage nach Rüstungsgütern mit einem höheren technologischen Niveau diese Region (und einige andere, wie Kalifornien besonders begünstigt - zumal sie bereits über die produktionstechnischen Voraussetzungen zur Herstellung neuer Produkte ("von Panzern zu *software*") verfügte.

Die Bedeutung der Rüstungsindustrie für Stadt- und Regionalplaner

Das Ausmaß und die Verteilung von Militärausgaben sind in letzter Zeit zu einem "heißen" Thema für Stadt- und Regionalplaner geworden.[1] Aber nicht zum ersten Mal. Bereits in der frühen Nachkriegszeit hatten sich Stadt- und Regionalplaner mit den städtischen und räumlichen Implikationen der Militärausgaben beschäftigt, um die Wirkungen der Militär- auf die Zivilproduktion abzuschätzen und zu lenken. Schon die Größenordnung der Militärausgaben verdient Beachtung: $ 312,3 Milliarden im Haushaltsjahr 1987 (davon etwa die Hälfte für Produktionsaufträge).

Diese Gelder sind nicht etwa homogen über die USA verteilt, sondern räumlich relativ stark konzentriert. Im Haushaltsjahr 1984 gingen 43% dieser Gelder an nur fünf der fünfzig Bundesstaaten, wobei die zehn Bundesstaaten mit den höchsten Zuwendungen insgesamt mehr als 60% erhielten. Diese ungleiche Verteilung von Rüstungsaufträgen spielt möglicherweise eine maßgebliche Rolle für die Veränderung der Wirtschaftslandschaft in den USA sowie für die räumliche Verteilung der Bevölkerung.

Die Bedeutung dieser Industrie beruht nicht nur auf ihrer beträchtlichen Größe und den damit verbundenen Verflechtungen mit anderen Wirtschaftsbereichen, sondern vornehmlich auf ihrer Funktion als Träger einer permanenten Innovation der Wirtschaft. Einerseits spielt die Rüstungsindustrie eine führende Rolle in der Forschung und Entwicklung neuer Produkte und Technologien, so daß sie die Richtung und die Prioritäten neuer technologischer Entwicklungen häufig beeinflussen oder sogar bestimmen. Anderseits ist diese Industrie ein wichtiger Arbeitgeber für Facharbeiter, Ingenieure und Wissenschaftler, so daß dieser hochqualifizierte Arbeitsmarkt durch Militärausgaben stark beeinflußt wird.[2] Ob durch die Militäraufträge das qualifizierte Arbeitskräftepotential für die Zivilindustrie vergrößert oder verringert wird, ist umstritten. Es ist teilweise eine Frage, ob der Arbeitsmarkt ausreichend schnell auf den raschen Auf- und Abschwung der Nachfrage reagieren kann. Die neoklassische Wirtschaftstheorie unterstellt, der Arbeitsmarkt könne sich anpassen, und eine höhere Investitionsrate als Folge von Militäraufträgen an Universitäten begünstige den Zivilsektor. Die wirtschaftstheoretische Gegenposition behauptet dagegen, kurzfristige Arbeitskräfteverknappungen seien unvermeidlich, und die Militärproduktion mit ihrem höheren Lohnniveau würde die qualifiziertesten Wissenschaftler und Ingenieure absorbieren.

Aufgrund der engen räumlichen und sektoralen Verflechtung zwischen *high technology* und Rüstungsproduktion müssen Gemeinden und Regionen anerkennen, daß die Förderungspolitik für (neue) Unternehmen mit einem hohen technologischen Niveau - besonders auf dem Gebiet der Computertechnik, der Luft- und Raumfahrt, der automatischen Steuerung und der neuen Kunststofferzeugung - häufig faktisch eine "Rüstungsproduktionsförderung" ist (und umgekehrt). Dieser Zusammenhang ist nicht *a priori,* wie in den USA, zwangsläufig. Das zeigt die Entwicklung von neuen Technologien ohne ein beachtliches militärisches Forschungs- und Entwicklungsprogramm in Japan - und auch in West-Berlin.

Man könnte sogar unterstellen, daß die amerikanischen Militärausgaben im wesentlichen eine Art verdeckter "Industrie- bzw. Regionalpolitik" darstellen. Angesichts des enormen Umfanges und der räumlichen Konzentration von Militärausgaben sowie des im Vergleich zu Europa geringen Einsatzes direkter staatlicher Industrie- bzw. Regionalförderung in den USA, gewinnt diese indirekte oder implizite Förderungspolitik an Bedeutung.

Schließlich ist die Kenntnis der Verflechtungen und Abhängigkeiten zwischen der Gemeinde- und Regionalentwicklung einerseits, und den Militärausgaben anderseits, eine entscheidende Voraussetzung für eine kritische Diskussion um die Verlagerung der Militär- auf die Zivilproduktion (also die *conversion debate*). Man kann zwar theoretisch ableiten, daß die langfristigen ökonomischen Wirkungen einer Umstellung von der Militär- auf die Zivilproduktion vorteilhaft wären. Doch die kurzfristigen Vorteile und derzeitigen Abhängigkeiten vieler Regionen von den Militäraufträgen - und deswegen auch ihr Widerstand gegen die Konversion - sind offenkundig und nicht zu unterschätzen. Infolgedessen hat die Konversionspolitik nur dann eine Realisierungschance, wenn es gelingt, wirtschaftliche Alternativen anzubieten.

Die Verteilung von Rüstungsaufträgen im Nordosten der USA

Die räumlich-disparitäre Verteilung der Rüstungsaufträge begünstigt die in New England und im Nordosten liegenden Bundesstaaten. Die Verteilung der Militär-Direktaufträge (vom Verteidigungsministerium an eine Firma) im Haushaltsjahr 1984 ist in Tabelle 1 dargestellt. Die sechs ausgewählten Bundesstaaten entsprechen etwa dem

Wirtschaftsgroßraum Boston/New York.[3] Zwar sind New York und New Jersey nicht geographische Bestandteile von "New England", doch ist diese Definition der Region in diesem Zusammenhang zweckmäßiger als eine willkürliche Trennung entlang des Hudson Rivers.

Diese Region erhielt mehr als $26 Milliarden im Haushaltsjahr 1984; das entspricht eine Quote von $739 pro Einwohner. (Der Durchschnittswert für die USA betrug dagegen "nur" $547 pro Einwohner. Kalifornien bleibt jedoch mit $28,5 Milliarden bzw. $1205 pro Einwohner die führende Region in dieser Industrie.) Innerhalb des Nordostens sind starke Unterschiede zu konstatieren. Massachusetts erhielt mehr als das Doppelte (mit $1225/Einwohner), doch Connecticut war unter allen Bundesstaaten in den USA am stärksten von den Militärausgaben abhängig (mit $1756/Einwohner). Der Bundesstaat New York erhielt die größte absolute Summe dieser Gelder in der Region, war aber aufgrund seiner diversifizierten Wirtschaftsstruktur und größeren Bevölkerungszahl weniger auf Rüstungsproduktion angewiesen.[4] Es ist leider nicht einfach, die Weiterleitung dieser Gelder an Subunternehmer statistisch nachzuweisen, weil keine Veröffentlichungspflicht für solche Transaktionen existiert. Trotzdem haben mehrere Untersuchungen festgestellt, daß diese Weiterleitung von Aufträgen des Verteidigungsministeriums an Subunternehmen eine ausgeprägte wirtschaftsräumliche Wirkung hat. Der Saldo dieser Transaktionen im Nordosten der USA scheint positiv zu sein, so daß der Region auf diese Weise mehr Geld zufließt als durch Direkt-Aufträge allein.

Tabelle 1
Militär-Direktaufträge - 1984 (Haushaltsjahr)

	Direktaufträge 1980 (in $ Millionen)	Bevölkerung (in 1000)	Beträge pro Einwohner
USA	$124.015	226.546	$547
New Hampshire	663	921	720
Massachusetts	7.029	5.730	1.225
Rohde Island	396	947	418
Connecticut	5.459	3.108	1.756
New York	9.515	17.558	542
New Jersey	3.278	7.365	445
Region Insgesamt	**26.340**	**35.636**	**739**
(California)	28.520	23.668	1.205

Quelle: Department of Defense. Washington Headquarters Services. Directorate for Information. Operations and Reports. *Atlas/State Data Abstract for the United States. Fiscal Year 1984.*

Im folgenden sollen die geowirtschaftlichen Wirkungen von Militäraufträgen untersucht werden, wobei regionale Unterschiede in der Ausgabenstruktur (z.B. Rüstungsgüter versus Soldaten) von besonderem Interesse sind. Aus der Gegenüberstellung in Tabelle 2 geht eine klare Nord-Süd-Disparität hervor. Die sechs im Nordosten gelegenen Bundesstaaten erhielten im Haushaltsjahr 1984 mehr als 21% der Militäraufträge, gaben aber weniger als 7% für militärische Gehälter aus.[5] Dieser Unterschied ist besonders deutlich in Massachusetts, Connecticut und New York. Im Vergleich dazu ist, z.B. in den vier Bundesstaaten an der Südküste des Atlantik (Florida, Georgia, North & South Carolina), die Militärausgabenstruktur umgekehrt: knapp 7% der Aufträge stehen fast 16% der militärischen Gehälter gegenüber. Insofern kann man eine räumlich-funktionalen Arbeitsteilung des Militärs in den USA konstatieren: die Industrien sind im Norden und die Soldaten im Süden. Dies entspricht der traditionallen Nord-Süd-Arbeitsteilung in den USA.[6] Ob die neueren südwest-orientierten Verlagerungen der Rüstungsindustrie dieses Bild wesentlich verändern werden, ist noch nicht absehbar.

Tabelle 2
Militär-Direktaufträge und Militärgehaltsumme: 1984 (Haushaltsjahr)

	Direkt-Aufträge		Militär-Gehaltsumme	
USA	($124,015 Mill)	**100,0%**	($73,347 Mill)	**100,0%**
New Hampshire		0,5%		0,6%
Massachusetts		5,7%		1,1%
Rhode Island		0,3%		0,4%
Connecticut		4,4%		0,7%
New York		7,7%		1,8%
New Jersey		2,6%		2,0%
Region Insgesamt		**21,2%**		**6,6%**
(Florida, Georgia, North & South Carolina)		6,9%		15,8%
(California)		23,0%		15,6%

Quelle: Department of Defense. Washington Headquarters Services. Directorate for Information. Operations and Reports. *Atlas/State Data Abstract for the United States. Fiscal Year 1984.*

Die Verteilung von Rüstungsaufträgen in der Region Boston

Die meisten Rüstungsindustriebetriebe in dieser Region haben sich in einem geographischen Halbkreis um Boston angesiedelt, der sich in Richtung Norden und Westen fächerförmig immer weiter ausbreitet. Die größte Rüstungsfirma in der Region ist Raytheon (mit Hauptverwaltung in Lexington und weiteren Betrieben in der Umge-

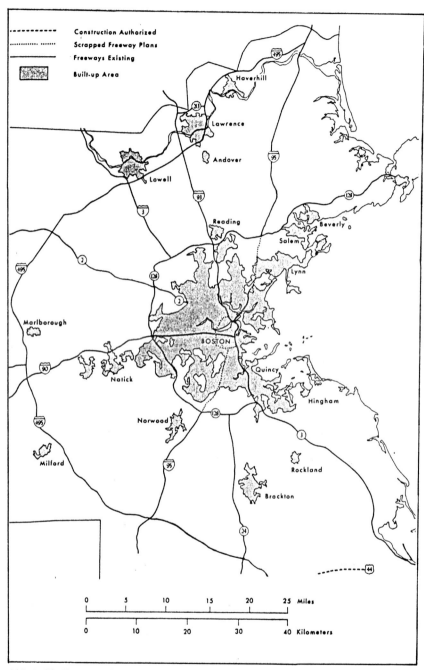

Abb.1: Siedlungsstruktur und Autobahnnetz in der Region Boston

bung), die hauptsächlich Raketen, automatische Steuerungsgeräte, Radaranlagen und dergleichen produziert. Andere bedeutsame Firmen, die entweder ihren Hauptsitz oder Zweigbetriebe in der Region haben, sind *Sanders Associates* (Nashua, New Hapshire), *RCA* (Burlington), *Honeywell* (Lexington), *Northrop* (Norwood), *Charles Stark Draper Labs* (Cambridge), *GTE* (Waltham) und *AVCO Systems* (Wilmington), um nur einige zu erwähnen.

Warum haben sich diese Industriebetriebe in der Region um Boston angesiedelt? Die Beantwortung dieser Frage wäre selbst eine eigenständige Abhandlung wert, jedoch sollen hier zumindest die wesentlichen Faktoren erwähnt werden. Zum Teil waren es die traditionell dort gelegenen Häfen und der damit verbundene Schiffbau, die eine Basis für die Marineproduktion boten. Maßgebliche Standortfaktoren waren darüber hinaus der in dieser Region angesiedelte Maschinenbau (besonders in Connecticut) sowie das qualifizierte Facharbeiterpotential, das infolge zahlreicher Betriebsschließungen insbesondere in der Textilindustrie freigesetzt wurde und für die Tätigkeiten der Rüstungsproduktion weiterbildungsfähig war.

Vor allem aber kann man das besondere Wachstum dieser auf neuen Technologien basierenden Rüstungsindustrie durch die Anwesenheit zahlreicher hervorragender Universitäten und deren enge (in diesem Ausmaß an deutschen Universitäten unbekannte) Zusammenarbeit mit privaten Forschungsinstituten, der Industrie und dem Verteidigungsministerium erklären. Das *Massachusetts Institute of Technology* (MIT) wurde schon während des 2. Weltkrieges zu einem Zentrum der Rüstungsforschung und -entwicklung ausgebaut. Heute ist die Universität nicht nur eine wichtige Ressource hochqualifizierter Arbeitskräfte, sondern auch selbst einer der größten militärischen Auftragnehmer in den USA. Die vielen anderen Universitäten spielen ebenfalls eine wichtige, wenngleich bescheidenere Rolle für die Rüstungsindustrie in der Region (z.B. *Northeastern, Harvard* und *Boston University*).

In jüngster Zeit zeichnen sich Dezentralisierungstendenzen in der regionalen Entwicklung der Rüstungsindustrie mit Standortverlagerungen von Boston in Richtung Norden und Westen ab. Das Gebiet beiderseits der Autobahn Nr. 128 (*Route 128*), die in den fünfziger Jahren als eine halbkreisförmige Ringautobahn um Boston gebaut wurde, ist inzwischen mit Industrieparks und Wohngebieten dicht besiedelt.[7] Der große Grünflächenanteil und die überwiegend flachen Bauten, die man von der Autobahn sieht, täuschen: trotz des Anscheins einer dünnen Besiedlung sind in diesem Gebiet die Grundstücke auf dem Immobilienmarkt generell knapp und teuer. Die äußere Ringautobahn (*Route 495*) ist daher seit den 70er Jahren das neue Ziel der Verlagerungen und der Expansion dieser wachsenden Wirtschaftsregion. Zahlreiche Firmen wählen bereits Standorte in großer Entfernung von Boston jenseits der *Route 495*.

Diese Randwanderung läßt sich am Beispiel der Firma *Sanders Associates* nachvollziehen. Der Begründer, Roy Sanders, hatte ursprünglich am MIT in Cambridge (einem Nachbarort von Boston) studiert, und danach bei *Raytheon* in Lexington (an der *Route 128*) gearbeitet. Schließlich gründete er seine eigene Firma, und wählte einen Standort in Nashua, New Hampshire (nördlich der *Route 495*), um den geringen Bodenpreis und die niedrige Miete in einer heruntergekommenen Textilfabrik zu nutzen. Diese schrittweise Ausdehnung ist für die räumliche Entwicklung aller Agglomerationen in den USA charakteristisch, wobei die regionale Ausdehnung im Falle Bostons hauptsächlich in Richtung Norden und Westen verläuft - während das Gebiet südlich von Boston (in Richtung Rhode Island) bislang unterentwickelt geblieben ist.

Angesichts der gegenwärtigen Standortdynamik stellt sich die Frage, ob Rüstungsindustriebetriebe, die diese kleinräumigen Standortverlagerungen innerhalb der Region Boston vollziehen, auch den großräumigen Sprung aus der Region (in Richtung Süden oder Westen der USA) in Betracht ziehen könnten. Mit anderen Worten: Behält die Region Boston ihren jetzigen Anteil der Militärausgaben (und insofern auch ihre daraus geschaffenen Einnahmen, Arbeitsplätze, und schließlich ihre "Rüstungsabhängigkeit")?

Gegenläufige Tendenzen des Standortstrukturwandels

Die Abwanderung von Industriebetrieben aus älteren, größeren Metropolen ist ein allgemeines Kennzeichen der letzten Jahrzehnte. Manchmal bleiben diese Verlagerungen relativ kleinräumig (von Stadt zu Land innerhalb einer Region); aber häufig erstrecken sie sich über hunderte oder tausende von Kilometern (was in den USA nicht ungewöhnlich ist). Oft ist es die Suche nach billigen Arbeitskräften, die derartige Verlagerungen fördert, da sich das Lohnniveau in den einzelnen Bundesstaaten und Regionen der USA noch immer beträchtlich voneinander unterscheidet. Darüber hinaus spielen regionale Unterschiede in den Gewerkschaften eine bedeutende Rolle. Insofern stellt der im Vergleich zu älteren Industriemetropolen geringe gewerkschaftliche Organisationsgrad der Arbeitnehmer in ländlichen Räumen häufig einen Standortvorteil dar. Ähnlich wirken sich außerhalb der Agglomerationen das niedrige Bodenpreis- und Mietniveau, freizügigere Umweltschutzauflagen sowie das Fehlen von Verkehrsstaus und anderen Großstadtproblemen aus. Es gibt allerdings auch einige spezifische Standortfaktoren der Rüstungsindustrie, die einen ländlichen oder dezentralen Standort begünstigen: zum einen lassen sich neue Waffensysteme wesentlich einfacher auf dem Land als in einer Großstadt testen, zum anderen bietet die geographische Dezentralisierung der Betriebstätten aus der Sicht von Militärstrategen den entscheidenden Vorteil, durch potentielle Gegner weniger verwundbar zu sein. Auch innenpolitisch hat die breite räumliche Verteilung der Militärausgaben unüberschaubare Vorzüge, da sich die politische Unterstützung für ein Projekt, in dem Maße erweitern läßt, wie es gelingt, Arbeitsplätze und Einnahmen auf die Wahlbezirke der Abgeordneten zu verteilen.[8] Diese beabsichtige Dezentralisierung kann man *geographic constituency building* - "geographische Wählerrekrutierungsmaßnahmen" - nennen. Der Konzern *Rockwell*, Hauptauftragnehmer des neuen "B1-B"-Bombenflugzeuges, hat durch eine geschickte Werbekampagne gezeigt, wie jeder amerikanische Bundesstaat mindestens ein Bauteil der neuen, teuren und kontroversen Maschine geliefert hat.

Wären nur die obengenannten Faktoren wirksam, dann hätten die meisten Firmen ihren Standort wahrscheinlich schon in den ländlichen Raum verlagert - weit entfernt von einer Großstadt. Da dies offenkundig nicht der Fall ist, muß es andere, bedeutsame Faktoren geben, die eine räumliche Konzentration fördern, zumindest jedoch eine Dezentralisierung verhindern. Die meisten dieser Standortvorteile resultieren aus dem vielfältigen Angebot der städtischen Agglomeration. Einerseits hat man hier die Verbindungen mit den anderen Firmen sowie vielfältige weitere Fühlungsvorteile, die nicht einfach durch Telekommunikation ersetzbar sind. Andererseits sind leistungsfähige Verkehrsanlagen (z.B. Flughäfen) und andere Infrastruktur sowie Universitäten und Forschungsinstitute vorhanden. Vor allem aber ist der städtische Arbeitsmarkt, mit seinem hohen Qualifikationsniveau und diversifizierten Arbeitskräftepotential, inzwischen zum entscheidenden Standortvorteil für technologieorientierte Unternehmen geworden.

Räumliche Arbeitsteilung und der Standort Region Boston

Mit den sich überlagernden Tendenzen von Zentralisierung und Dezentralisierung, Beharrung und Verlagerung entsteht also ein komplexes räumliches Bild der Industriestandortstruktur. Aber nicht alle Funktionen in einem Betrieb reagieren identisch auf diese verschiedenen räumlich-disparitären Kräfte. Für einige sind die Vorteile eines peripheren Standortes entscheidend, für andere sind es die eines zentralen Standortes. Sobald es die technologische Entwicklung ermöglicht, verschiedene Funktionen eines Betriebes räumlich zu trennen, entsteht eine räumliche Arbeitsteilung - sowohl innerhalb eines Unternehmens wie auch zwischen Unternehmen unterschiedlicher Funktionen.

In der Region Boston zeichnet sich diese räumliche Arbeitsteilung in der *high tech*-Industrie deutlich ab. Im Kontext mit der allgemeinen industriellen Randwanderung in Richtung *Route 128* und *Route 495* findet eine stärkere geographische Dezentralisierung der Produktion statt, während die Forschungs-, Entwicklungs- und Verwaltungsabteilungen zunehmend eine zentralisierende Tendenz zeigen. Für forschungsorientierte Unternehmen wie *Charles Stark Draper Labs* in Cambridge ist offenbar ein Standort in fußläufiger Entfernung zum Campus des *MIT* und anderen Hochschulinstituten unverzichtbar. Dagegen liegen die Produktionsstätten zahlreicher anderer *high tech*-Unternehmen (z.B. *GTE, Raytheon, AVCO*) an der Peripherie der Region in Mittelstädten wie Lowell, Lawrence, Portsmouth und Sudbury.

Für die Rüstungsindustrie innerhalb des *high tech*-Bereiches sind darüber hinaus spezifische Parameter für die Standortwahl bedeutsam. Die Notwendigkeit, neue Systeme zu testen und zu installieren (z.B. Probeflüge, Radaranlagen), erfordert einerseits einen Zweigstandort in der Nähe der großen Militärgelände (in der kalifornischen Wüste, den Bergen von Colorado, der Küste von Florida, usw.). Anderseits ist mit Blick auf die Beeinflussung von Abgeordneten und des Verteidigungsministeriums durch Lobbies außerdem einen Zweigstandort in oder um Washington, D.C. unerläßlich.

Vor diesem Hintergrund wird das weit verzweigte Standortgeflecht der Rüstungsindustrie erst verständlich: Zahlreiche neugegründete Firmen wie *Raytheon* hatten ihren Ursprung im *MIT* und sind sukzessive ins nördliche Umland von Boston gewandert, wobei insbesondere größere Betriebe mit einem hochqualifizierten Mitarbeiterstab an der Peripherie der Region angesiedelt wurden (z.B. in Andover und Lowell). Neuere Standortkonzentrationen von Zweigbetrieben entstanden weiter entfernt von Boston (z.B. in Marlborough und Portsmouth), eine kleine Fabrik (nur mit einfacher Produktionsarbeit) an der Grenze zwischen Virginia und Tennessee, einige Zweigbetriebe u.a. in California, Ohio und Alabama (neben Militärflughäfen), und eine Firmenrepräsentanz in Washington, D.C.

Trotz der zu beobachtenden Randwanderung *innerhalb* der Region Boston und der wachsenden Möglichkeit, verschiedene Funktionen räumlich zu trennen, ist jedoch eine markante Abwanderung von Rüstungsindustriebetrieben aus der Region nicht zu beobachten. Diese Standortbindung an die Region ist besonders bemerkenswert, weil sie dem allgemeinen Bild eines Süd-Nord- bzw. West-Ost-Gefälles in der Industrie der USA ebensowenig entspricht wie der Hypothese, daß neue Fortschritte in den Telekommunikations- und Produktionstechnologien die Bedeutung von Entfernungen für Standortentscheidungen in der Wirtschaft obsolet werden lassen und eine räumliche Dezentralisierung ermöglichen. Wie ist diese Standortbeharrung zu erklären?

Die Wettbewerbssituation der Industriebetriebe, die einen bedeutenden Anteil ihrer Produktion im Auftrag des Verteidigungsministeriums erstellen (hier kurz "Rüstungsindustrie" genannt), spielt eine entscheidende Rolle für die Standortentscheidungen: Erstens sind hierbei die spezifischen Angebot-Nachfrage-Verhältnisse bedeutsam. Auf der einen Seite ist der Staat der dominierende Käufer; auf der anderen Seite gibt es wegen der enormen Anlagekapitalkosten, Forschungs- und Entwicklungsausgaben und der *economies of scale* in der Produktion nur wenige, aber sehr große Rüstungskonzerne, mit oligopoler Marktstellung. Daher wird der Preis von Rüstungsprodukten nicht unmittelbar durch den "Markt" bestimmt, sondern häufig durch ein *cost-plus*-System, wobei der Preis den Produktionskosten plus einer angestrebten Rendite entspricht. Infolgedessen besteht wenig Zwang, die Produktionskosten zu minimieren und den kostengünstigsten Standort zu wählen.

Zweitens erfordert aber der jetzige technologische Stand der Militärprodukte einen sehr hohen Anteil an Forschungs- und Entwicklungsarbeit mit einem entsprechend großen Bedarf an spezialisierten Ingenieuren, Wissenschaftlern und Technikern (dagegen relativ wenigen Arbeitern). Diese Tatsache begünstigt generell Standorte, an denen ein hochqualifiziertes Arbeitskräftepotential bereits verfügbar ist, d.h. Standorte, die in der Nähe renommierter Universitäten liegen und deren Wohnumfeld für junge Ingenieure und ihre Familien attraktiv ist (u.a. aufgrund eines preiswerten Angebotes komfortabler Wohnungen, eines breit gefächerten Kultur- und Freizeitangebotes, eines qualifizierten Schulangebotes und vielfältiger Weiterbildungs- und Forschungsmöglichkeiten an Hochschulen). Die Region Boston entspricht im wesentlichen diesen Standortanforderungen - allerdings mit einer bedeutsamen Einschränkung: der

Wohnungsmarkt, besonders für das beliebte Einfamilienhaus, ist ausgesprochen teuer. Dennoch hat die Preissteigerung in und um Boston bislang nicht zur Abwanderung von jungen Akademikern aus der Region geführt, sondern vor allem zum Wohnstandortwechsel an den nördlichen Rand der Region jenseits der *Route 495*.

Drittens kann auch die Art der Produktion einen zentralen Standort erfordern. Die Interaktion mit anderen Firmen, Forschungsinstituten und Subunternehmern ist oft derart intensiv und wenig standardisiert, daß Telekommunikationsverbindungen die viel zitierten Fühlungsvorteile (den sogenannten *face-to-face contact*) nicht ersetzen können. Innerhalb der Betriebe kann die relativ hohe Integration der Produktion, Forschung und Entwicklung vieler Produkte dazu beitragen, daß ein integrierter Standort vorteilhaft ist.

Man kann diese Präferenz für einen einzigen, zentral gelegenen Standort in Anlehnung an die Produktzyklus-Theorie erläutern. Nach dieser Theorie erfordern die ersten Phasen eines neuen Produkts einen großen Anteil an Forschung und Entwicklung und an nicht standardisiertem Informationsaustausch innerhalb des betreffenden Unternehmens sowie mit anderen Unternehmen und daher einen zentralen Standort. Im Laufe der Zeit, wenn das Produkt reifer wird, erfolgt die Erweiterung der Produktion, die Absatzmärkte spielen eine größere Rolle, und der Informationaustausch wird standardisiert. Daraus resultiert zugleich eine geringere Notwendigkeit, an der räumlichen Konzentration auf einen Standort festzuhalten. Eine räumliche Dezentralisierung wird somit begünstigt.

Die Produktion von Rüstungsgütern unterscheidet sich vom normalen Produktzyklus insofern, als die Produktion praktisch immer in der Entwicklungsphase stehen bleibt. Diese permanente Innovation ist zum Teil die Folge der amerikanischen militär-technologischen Strategie während des kalten Krieges. Die ständige Nachfrage des Militärs nach Produkten auf dem neuesten Stand der Technik gewährleistet dieses Verweilen am Anfang des Produktzyklus. Infolgedessen besteht die Tendenz, die räumliche Konzentration beizuhalten. (Es gibt zwar Rüstungsprodukte wie Panzer oder Gewehre, die standardisiert und in Massenproduktion gefertigt werden. Aber ihr Anteil an den Militärausgaben ist im Vergleich zu Flugzeugen, Raketen, Elektronik und anderen *high tech*-Produkten relativ gering - besonders in der Region Boston.)

Eine starke räumliche Beharrung der Rüstungsindustrie ist nicht zu übersehen. Ein Standort außerhalb der Region Boston (z.B. in der Nähe von Atlanta in Georgia oder Austin in Texas) könnte Kostenminderungen ermöglichen (z.B. billigere Arbeitskräfte und Betriebsfläche, bessere Anwerbungsmöglichkeiten jüngerer Ingenieure wegen der erheblich niedrigeren Wohnungspreise, niedrigere Steuerraten, usw.). Aber die Ungewissheit eines neuen Standorts ("Bekommen wir immer noch die besten Wissenschaftler und Ingenieure?"; "Verlieren wir unsere Kontakte zu den anderen Unternehmen, Banken und Universitäten?"; usw.) schränkt die Verlagerungsbereitschaft beträchtlich ein. Deshalb beschränken sich Rüstungsfirmen in New England häufig darauf, lediglich die bescheidene Verlagerung einer einfachen Produktionsabteilung, z.B. nach Georgia oder Florida zu erproben - nicht immer mit Erfolg. Eine bedeutende Verlagerung des Kerns der Rüstungsindustrie (d.h. Verwaltung, Forschung und Entwicklung, kompliziertere Produktion) wäre nur unter der Voraussetzung denkbar, daß sich die Wirtschaftsbedingungen in der Region Boston drastisch verschlechtern. Dagegen hat diese Region, dank der Konzentration von *high tech*-Unternehmen, gegenwärtig einen ausgezeichneten Ruf für ihr Innovationspotential und unterscheidet sich insofern stark von den ungünstigen Standortbedingungen in anderen alten Industriegebieten (z.B. im Mittleren Westen).

Die Folgen für die Region Boston

Bis jetzt haben wir hauptsächlich die Standortpräferenzen der Rüstungsproduktion diskutiert und daraus eine Erklärung für die beharrliche Konzentration dieser Industrien in der Region Boston abzuleiten versucht. Im folgenden soll dagegen umgekehrt die Bedeutung dieser Industrie für die Region Boston untersucht werden.

Rein quantitativ hat das Gesamtvolumen der Militärausgaben ($7 Milliarden im Bundesstaat Massachusetts im Haushaltsjahr 1984; siehe Tabelle 1) eine größere regionalwirtschaftliche Wirkung, als es in der Summe der einzelnen Aufträge sowie der hieran geknüpften Einkommen, des Kaufs von Gütern und Dienstleistungen und der Steuerzahlungen zum Ausdruck kommt. Dies läßt sich durch eine - unter den gegebenen Gesellschaftsbedingungen - rhetorisch erscheinende Überlegung verdeutlichen: Wie groß wäre die Wirkung, wenn diese staatlichen Gelder nicht in Form von Rüstungsaufträgen, sondern für Sozialprogramme, die Förderung der Zivilindustrie, usw. ausgegeben würden? Die Antwort auf diese Frage ist sehr umstritten, aber man kann vermuten, daß die Gesamtzahl der Arbeitsplätze auf nationaler Ebene zunehmen würde, während rüstungsintensive Regionen (wie Boston, sowie Silicon Valley, Los Angeles und Seattle) - zumindest kurzfristig - erhebliche Verluste zu verzeichnen hätten.

Auch die qualitativen bzw. strukturellen Wirkungen der Rüstungsindustrie auf die Regionalökonomie können nur in groben Zügen nachvollzogen werden; sie sind gleichwohl gravierend - selbst wenn sie gelegentlich kontrovers bewertet werden, wie dies insbesondere für die Auswirkungen auf den Arbeitsmarkt gilt. Der Vorzug der Rüstungsindustrie wird darin gesehen, daß sie als großer Facharbeitgeber das regionale Angebot an Ingenieuren und Wissenschaftlern beträchtlich vergrößert, und durch die gezielte Förderung von Universitäten das Qualifikations- und Lohnniveau der Arbeitskräfte anhebt. Darüber hinaus werden innovative Produktionstechnologien der Rüstungsindustrie vielfältig für die zivile Produktion nutzbar gemacht (*spin-offs*). Dem wird der Nachteil gegenübergestellt, daß der Arbeitsmarkt nicht ausreichend auf diese erhöhte Nachfrage reagiere, so daß die Zivilindustrie, die nicht das Lohnniveau der Rüstungsproduzenten erreichen können, einen Mangel an Arbeitskräften verzeichne, während die Rüstungsindustrie die besseren Ingenieure und Wissenschaftler absorbiere. Die Folge sei schließlich ein Mangel an qualifizierten Arbeitskräften für die zivile *high tech*-Industrie, die ohnehin von internationaler Konkurrenz bedroht werde. Außerdem werden die zivilen Anwendungsmöglichkeiten militärtechnologischer Innovationen zunehmend skeptisch beurteilt, da die Diskrepanz zwischen den militärtechnologischen Möglichkeiten und ihrer Anwendbarkeit für die zivilen Industrien mit der Zeit immer größer wird.

Dessen ungeachtet darf als gesicherte Erkenntnis unterstellt werden, daß die Wirtschaft der Region Boston - zumindest kurzfristig betrachtet - relativ stark von Rüstungsausgaben "abhängig" bleibt. Die Agglomeration der hervorragenden Universitäten und Forschungsinstitute, die Lebensbedingungen, u.a., werden auch in der Zukunft besonders gute Voraussetzungen für die *high tech*-Rüstungsindustrie in dieser Region bieten, so daß New Englands Anteil an den Militäraufträgen aus Washington relativ stabil und sicher zu sein scheint. Dennoch birgt die Abhängigkeit vom Auf- und Abschwung der nationalen Verteidigungsaufträge die Gefahr, daß mit einer in der Post-Reagan-Ära möglicherweise veränderten Rüstungspolitik der regionale Wirtschaftsboom ähnlich wie in den Nachkriegszeiten (2. Weltkrieg, Korea, Vietnam) nachhaltig beeinträchtigt werden könnte.

Es bleibt schließlich die Frage, wie diese "Abhängigkeit" auf die Rüstungspolitik selbst wirkt. Ist die Realisierung der Abrüstungspolitik, des Verzichts auf das *SDI*-Projekt und der allgemeinen Kürzung von Militärausgaben politisch dadurch erschwert, daß Regionen wie Boston aus Angst vor kurzfristiger Arbeitslosigkeit und verminderten Einnahmen ihre Militäraufträge nicht verlieren wollen?

Anmerkungen

Dieser Beitrag entstand im Rahmen eines von der *Nationalen Science Foundation* finanzierten Forschungsprojektes am *Institute of Urban & Regional Development* der *Universität of California*, Berkeley, über die Geographie der Rüstungsproduktion in den USA. Weitere Projektmitarbeiter sind Sabina Deitrick, Peter Hall und Ann Markusen.

1. ADAMS, GORDON: The Iron Triangle: The Politics of Defense Contracting. New York: Council on Economic Priorities, 1981.
2. BALDWIN, WILLIAM L.: The Structure of the Defense Market, 1955-1964. Durham, N.C.: Duke University Press, 1967.
3. BEZDEK, ROGER: "The 1980 Impact - Regional and Occupational - of Compensated Shifts in Defense Spending." JOURNAL OF REGIONAL SCIENCE, 15:2, 1975, S. 183-198.
4. BOLTON, ROGER: Defense Purchases and Regional Growth. Washington, D.C.: Brookings Institute, 1966.
5. CAMPBELL, SCOTT: "The Geography of Defense Production: Conceptual Issues." BERKELEY PLANNING JOURNAL, 3:1, 1986, S. 105-118.
6. CUNNINGHAM, WILLIAM GLENN: The Aircraft Industry: A Study in Industrial Location. Los Angeles: Morrison, 1951.
7. DEGRASSE, ROBERT JR.: Military Expansion, Economic Decline: The Impact of Military Spending on U.S. Economic Performance. New York: M.E. Sharpe, 1983.
8. GANSLER, JACQUES: The Defense Industry. Cambridge, Massachusetts: MIT Press, 1980.
9. ISARD, WALTER, and EUGENE SCHOOLER: "An Economic Analysis of Local and Regional Impacts of Reduction of Military Expenditures." PEACE RESEARCH SOCIETY, Papers, Vol. 1, 1963, S. 15-44.
11. MARKUSEN, ANN: "The Military Remapping of the United States." BUILT ENVIRONMENT, 11:3, 1985.
11. MARKUSEN, ANN, PETER HALL, SABINA DEITRICK and SCOTT CAMPBELL: The Rise of the Gunbelt: the Military Remapping of America. 1989 (forthcoming).
13. MELMAN, SEYMOUR: The Permanent War Economy: American Capitalism in Decline. New York: Simon and Schuster, 1974.
14. NEW ENGLAND BUSINESS: "Defense Shift Favors Region," May 4, 1981, S. 12-17.
15. THUROW, LESTER: "Economic Case Against Star Wars." PLOWSHARE PRESS, Spring 1986.

Cihan Arin

DAS VERMARKTETE WOHNEN

Prozesse und Antagonismen im Wohnungssektor in New York

Vorbemerkung

September 1986 - mit ihren gemütlichen Ledercouchgarnituren, eindrucksvoll ausgestellten Plastiken und Pflanzen, professionell beleuchteten Gemälden an den Wänden erinnert die Eingangshalle des 16-stöckigen Wohnhauses in der Upper West Side, 105. Straße, an die eines Luxushotels. Einem der zwei uniformierten Torwächter muß ich mich vorstellen und den Namen meiner Bekannten, einer Akademikerfamilie, durchgeben, die hier im 9. Stock in ihrer Eigentumswohnung wohnt und bei der ich die nächsten Tage zu Gast bin. Erst nach telefonischer Rückbestätigung registriert der ursprünglich aus Iran stammende Torwächter meinen Namen im Gästebuch und zeigt mir höflich den Weg zum Aufzug; unterwegs meint er, ich solle mich auch den restlichen sechs Torwächtern bei Gelegenheit vorstellen, die rund um die Uhr je zu zweit - angestellt von der Eigentümergemeinschaft zum Schutze des Gebäudes - präsent sind. Dadurch könne ich jederzeit rein- und rausgehen, ohne mich jedesmal vorstellen oder ausweisen zu müssen.

Eine ganz normale Situation für die noblen Gegenden Manhattans, Upper West Side und vor allem Upper East Side; hier befinden sich tausende von sogenannten *condominiums* und *co-ops* (Eigentumswohnungen), die durch Umwandlung oder Neubau entstehen.

Ebenso zu der Normalität New Yorks gehört die schwarze Familie, zwei Erwachsene und ein Kind, deren Unterkunft aus Packkartons besteht; ich treffe sie inmitten dieser noblen Gegend auf dem kleinen Rasenfleck an der Kreuzung West End Avenue / Broadway - auch einige andere sogenannte *bag people* sind auf dem gleichen Rasenfleck anzutreffen, Menschen, die ihr Zuhause unter Plastiksack oder -folie eingerichtet und außer ihren Plastiktüten nichts zu verlieren haben.

Längst ist die Zeit vorbei, in der sich die Obdachlosigkeit nahezu lediglich in der Bowery, der Straße "gestrandeter Existenzen" [1] auf der Lower East Side, und in der Gegend von Times Square oder von Grand Central Station konzentrierte - die 1988 rund auf 60 bis 80 Tausend geschätzten Männer, Frauen und Kinder New Yorks ohne Dach über dem Kopf [2], deren Zahl sich seit 1980 mehr als verdoppelt hat, sind überall in der Stadt präsent, sei es in U-Bahn-Eingängen, kleinen, halbwegs geschützten Nischen auf den Straßen und Plätzen oder aber auf den ganzen Straßenzügen, wie dies nach wie vor die Bowery ausmacht. Längst ist auch die Zeit vorbei, in der es der Stadtverwaltung halbwegs gelang, durch Zwangseinweisungen die Obdachlosen in

Heimen, Hotels und Exerzierhallen unterzubringen und dadurch das Problem wenn nicht zu lösen, so doch zu verstecken. Denn es sind nicht mehr nur Alkoholiker, Penner, Stadtstreicher oder Drogenabhängige, sondern auch zunehmend junge Menschen, Familien, Alleinerziehende etc., die zum Heer der Obdachlosen gehören und sich weigern, die Massenobdachlosenquartiere in Anspruch zu nehmen, weil sie wegen hier vorherrschender Verhältnisse - Diebstahl, Überfälle etc. - um ihr Leben fürchten.

Die Janusgesichter New Yorks, des wichtigsten Zentrums des Internationalen Finanzkapitals und der Kulturproduktion, der Stadt der Superlativen, der ganz Oberen und ganz Unteren, des Reichtums und der Armut, sind unübersehbar; "es geht uns gut in New York City, viel besser als irgendwo sonst im Land" [3] - diese Worte von Harry Helmsley, dem größten Immobilienbesitzer der Stadt, der in seinem Hotel *Helmsley Palace* für ein Zimmer bis zu $ 1.250,- pro Nacht kassiert, eine Summe, mit der tausende 4- und 5-köpfige Familien in der drittevierten Stadt der Welt mindestens ein Vierteljahr auskommen müssen, wundern genausowenig wie die von Eddy, einem obdachlosen Alkoholiker: "Tot sein heißt für mich, diese Hölle gegen eine andere Hölle einzutauschen. Denn tiefer als bis in die Bowery kannst du zu Lebzeiten nicht sinken. Von hier aus geht's nur noch unter die Erde."[4] Durch diese extremen Beispiele seien die materiellen Polarisierungstendenzen angedeutet, die in den USA und in New York seit Anfang der 80er Jahre verstärkt zu Tage treten und die neokonservative *Reaganomics*-Ära kennzeichnen.

Dieser Beitrag will versuchen, die dualen Entwicklungsprozesse des neuen Reichtums und der neuen Armut am Beispiel des Wohnungssektors der New York City zu zeigen. Dabei handelt es sich weniger um eine eingehende Analyse der Wohnverhältnisse, die den Rahmen eines solchen Beitrags sprengen würde, als vielmehr darum, einen Überblick über die Prozesse und Antagonismen auf dem New Yorker Wohnungsmarkt zu liefern, auf dessen Grundlage die folgenden Beiträge in diesem Kapitel verständlicher werden können.

Zu diesem Zweck dient der folgende deskriptive Diskurs des Wohnungsmarktes; die hieraus abgeleiteten Interpretationen der strukturellen Veränderungsprozesse hinsichtlich der Wohnverhältnisse werden dann abschließend zur Diskussion gestellt.

Last but not least ist anzumerken, daß die Politik der Stadtverwaltung im Wohnungssektor und vorhandene verschiedene Programme bzw. Projekte außerhalb der Erörterung dieses Beitrags bleiben; hiermit beschäftigen sich andere Beiträge (siehe nachfolgend HEREIJGERS und SCHOEN).

Allgemeines zum Wohnungsmarkt in New York City

New York City (NYC) besteht aus fünf *boroughs* (Bezirken): Manhattan, the Bronx, Brooklyn, Queens und Staten Island (siehe Abb.1). Im folgenden werden jeweils zu Bevölkerung, Wohnungsbestand, Miete und Einkommen einige Deskriptionen geliefert, die die ganze Stadt oder ggf. einzelne *boroughs* betreffen.

Bevölkerung

Nach den gewaltigen Bevölkerungsverlusten in den 70er Jahren ist in NYC seit etwa Anfang der 80er Jahre ein Bevölkerungswachstum zu verzeichnen: 1986 beträgt die Einwohnerzahl der Stadt 7,2 Mio., etwa 180.000 mehr als im Jahre 1980.[5] Hinzu kommen die in der Statistik nicht auftauchenden, nicht registrierten Einwohner, deren Anteil von der *Regional Plan Association* auf 16 - 20 % geschätzt wird.[6]

Entsprechend dem Bevölkerungswachstum nahm auch die Zahl der Haushalte zu: 1984 gab es insgesamt 2,7 Mio. Haushalte, etwa 1 % mehr als im Jahre 1981, darunter sind 1,94 Mio., also ca. 72 % Mieterhaushalte.[7] Die Entwicklung der Haushaltszahlen ist je nach *borough* unterschiedlich; Tabelle 1 gibt einen Überblick hierüber.

Tab.1: Entwicklung der Haushaltszahlen nach Bezirken, 1981-84 (in Tausend)

Bezirke	Haushalte insgesamt 1981 1984		Ab- (-) bzw. Zunahme (+) der Mieterhaushalte	Ab- (-) bzw. Zunahme (+) der Eigentümerhaushalte	Entwicklung
Bronx	414	404	-12,6	+ 3,2	- 9,4
Brooklyn	801	803	- 9,7	+11,9	+ 2,2
Manhattan	661	670	-12,0	+21,0	+ 9,0
Queens	694	705	---	+10,3	+10,3
Staten Island	111	115	+ 1,0	+ 3,0	+ 4,0

Quelle: Eigene Zusammenstellung nach STEGMAN 1984, S. 1 und 10.

Wie aus der Tabelle ersichtlich, ist das Wachstum der Haushaltszahl lediglich durch das überproportionale Wachstum der Eigentümerhaushalte bedingt.

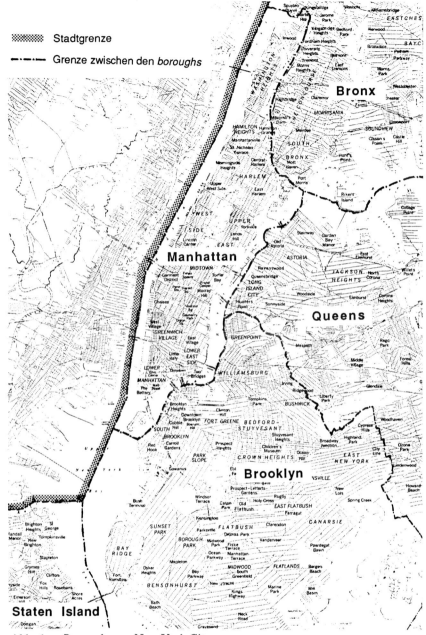

Abb. 1: *Boroughs* von New York City
Quelle: NEW YORK CITY PLANNING COMMISION, Plan for New York City, Bd. 1, New York 1969, S. 116, eigene Ergänzungen

Nach Angaben von Armstrong hält die Tendenz der rasch wachsenden Zahl der Eigentümerhaushalte bei kleiner werdender Anzahl der Mieterhaushalte noch bis heute unvermindert an.[8]

Auch die ethnische Zusammensetzung der Stadtbevölkerung zeugt von gewaltigen Umstrukturierungsprozessen; während die Zahl der Schwarzen, der Puertoricaner und der Asiaten wächst, schrumpft die Anzahl der nicht-puertoricanischen Weißen. Schon war ein Großteil der 1,2 Mio. Menschen, die die Stadt in den 70er Jahren verlassen haben, nicht-puertoricanische Weiße - zwischen 1981 und 1984 reduzierte sich deren Zahl in der Stadt insgesamt um etwa 4,5 %, während im gleichen Zeitraum die Zahl der Schwarzen um 10,3 % und die der Puertoricaner um 1,2 % zunahm. Hinzu kommen die von dem *Bureau of Census* als "andere" klassifizierten, zum großen Teil aus Asien stammenden Menschen, deren Anzahl im gleichen Zeitraum um 48 % zunahm.[9] Ferner gibt es in NYC, wie überall in den USA, die sich als Einwanderungsland verstehen, jedes Jahr neue Einwanderer, deren Zahl jedoch für das ganze Land auf 400.000 Menschen pro Jahr begrenzt ist. Nach einer Quotierung kommen von diesen Migranten offiziell jährlich 95.000 nach NYC.[10] Gegenwärtig beträgt der Anteil der Schwarzen ca. 25 %, der der *hispanics* (meist Puertoricaner) 12 % und der der Asiaten 10 % der Stadtbevölkerung.[11] Somit gehört etwa die Hälfte der Stadtbevölkerung zu den sogenannten ethnischen Minderheiten.

Typisch für New Yorker Haushalte sind die Erwachsenenhaushalte; nur knapp 14 % aller Haushalte hatten 1984 ein Kind unter 6 Jahren (bei den Eigentümerhaushalten sinkt dieser Prozentsatz sogar auf 6). Etwa ein Drittel aller Mieterhaushalte (in Manhattan sogar die Hälfte) besteht aus Einpersonenhaushalten. Auch der Anteil der älteren Menschen ist relativ hoch: Etwa 20 % aller Mieter sind über 65 Jahre alt. Nicht zuletzt ist der hohe Anteil der von Frauen geführten Haushalte zu erwähnen, deren Anteil etwa 44 % aller Mieterhaushalte ausmacht, die wiederum zur Hälfte Schwarze oder Puertoricanerinnen sind.[12]

Wohnungsbestand und -bedarf

Die Gesamtzahl der Wohneinheiten (WE) in NYC hat eine leicht steigende Tendenz: Betrug sie 1978 2,78 Mio., so belief sie sich 1986 auf 2,85 Mio.[13] Die durchschnittliche Haushaltsgröße beträgt somit 2,53 Personen / WE. Das Spezifische auf dem Wohnungsmarkt New Yorks ist erstens mit etwa 50 % der überproportionale Anteil von Häusern mit mindestens 6 Wohneinheiten (in den USA befinden sich zwei Drittel aller Wohneinheiten in Häusern mit max. 4 Wohneinheiten) und zweitens der überproportionale Anteil der Altbauwohnungen: Etwa 63 % aller Mietwohneinheiten sind vor 1947, 37 % vor 1929 und etwa 10 % vor 1901 erstellt.[14]

Die quantitative Entwicklung der Wohneinheiten ab 1978 ist aus der Tabelle 2 ersichtlich.

Tab. 2: Entwicklung des Wohnungsbestandes in New York City 1978 - 84 (in Tausend)

Merkmal der WE	Gesamtzahl			prozentuale Zu- (+) und Abnahme (-) 1981 -1984
	1978	1981	1984	
Mietwohneinheiten insgesamt	1.989	1.976	1.940	- 1,8%
darunter bewohnt	1.930	1.934	1.901	- 1,7%
leer	59	42	39	-6,0%
Eigentumswohneinheiten insgesamt	735	755	801	+ 6,9%
darunter bewohnt	727	746	795	+ 6,5%
leer	8	9	12	+ 37,0%
nicht bewohnbare WE	45	49	41	- 16,5%
Anteil der bewohnten Eigentümerwohneinheiten	27,4%	27,8%	29,5%	
Anteil der bewohnten Mietwohneinheiten	72,6%	72,2%	70,5%	

Quelle: STEGMAN, 1984, S. 10 - 11

Wie aus dieser Tabelle hervorgeht, ist die leichte Zunahme des Gesamtwohnungsbestandes mit gleichzeitiger Abnahme des Mietwohnungsbestandes auf die überproportionale Zunahme der Eigentumswohneinheiten zurückzuführen. Dabei wuchs die Anzahl der sogenannten *condominiums* und *co-ops* (Eigentumswohnungen in Mehrfamilienhäusern) zwischen 1981 und 1984 um 40 % auf 147.000.[15] Dennoch bleibt der Mietwohnungssektor der wichtigste auf dem Wohnungsmarkt.

Die Disparitäten auf dem Wohnungsmarkt New Yorks zeigen sich u.a. durch den Rückgang des Leerstands im Mietwohnungssektor mit gleichzeitig wachsender Überbelegung. Die Zahl der verfügbaren leerstehenden Mietwohnungen ging von 59.000 im Jahre 1978 auf 39.500 im Jahre 1984 zurück; diese Zahl entspricht einem Anteil von 2 % aller verfügbaren Mietwohnungen und stellt die niedrigste Quote seit 15 Jahren dar.[16] Wird der Leerstand an der Miethöhe gemessen, so ist festzustellen, daß die Leerstandsrate bei preiswerten Mietwohnungen wesentlich geringer ist als bei teuren Wohnungen: Bei Wohnungen bis zu einer Monatsmiete von $ 200 betrug diese Quote 1984 weniger als 1 %, während sie sich bei Wohnungen mit einer Monatsmiete von über $ 500 auf über 3 % belief.[17]

Parallel zur kleiner werdenden Leerstandsrate nahm die Überbelegung (mehr als eine Person je Zimmer) seit Anfang der 80er Jahre zu: Gab es 1981 123.000 überbelegte Wohnungen, so betrug diese Zahl 1984 144.000; noch ernsthafter ist die Zunahme der stark überbelegten Wohnungen (mehr als 1,5 Personen je Zimmer), deren Anzahl 1981 31.000 betrug und innerhalb von drei Jahren um 45 % auf 45.000 stieg.[18] Das sogenannte *doubling-up*-Phänomen (Teilung einer Wohnung durch zwei Familien wegen hoher Mieten) ist, obwohl teilweise illegal, mehr verbreitet denn je: 1987 wird die Zahl der in *doubled-up* Wohneinheiten lebenden Haushalte auf knapp 70.000 geschätzt.[19]

In diesem Zusammenhang ist zu erwähnen, daß in NYC für Wohnraum unterschiedliche Mietpreisregulierungen existieren, die im folgenden kurz skizziert werden:

1) *rent control* (Mietkontrolle) ist eine relativ restriktive Mietpreisbindung mit max. 4 %iger jährlicher Mietpreissteigerung. Wohnungen, die einer Mietkontrolle unterliegen, sind nahezu ausschließlich vor 1947 erstellt; deren Anteil am gesamten Mietwohnungsbestand nimmt rapide ab (1975: 642.000 WE, 1978: 402.000 WE, 1981: 286.000 WE, 1984: 218.000 WE), weil sie bei Neuvermietungen aus dieser Kategorie herausfallen und der nächstdargestellten Kategorie angehören (vacancy decontrol). 1984 betrug der Anteil dieser Wohnungen 11 % aller bewohnten Mietwohnungen.

2) *rent stabilization* (Mietstabilisierung) bildet eine Art von Mietpreisbindung, die allerdings wesentlich lockerer ist als die erste Kategorie; hier werden Mieterhöhungen jährlich von einer offiziellen Kommission, *Rent Guidelines Board*, neu festgesetzt. 1984 gehörte etwa die Hälfte aller bewohnten Mietwohnungen zu dieser Kategorie.

3) *public housing* (Sozialwohnungen) unterliegen auch einer Mietpreisregulierung mit jährlich festgesetzte Mieterhöhungen; 1984 waren etwa 9 % aller bewohnten Mietwohnungen in dieser Kategorie (166.000 WE).

Mit Ausnahme vom sogenannten *state - or city - assisted housing*, der die Kategorie der verschiedenen, öffentlich geförderten Wohnungsprojekte bezeichnet und 1984 etwa 2 % des gesamten bewohnten Mietwohnungsbestandes ausmachte, existieren für die restlichen verfügbaren Wohnungen keinerlei Mietpreisbindungen.[20]

Eine Durchsicht der Verschiebungen innerhalb dieser Kategorien zeigt, daß die Anzahl der irgend einer Mietpreisregulierung unterliegenden Wohneinheiten stark abnimmt (von 1.412.000 WE im Jahre 1975 auf 1.161.000 WE 1984 [21]), wobei die "Mietkontrolle" quantitativ allmählich verschwindet.

Der Stadt New York gehörten 1984 ca. 46.000 bewohnte Wohnungen (35 % mehr als im Jahre 1981) in Häusern, die von ihren Eigentümern mit erheblichen Steuerschulden aufgegeben wurden (housing abandonment; hierauf kommen wir später).

Mehrheitlich befindet sich dieser Bestand, genannt *in rem*, in schlechtem Zustand und steht in Blöcken mit wegen Unbewohnbarkeit zugesperrten Häusern; er konzentriert sich in Brooklyn (46 %), Bronx (25 %) und Manhattan (25 %). Bewohner von *in rem* Wohnungen sind mehrheitlich Angehörige der ethnischen Minderheiten (51 % Schwarze, 26 % Puertoricaner und nur 17 % Nicht-Puertoricanische Weiße) sowie der unteren Einkommensschichten (oft Sozialhilfeempfänger), deren Haushaltsvorstände mehrheitlich weiblich (60 %) - oft alleinerziehende Mütter - sind.[22]

Eine quantitative Durchsicht von Wohnungen, die dem Markt verlorengehen bzw. neu hinzukommen (Verluste und Gewinne), deutet unter Berücksichtigung der Bevölkerungsentwicklung auf eine wachsende Wohnungsknappheit hin. Wohnungsverluste entstehen hauptsächlich durch *abandonment* (mit der Folge von Abriß, Brandstiftung, Zusperren wegen Unbewohnbarkeit etc.), Umnutzung, Zusammenlegung und die Wohnungsgewinne dagegen durch Neubau, Umnutzung, Wohnungsteilung und Modernisierung; sie wird in der Regel in dem Prozeß der *gentrification* ("Veredelung" innerstädtischer Gebiete; hierzu wird später einiges ausgeführt) auf privater Basis vorgenommen. In der gesammten Palette der Wohnungsgewinne fallen die durch öffentliche Förderung für untere Einkommensschichten durchgeführten Modernisierungen (rehabilitation) kaum ins Gewicht (etwa 4.000 WE/Jahr).

Die größten Wohnungsverluste waren Anfang/Mitte der 70er Jahre zu verzeichnen: Zwischen 1970 und 1978 hat die Stadt brutto insgesamt 311.030 WE verloren, aber im gleichen Zeitraum nahm auch die Bevölkerung um 732.000 Personen ab, und somit entspricht diese Relation einem Realverlust von weniger als einer halben WE je Person . Dieses Verhältnis hat sich seit 1978 verschlechtert: Zwischen 1978 und 1981 war die Zahl der WE-Verluste fast so groß wie die der Bevölkerungsverluste (81.000 WE bzw. 86.000 Personen) und zwischen 1981 und 1984 verlor die Stadt 69.000 WE, während sie einen Bevölkerungsgewinn von 88.000 Personen aufwies, wobei anzumerken ist, daß in dieser Periode ca. 78 % der WE-Verluste Mietwohnungen waren.[23]

Diesen Verlusten stehen die WE-Gewinne gegenüber: Zwischen 1978 und 1981 betrug die Zahl der neugeschaffenen WE 73.000 und zwischen 1981 und 1984 81.000; hieraus ist abzuleiten, daß die Stadt in der letztgenannten Phase netto ca. 11.000 WE gewonnen hat.[24] Korreliert man allerdings diese WE-Bilanzierung mit der Bevölkerungsentwicklung, so wird deutlich, daß die Quote WE-Zahl pro Person sich verkleinert hat. Noch wichtiger scheint die Frage, auf welchen Teilmärkten die Gewinne zu verzeichnen sind: Zwischen 1981 und 1984 wurden 25.000 WE nahezu ausschließlich für obere Einkommensschichten neugebaut, 32.000 WE durch Modernisierung gewonnen, wobei ein Großteil hiervon (20.000 WE) im Prozeß der *gentrification* mit ebenso hohen Mieten entstanden ist und nur 12.000 WE im Rahmen von Förderungsprogrammen (vor allem dem sogenannten *Federal Section 8 Program*) für untere Einkommensschichten "rehabilitiert" (d.h. instandgesetzt) wurden. Weitere 15.000 WE entstanden durch Umnutzung vor allem der Fabriketagen (*lofts*) mit wiederum hohen Mieten und ca. 9.000 WE (meist kleine) gewann der Markt infolge der Bilanzierung von Wohnungsteilungen und -zusammenlegungen.[25]

Nicht zuletzt ist auf die Zunahme der Neubautätigkeit in den letzten Jahren hinzuweisen, durch die allein im Jahr 1985 knapp 20.000 WE in NYC erstellt wurden, darunter 14.000 WE lediglich in Manhattan.[26]

Die Wohnungsbehörde der Stadt New York versorgt zwar mehr als 175.000 Familien mit Wohnung, doch warten etwa 200.000 Familien dringlich auf eine Sozialwohnung, wobei die jährliche Fluktuation hier unter 4 % liegt - eine Situation, die die Doppelbelegung von Wohnungen verstärkt.[27]

Eine globale Sicht ergibt für NYC ein düsteres Bild: In einer Wohnungsmarktanalyse wird das gegenwärtige Defizit an Wohnungen unter Berücksichtigung der Obdachlosen, der Doppelbelegungen, der unbewohnbaren Wohnungen und eines notwendigen Angebotsüberhangs insgesamt auf 231.000 Wohneinheiten geschätzt; weitere 447.000 Wohneinheiten (391.000 Mietwohnungen und 56.000 Eigentumswohnungen) müssen dringend instandgesetzt werden, sollten sie dem Wohnungsmarkt erhalten bleiben.[28] Für das Jahr 2000 wird hier - mit Rücksicht auf die Bevölkerungsentwicklung - insgesamt ein Defizit von 372.000 Wohneinheiten prognostiziert, wenn nicht jährlich ca. 28.000 Wohnungen produziert werden.[29]

Miete und Einkommen

Die Entwicklung in den 80er Jahren in NYC verdeutlicht die Verschlechterung der Wohnungsversorgung: Sie ist gekennzeichnet durch Realmietsteigerungen einerseits und sinkende Einkommen andererseits.

Die durchschnittliche monatliche Kaltmiete (inkl. Betriebskosten ohne Heizung) betrug 1984 in NYC für alle Mietwohnungen $ 330 und dies ist 25 % höher als im Jahr 1981, wobei diese Summe 1984 für WE mit einer "Mietkontrolle" durchschnittlich bei $ 259 und für WE mit "Mietstabilisierung" bei $ 372 lag.[30] Demgegenüber steht zwischen 1981 und 1984 eine allgemeine Verteuerungsquote von 18,1 % (nach *consumer price index*). Eine inflations-bereinigte Betrachtung der durchschnittlichen Mietpreissteigerung ergibt, daß sie zwischen 1978 und 1981 leicht gesunken, aber zwischen 1981 und 1984 um ca. 6 % gestiegen ist.[31] Wichtig in diesem Kontext sind die überdurchschnittlichen Mietsteigerungen beim billigen Wohnungsbestand: Zwischen 1981 und 1984 stiegen die Mieten der Wohnungen, die durch Neuvermietung von "Mietkontrolle" zu "Mietstabilisierung" statusgewechselt haben, durchschnittlich um 60 % (durchschnittliche Kaltmiete: 1981 $ 217 bzw. 1984 $ 345); bei etwa weiteren 11 % aller Wohnungen gab es im gleichen Zeitraum Mietpreissteigerungen über 50 %, obwohl diese keine Statusveränderung erfuhren.[32]

Selbstverständlich gibt es zwischen Mietpreisen je nach Lage der Wohnung in der Stadt enorme Unterschiede; die *boroughs* Richmond (Staten Island) und Queens weisen die höchsten Durchschnittsmieten auf und Bronx hingegen die niedrigsten.[33] In NYC stellt es keine Seltenheit dar, wenn in Manhattan, z.B. in Upper East Side oder in *Downtown*, für eine Einzimmerwohnung mit ca. 30-35 qm Mietpreise bis zu $ 2.000 je Monat verlangt und gezahlt werden.

Dieser Mietpreisentwicklung stehen kontinuierlich sinkende Realeinkommen vor allem der Mieterhaushalte gegenüber. Daß das jährlich durchschnittliche Haushaltseinkommen zwischen 1981 und 1983 um 27 % auf $ 16.166,27 gestiegen ist, besagt wenig über die Einkommensentwicklung der Mieterhaushalte bzw. der unteren Einkommensschichten; 1983 betrug das jährliche durchschnittliche Einkommen der Mieterhaushalte $ 12.797 und das der Eigentümerhaushalte $ 25.183, wobei anzumerken ist, daß die Mieterhaushalte durchschnittlich größer sind als die Eigentümerhaushalte.[34] Bei den Eigentümerhaushalten wächst das jährliche durchschnittliche Haushaltseinkommen der privaten Wohnungseigentümer (*co-op* oder *condominium*) am meisten: 1983 betrug es $ 34.757 und somit 44 % mehr als im Jahre 1980, während Eigentümer der übrigen Wohnhäuser 1983 über ein jährliches durchschnittliches Haushaltseinkommen von $ 24.247 verfügten (18 % höher als im Jahre 1980 [35]).

Ein Vergleich dieser Zahlen macht deutlich, daß sich die Schere zwischen dem Einkommen der Mieterhaushalte und dem der Eigentümerhaushalte weiter öffnet: 1977 betrug das jährliche durchschnittliche Haushaltseinkommen der Mieterhaushalte ca. 58 % des der Eigentümerhaushalte, während sich dieser Prozentsatz 1983 nur noch auf 51 % belief.[36] Daß die Einkommen der Mieterhaushalte kontinuierlich sinken, macht auch folgender Vergleich deutlich: Gemessen an der Kaufkraft des US-Dollar im Jahr 1967 betrug das durchschnittliche Einkommen der Mieterhaushalte 1976 $ 5.400, 1977 $ 4.800 und 1983 $ 4.400; entsprechende Summen sehen für Eigentümerhaushalte umgekehrt aus: 1978 $ 8.400, 1981 $ 8.600 und 1984 $ 8.700.[37]

Die ungleiche Einkommensverteilung ist ablesbar auch durch folgenden Vergleich: Die reichsten 20 % aller New Yorker Haushalte hatten 1983 ein durchschnittliches Einkommen von $ 47.000, und deren Gesamteinkommen betrug 46 % der Gesamtsumme aller Haushaltseinkommen der Stadtbevölkerung; demgegenüber hatten die ärmsten 20 % aller Haushalte im gleichen Jahr ein durchschnittliches Einkommen von $ 4.300, also nur ein Elftel jener Haushalte, mit einem Anteil von nur 4 % der Gesamtsumme aller Haushaltseinkommen der Stadtbevölkerung.[38]

Eine gruppenspezifische Betrachtung der Einkommenverteilung macht weitere Unterschiede deutlich: Das jährliche durchschnittliche Einkommen der nicht-puertoricanischen weißen Mieterhaushalte wuchs zwischen 1980 und 1983 (von $ 13.474 auf $ 17.326) schneller als das der Schwarzen (von $ 9.142 auf $ 10.957) und das der Puertoricaner (von $ 6.460 auf $ 7.698). Das zeigt, daß die schwarzen Mieterhaushalte 1983 durchschnittlich lediglich über 63 % und die puertoricanischen sogar nur über 44 % des Einkommens der nicht-puertoricanischen weißen Mieterhaushalte verfügten, obwohl diese Haushalte, wie bereits erwähnt, kleiner sind als jene. Auch die Haushalte der alten Menschen (mit einem Haushaltsvorstand 65 Jahre und älter) bilden die Gruppe, die unter ungleicher Einkommensverteilung leidet: Mit einem durchschnittlichen Einkommen von $ 7.356 hatten sie 1983 etwa die Hälfte dessen, was den jüngeren Haushalten zur Verfügung stand.[39]

Daß die Einkommensentwicklung je nach *borough* unterschiedlich ist, vesteht sich: 1983 hatten Mieterhaushalte in Queens und Staten Island die höchsten jährlichen durchschnittlichen Einkommen ($ 16.448 bzw. $ 15.810), und unter den Eigentümerhaushalten verfügten diejenigen, die in Manhattan wohnten, über das höchste durchschnittliche Einkommen ($ 40.025 [40]).

Ein weiteres Indiz für die ungleiche Einkommensverteilung ist die Tatsache, daß das Einkommen von 27 % aller Mieter der Stadt New York 1984 unter der offiziellen Armutsgrenze lag; das sind knapp 400.000 Haushalte.[41]

Das Verhältnis Miete/Einkommen hat sich ebenfalls verschlechtert: Bezogen auf alle Mieterhaushalte betrug 1981 der Anteil der Miete am Einkommen durchschnittlich 28 % und 1984 29,1 % ; 1984 mußten 60 % aller Haushalte der Stadt mehr als 25 % ihres Einkommens für die Miete aufbringen, etwa ein Drittel mehr als 40 % und etwa jeder fünfte Haushalt sogar mehr als 50 %.[42] Dabei sind es wiederum Haushalte der Schwarzen und Puertoricaner sowie von Frauen geführte Haushalte, die den größten Teil ihres Einkommens für die Miete aufbringen müssen.[43]

Ein Mieterhaushalt mit durchschnittlichem Jahreseinkommen ($ 12.797) kann nur eine Höchstmiete von $ 320 pro Monat zahlen, wenn er nicht mehr als 30 % seines Einkommens für die Miete aufbringen soll. Mit den gegenwärtigen Neubaupreisen in Höhe von $ 200 / *square foot* (entspricht $ 2.152 / qm) steht demgegenüber eine "Marktmiete" in Höhe von $ 2.000 und mehr;[44] es liegt also auf der Hand, daß die öffentliche Hand nicht auf den "freien" Markt setzen kann und auf jeden Fall intervenieren muß, will sie die Wohnungsversorgung gewährleisten und die vorhandene Wohnungsknappheit beseitigen.

Prozesse auf dem Wohnungsmarkt

Die bisherige, hauptsächlich quantitative und somit relativ trockene Erörterung der Situation auf dem Wohnungsmarkt in NYC gibt zwar einen Überblick über die Größenordnungen und Entwicklungen in Richtung zunehmender Einkommenspolarisation und sich verschärfender Wohnungsnot, liefert allerdings kaum Informationen über die Prozesse, die auf dem Wohnungsmarkt zu beobachten sind, und deren Hintergründe. Im folgenden werden diese Aspekte in gebotener Kürze im Rahmen dieses Artikels diskutiert.

Phänomene auf dem Wohnungsmarkt, die mit den Begriffen wie *abandonment*, *gen-*

trification oder *displacement* (Umsiedlung) umschrieben werden, stehen in unmittelbarem Zusammenhang mit den ökonomischen Veränderungs- und Umstrukturierungsprozessen, die sicherlich nicht nur NYC eigen sind, sich aber auch hier vollziehen. Sie sind gekennzeichnet durch eine wachsende Tertiärisierung, d.h. durch die Reduktion der traditionellen Produktion in der Industrie und Manufaktur mit gleichzeitigem Wachstum der Automation und der Dienstleistungen (siehe auch Beitrag von CLAUSSEN), insbesondere im zunehmend professionalisierten Bereich des Managements und der technischen Funktionen: NYC hat zwischen 1980 und 1986 239.000 neue Arbeitsplätze geschaffen und dies entspricht einem Wachstum von 7 % auf insgesamt 3,5 Mio., wobei in dieser Periode die Zahl der hauptsächlich von Migranten besetzten Arbeitsplätze in der Manufaktur um 108.000 bzw. 22 % abnahm und auf 390.000 schrumpfte, während die Zahl der gutdotierten Arbeitsplätze im Dienstleistungssektor - insbesondere im Bereich der Datenverarbeitung - um 183.000 bzw. 21 % zunahm und auf 1,1 Million stieg.[45] Wichtigste Folge dieses langfristigen Prozesses ist die Veränderung der Nachfragestrukturen auf dem Arbeitsmarkt; zum einen sinkt die Nachfrage nach Angelernten oder Facharbeitern zugunsten ungelernter Arbeiter als Folge der Automation, zum anderen wächst die Nachfrage nach hochqualifizierten Fachkräften. Für den Wohnungsmarkt bedeutet dies, allgemein gesprochen, eine Verringerung der Zahlungsfähigkeit der unteren und mittleren Einkommensschichten mit gleichzeitigem Wachstum der Zahlungsfähigkeit der höheren Einkommensschichten, also eine materielle Polarisierung, die natürlich nicht nur den Wohnungsmarkt betrifft.[46]

Die räumlichen Auswirkungen dieses ökonomischen Prozesses in NYC können am besten in Manhattan exemplifiziert werden: Manhattan hat (1986) ca. 1,5 Mio. Einwohner, worunter etwa die Hälfte der erwerbstätigen Bevölkerung angehören und etwa 200.000 für die Arbeit auspendeln. Daraus geht hervor, daß etwa 550.000 Menschen in Manhattan wohnen und arbeiten. Hingegen beträgt die Zahl der Arbeitsplätze in Manhattan 2,4 Mio. und darunter etwa 2,1 Mio. konzentriert allein in *Midtown* und *Downtown*.[47] Hinzu kommen die in der Statistik nicht erfaßten Arbeitsplätze, die von der *Regional Plan Association* auf ca. 16 - 20 % geschätzt werden. In Manhattan sind über 70 % der statistisch erfaßten Arbeitsplätze sogenannte *white collar jobs*, also überwiegend qualifizierte Arbeitsplätze im Dienstleistungssektor. Es wird zur Zeit von einem Wachstum der Arbeitsplätze in NYC um ca. 10 % bis zum Jahre 2000 ausgegangen. Zu diesen Zahlen kommen die Touristen in Manhattan, die die Tagesbevölkerung durchschnittlich um ca. 1 Mio. erhöhen.

Dieses Bild von etwa 2 Mio. Menschen, die zu ihren überwiegend hochqualifizierten Arbeitsplätzen tagtäglich nach Manhattan einpendeln, oft sogenannte *yuppies*, verdeutlicht, welch ein enormer Nachfragedruck auf dem Wohnungsmarkt Manhattans existiert, denn viele von den Einpendlern würden es sicherlich vorziehen, in Manhattan zu wohnen und dafür mehr Miete zu zahlen, als jeden Tag stundenlang Zeit in den öffentlichen Verkehrsmitteln zu verbringen, die kaum noch imstande sind, die wachsende Nachfrage zu bewältigen, oder in Autos im zähflüssig rollenden Verkehr Manhattans.

Die Folgen dieser Entwicklung auf die Nutzungen kann man sich leicht ausmalen: Die Expansion der Büroflächen verdrängt die Wohnnutzung, insbesondere in *Downtown* und *Midtown* und in deren Umgebung, und bei der Wohnnutzung, die sich in Grenzgebieten von Wirtschaftszentren behaupten kann oder neu entsteht, wird höchstmögliche Miete - also auch Einkommen - verlangt. Außeracht bleibt hier das Hotellerie- und Beherbergungsgewerbe, das auch einen enormen Umnutzungsdruck auf dem Wohnungsmarkt ausübt.

Vor dem Hintergrund der ökonomischen Umstrukturierungsprozesse und des hierin begründeten Drucks auf den Wohnungsmarkt erscheint das Phänomen *gentrification*, "Veredelung" und Modernisierung von Wohngebieten für die zahlungskräftige Nachfrage in der Innenstadt, die vor allem in der Nähe von Wirtschaftszentren liegen. Das bedeutet, daß *gentrification* keine flächendeckende Erscheinung ist, sondern, im Gegenteil, in - von Immobilienspekulanten - sorgfältig ausgewählten Gebieten stattfindet. Ein weiterer wichtiger Aspekt ist, daß *gentrification* eher eine Mobilität, eine Umschichtung innerhalb der Stadt verursacht als eine Zuwanderung in die Innenstadt. Die Umsiedlungen in NYC, die durch *gentrification* hervorgerufen werden, umfassen nach Berechnungen von Marcuse 10.000 bis 40.000 Haushalte (25.000 bis 100.000 Personen) pro Jahr, je nachdem, wieweit der mittelbare Umzugsdruck auf die Berechnung einbezogen wird.[48]

Umsiedlungen werden allerdings vor allem durch *abandonment* verursacht, durch ein in NYC verbreitetes Phänomen, indem die Eigentümer die Wohngebäude bis zur Unbewohnbarkeit herunterwirtschaften mit höchstmöglicher Miete und gleichzeitiger Einstellung von allerlei Ausgaben für Instandsetzung und von Steuerzahlungen (*milking of property* - das Melken von Eigentum), um die höchstmögliche Rendite zu erzielen und dann zu verschwinden. Diese Häuser gehen dann in das Eigentum der Stadt über (*in rem*-Bestand), die ihrerseits wenig Interesse daran hat, sie zu reparieren und zu bewirtschaften, weil sie enorme Kosten verursachen, sollten sie wieder bewohnbar gemacht werden. So versucht die Stadt, diese Häuser durch verschiedene Programme an die Mieter weiterzugeben mit der Voraussetzung, daß sie sich organisieren und für die Instandsetzung und laufende Bewirtschaftung verpflichten (siehe hierzu den Beitrag von SCHOEN). *Abandonment* drückt eine Verwahrlosung großer Wohngebiete aus, in denen oft binnen kürzester Zeit ein Bevölkerungsaustausch stattfindet - zahlungskräftige (weiße) Mieter verlassen solche Gebiete, in denen Wohnungen teilweise leerstehen und teilweise von Bevölkerungsschichten mit niedrigem Einkommen bewohnt werden (meist Schwarze und Puertoricaner). *Abandonment* tritt ein, wenn privat und/oder öffentlich an der Investition in ein Gebiet kein langfristiges Interesse existiert. Hierzu gehören sicherlich auch die Banken, die sich weigern, in bestimmten Gebieten - oft sogenannten "Armutsgebieten" - Hypothekenkredite zu gewähren (sogenanntes *red lining*).[49] Nach Einschätzung von Marcuse werden jährlich 31.000 bis 60.000 Haushalte (eher die zweite Zahl) durch *abandonment* gezwungen umzuziehen (bis zu 150.000 Personen pro Jahr [50]).

Die offizielle Lesart sieht *gentrification* als ein positives Phänomen und als einzig realistische Möglichkeit, *abandonment* zu heilen; Marcuse faßt die drei Annahmen der Politik folgendermaßen zusammen:

" (a) *Abandonment* ist schmerzhaft aber unvermeidbar. Die offizielle Politik kann es nicht umkehren; im besten Fall kann sie es auf bestimmte Nachbarschaften begrenzen. Deshalb ist eine Politik der geplanten Schrumpfung, der *triage* notwendig, in der bestimmte Nachbarschaften total aufgegeben werden, um andere zu retten.

(b) *Gentrification* verbessert die Qualität von Wohnungsbestand, trägt zur Verbesserung der Steuerbasis bei und revitalisiert wichtige Teile der Stadt. Die dadurch verursachte (wenn überhaupt) Umsiedlung ist nebensächlich. Deshalb ist eine Politik der Ermutigung durch Steuervorteile, Bebauungsveränderungen oder andere geeignete Mittel zu verfolgen.

(c) Im Grunde genommen ist *gentrification* die einzig realistische Heilung für *abandonment*. Vor allem in einer Zeit der engen Haushaltsfinanzen kann die öffentliche Hand *abandonment* nicht entgehen ... Nur eine volle Ausnutzung der Möglichkeiten des privaten Sektors kann dies erreichen ..."[51]

Ohne hier den Anspruch zu erheben, die Politik der Stadtverwaltung zu analysieren, sei folgendes angemerkt: Zwei Gesetze in NYC, sogenannte "J-51" und "421", sollten nach Aussage des Bürgermeisters Koch die Bauherren durch Steuerersparnisse dort zu kleinen Investitionen und zur Verbesserung der Wohnsubstanz motivieren, wo sonst keine Privatinvestitionen fließen würden; dadurch sollte der billige Wohnraum erhalten bzw. verbessert werden. Die Untersuchungen über die Anwendung dieser Gesetze kamen allerdings zu dem Schluß, daß die hierdurch der öffentlichen Hand entstandenen Steuermindereinnahmen, die über 2 Milliarden Dollar betragen, den bekannten Bauspekulanten der Stadt zugute kamen, die hierdurch tausende luxuriöse Eigentumswohnungen in nobelsten Gegenden Manhattans errichteten (z.B. in 5. Avenue und Parkavenue), die sie auch ohne öffentliche Gelder profitabel hätten bauen können.[52] Stattdessen hätte man mit diesen Geldern sicherlich "... hunderttausende Einheiten für Menschen mit niedrigen Einkommen oder bescheidenen Einkommen instandsetzen oder bauen können. Die grundsätzliche Ungerechtigkeit dieser Programme wird noch durch ihre finanziellen Auswirkungen auf die Stadtkämmerei, alle nicht subventionierten Firmen, Mieter, Steuerzahler und wohl am stärksten auf die herausgesetzten Mieter unterstrichen."[53]

Mitte 1986 verkündete Bürgermeister Koch ein sehr umfangreiches zehnjähriges Förderungsprogramm mit einem Gesamtvolumen von $ 4,2 Milliarden, in dessen Rahmen ab 1988 252.000 Wohneinheiten instandgesetzt, modernisiert bzw. neugebaut werden sollen. Im einzelnen sieht das Programm vor:

- $ 2,7 Milliarden für Haushalte mit einem jährlichen Einkommen bis zu $ 15.000 (untere Einkommensschicht); dabei soll die Rekonstruktion von 16.000 leerstehenden WE im *in rem* Bestand, Schutz von 74.000 WE vor *abandonment* und die Instandsetzung von 36.000 bewohnten WE aus dem stadteigenen Bestand gefördert werden (insg. 126.000 WE);

- $ 900 Millionen für Haushalte mit einem jährlichen Einkommen zwischen $15.000 und $ 25.000 ("bescheidene" Einkommensschicht); dabei soll der Neubau von 17.000 Eigentumswohnungen (darunter 10.000 aus dem *in rem* Bestand) und die Modernisierung von 76.000 Eigentumswohnungen gefördert werden;

- $ 600 Millionen für Haushalte mit einem jährlichen Einkommen zwischen $25.000 und $ 48.000 (mittlere Einkommensschicht); diese Mittel sollen in die Förderung des Neubaus von 33.000 WE einfließen.[54]

Grundsätzlich ist die Schwerpunktsetzung des Programms auf untere Einkommensschichten ein richtiger Ansatz, wobei diese Gruppe noch differenziert werden muß; ein positiver Effekt kann erst dann eintreten, wenn konkrete Projekte vorgelegt und ihre Relevanz für die unter Wohnungsnot am meisten Leidenden überprüft werden. In Anbetracht der bisherigen Politik der Stadt ist Skepsis angebracht: So ist eines der ersten konkreten Projekte, Februar 1988 vom Bürgermeister Koch bekanntgegeben, für die mittlere Einkommensschicht bestimmt; es ist das *Tibbett Gardens* Neubauprojekt in Kingsbridge/Bronx, das von der Stadt in Zusammenarbeit mit dem *Real Estate Board of New York* (wichtigster Interessenverband des Immobiliensektors) realisiert werden soll und 1.001 Eigentumswohnungen umfaßt. Günstige Produktionsbedingungen (stadteigenes Grundstück, *non-profit* Bauträger, öffentliche Subventionen, Großproduktion etc.) ermöglichen hier billigere Verkaufspreise als auf dem "freien" Markt.[55]

Nicht zuletzt erkennt man die Stoßrichtung der gegenwärtigen *Reaganomics*-Politik im Wohnungssektor am Steuerreformgesetz 1986, das alle Steuervorteile und Abschreibungsmöglichkeiten beim Wohnungsbau für untere Einkommensschichten dahingehend verändert hat, daß nun Investitionen in diesem Bereich ohne zusätzliche, fremde Investitionsmittel kaum noch möglich sind.[56]

Gegen die bisherige Politik und die positive Interpretation von *gentrification* seitens der Verwaltung wendet sich Marcuse zu Recht und merkt an, daß sich die größer werdende ökonomische Polarisation in der größer werdenden Polarisation der Nachbarschaften widerspiegelt: An einem Ende *abandonment*, am anderen *gentrification*. Er weist auf die Interdependenzen zwischen beiden Phänomenen hin: Infolge von *abandonment* verlassen einige Bewohner mit relativ hohem Einkommen (meist Weiße) eine Nachbarschaft in Richtung *downtown*, in Richtung *gentrification*-Gebiete, und andere, oft Minderbemittelte, werden zu den angrenzenden Gebieten dieser Nachbarschaft verdrängt. Dies führt dazu, daß hier größerer Nachfragedruck nach billigem Wohnraum entsteht. *Gentrification* dagegen zieht höhere Einkommensschichten in die City mit der Folge der Verminderung der Nachfrage in den verlassenen Gebieten und der erhöhten Gefahr für *abandonment*. Schließlich sind untere und unterste Einkommensschichten Opfer all dieser Prozesse auf dem Wohnungsmarkt: Sie müssen ein Gebiet verlassen, wenn die Wohnnutzung zugunsten anderer Nutzungen aufgegeben wird, weil die Grundstücke viel zu wertvoll sind, sie hier weiter wohnen zu lassen; sie müssen ein Gebiet verlassen, wenn *gentrification* ansteht, weil die Gegend für sie viel zu "gut" (also viel zu teuer) wird; sie müssen ein Gebiet verlassen, wenn *abandonment* auf der Tagesordnung steht, weil in diesen Gebieten kaum noch eine Wohnungsversorgung gewährleistet werden kann.[57]

Schlußbetrachtung

Die bisherige grobe Skizze des Wohnungsmarktes in NYC zeugt von einer beschleunigten materiellen Polarisation auch in der Wohnungsversorgung, auf deren einem Ende das Heer der (potentiellen) Obdachlosen wächst und dem anderen Ende der Luxuswohnungsbau für Reiche glanzvoll prosperiert - die Worte von Daniel Rose, einem der größten Bauspekulanten der Stadt, sprechen für sich: "Wenn einer nach New York kommt und reich ist, kann er sich eine Eigentumswohnung kaufen, doch selbst Angestellte mit mittleren bis höheren Gehältern finden in New York keine Mietwohnung, und das ist betrüblich. Ich glaube, wir haben nun bald den Punkt erreicht, an dem Museen, Universitäten und medizinische Institute kaum mehr imstande sind, helle junge Leute mit mäßigen Gehältern anzuziehen. Würden sie auch gern nach New York kommen, die knappen Mietwohnungen werden sie davon abhalten."[58] Aus dieser Situation heraus läßt sich folgendes zusammenfassen:

- Die materielle Polarisation auf dem Wohnungsmarkt New Yorks steht in unmittelbarem Zusammenhang mit den strukturellen makroökonomischen Veränderungsprozessen in den USA und stellt keine Besonderheit dar, auch wenn sie hier krasser als sonstwo zu Tage tritt. Diese Veränderungsprozesse sind gekennzeichnet durch die ökonomische Verlagerung von der traditionellen Produktion zu Dienstleistungen (Tertiärisierung), durch die Konzentration von Management der multinationalen Konzerne in der City, am Beispiel NYC in Manhattan, durch wachsende Nachfrage nach hochqualifizierten Arbeitskräften in technischen und betriebswirtschaftlichen Branchen in hochdotierten Positionen mit gleichzeitiger Abnahme des Bedarfs an einfacher Arbeitskraft sowohl in der Industrie als auch in den Dienstleistungen und nicht zuletzt durch die Expansion der Büroflächen, die die Wohnnutzung in zentralen Geschäftsbsreichen verdrängt bzw. zumindest bedroht.[59]

- Die wachsende ökonomische Polarisierung läßt sich nicht mit entweder "Prosperität" oder "Rezession" umschreiben; viel mehr findet beides parallel statt: Prosperität oben auf dem ökonomischen Spektrum und "Depression" unten.[60] Daraus folgten höhere Profitraten auf der einen und wachsende Arbeitslosigkeit auf der anderen Seite.

- Die wachsende ökonomische Polarisation innerhalb der Wohnbevölkerung verändert auch die Nachfragestrukturen auf dem Wohnungsmarkt: Einerseits eine zahlungskräftige Nachfrage, die zunehmend die City (Manhattan) als Wohnort bevorzugt und die Entstehung von teuren Luxuswohnungen (*gentrification*, Luxuswohnungsneubau, oft in Form von Eigentumswohnungen) ursächlich fördert und andererseits wachsende Zahlungsunfähigkeit, die mit wachsender Vernachlässigung großer Wohngebiete seitens der öffentlichen Hand und der Investoren einhergeht; dies führt zum endgültigen Verfall dieser Gebiete (*abandonment*).

- Gewaltige Umschichtungsprozesse innerhalb der Stadtbevölkerung und verschärftes Fortschreiten der Segregation sind die Folgen; New York City befindet sich in einem Prozeß, in dem unterschiedliche Städte innerhalb einer Stadt entstanden sind mit Ghettos der Armen und Ärmsten auf der einen und der Reichen auf der anderen Seite.

- Die zunehmende Vernachlässigung und Reduzierung der öffentlichen Dienstleistungen in den Ghettos der Armen (Schließung von Schulen, Krankenhäusern, Polizeistationen, Verschlechterung der Müllbeseitigung etc.) mit parallel wachsenden öffentlichen Investitionen in Ghettos der Reichen (Förderung von Hotelbauten in Midtown, Finanzierung von *Convention Center*, unterschiedliche Steuerprogramme etc.) verdeutlichen, daß die Politik der Stadt in die gleiche Kerbe wie die der Privatinvestoren schlägt und diesen Polarisierungsprozeß verstärkt.

Die geschilderten Antagonismen in NYC am Beispiel des Wohnungssektors werfen die dringliche Frage auf: Kann es so weitergehen bzw. wie kann es überhaupt weitergehen? Sicherlich kann durch den Hebel der Politik den Prozessen von *gentrification*, *abandonment* und der Bevölkerungsumschichtung und -umsiedlung Einhalt geboten werden, kann die Polarisierung gemildert, sogar umgekehrt werden. Die gegenwärtige, radikal investorenfreundliche Politik fordert unumgänglich eine radikale Kritik heraus, die ihrerseits auch wächst und politische Gegenkonzepte entwickelt. Die Umkehrung von gegenwärtigen Prozessen ist allerdings dann zu erwarten, wenn diese Kritik sich so formiert, daß breite und laute Widerstände überall entstehen.

Das Beispiel des organisierten Widerstandes in *Greenwich Village* in *Downtown* gegen *gentrification* zeigt, daß menschenwürdige Lebensbedingungen auch für die (und durch die) Betroffenen erkämpft werden können. Hier handelt es sich zwar weniger um die Armen und die Ärmsten als vielmehr um die Mittelschicht des Bildungsbürgertums mit entsprechender Öffentlichkeitswirksamkeit, deren Protestform jedoch Schule machen kann; bei jüngsten Protestaktionen werden Forderungen nach "*yuppie*- und *dink*freien (*dink: double income no kids*) Zonen" nicht ohne Grund laut. Nur eine Verbreiterung dieser Widerstände wird die radikale Politik der "Zwei Drittel Gesellschaft" zu Kursänderungen zugunsten breiter Einwohnerschichten der Stadt erzwingen. Es scheint, als wäre das eine Frage der Zeit.

Abb. 2: Werbung für neuerbaute Luxuswohnungen in *Midtown* Manhattan (Photo: U. Becker)

Anmerkungen

1 REHLÄNDER, J.: Endstation Bowery, in: *GEO- SPECIAL,* Nr. 4 vom 13.08.1986, S. 58
2 *DER SPIEGEL,* Nr. 36 / 1988: New York. Gib die Hälfte. Bettler werden immer aggressiver. S. 179 - 181
3 nach HELMS, HANS G: Auf dem Weg zum Schrottplatz, Köln 1984, S. 196
4 nach REHLÄNDER, a.a.O.
5 Angaben von REGINA ARMSTRONG, Regional Plan Association, Gespräch am 22.08.1986
6 ebenda
7 STEGMAN, M.A.: Housing in New York: Study of a City, New York 1984, S. 1
8 ARMSTRONG, a.a.O.
9 STEGMAN, a.a.O.
10 vgl. ARMSTRONG, a.a.O. Sie stützte sich dabei auf die Berichte des "Immigration Naturalizations Office", der offiziellen Behörde zur Regelung der Einwanderung.
11 ARMSTRONG, a.a.O.
12 STEGMAN, a.a.O.
13 vgl. STEGMAN, S. 10. Die Zahl für das Jahr 1986 wurde von C. HOWE, Direktor des "Manhattan Planning Office", in einem Gespräch am 22.08.1986 erwähnt.
14 HEINZ, W.: Selbsthilfe bei Altbauerneuerung - wohnungspolitische Alternative oder kostensparender Lückenbüßer? Berlin 1984 / DEPARTMENT OF HOUSING PRESERVATION AND DEVELOPMENT: Housing Data in NYC, New York 1985, S. V
15 STEGMAN, a.a.O., S. 2
16 MARCUSE, P.: The Homefront, in: *CITY LIMITS,* August/Sept. 1985, S. 11
17 STEGMAN, a.a.O., S. 3
18 MARCUSE, a.a.O., S. 11
19 FELSTEIN, C. / STEGMAN, M.A.: Toward the 21st Century. Housing in New York City. New York 1987, S. 7
20 DEPARTMENT OF HOUSING PRESERVATION AND DEVELOPMENT, a.a.O., S. VI
21 MARCUSE, a.a.O., S. 12
22 STEGMAN, a.a.O., S. 6
23 MARCUSE, a.a.O., S. 10f
24 ebenda
25 ebenda
26 vgl. hierzu: Statistik von "PORT AUTHORITY OF NEW YORK AND NEW JERSEY", Manuskript, N.Y. 1986, Tabelle: "Housing Construction Awards by County in the New York - New Jersey Metropolitan Region 1976-1985 (Dwelling Units)"
27 FELSTEIN / STEGMAN, a.a.O., S. II + 183
28 FELSTEIN / STEGMAN, a.a.O., S. 7
29 FELSTEIN / STEGMAN, a.a.O., S. I
30 STEGMAN, a.a.O., S. 4
31 MARCUSE, a.a.O., S. 11
32 STEGMAN, a.a.O., S. 4
33 ebenda
34 ebenda
35 ebenda
36 STEGMAN, a.a.O., S. 5
37 MARCUSE, a.a.O., S. 12
38 STEGMAN, a.a.O., S. 5
39 ebenda
40 ebenda
41 ebenda

42 REAL ESTATE BOARD OF NEW YORK: Review 1988; A Part of the Solution:The Real Estate Board- City Government Affordable Housing Program, New York 1988, S. 166
43 STEGMAN, a.a.O., S. 5
44 Diese Ziffer haben Felstein und Stegman berechnet; vgl. FELSTEIN/STEGMAN, S. VIII
45 FELSTEIN/STEGMAN, a.a.O., S. 2
46 MARCUSE, P.: Abandonment, Gentrfication and Displacement: The Linkages in New York City, in: Smith, N. / Williams, P. (Hrsg.): Gentrification of the City, Winchester, Mass. 1986, S. 154f
47 alle hier genannten Zahlen wurden von ARMSTRONG in einem Gespräch erwähnt; vgl. ARMSTRONG, a.a.O.
48 Hier unterscheidet MARCUSE zwischen ökonomisch und physisch bedingter Umsiedlung; die erste tritt ein, wenn z. B. Mieterhöhungen einen Auszug verursachen und die zweite, wenn z. B. fehlende Heizung oder Abstellung des Wassers die Bewohner zum Auszug zwingen. Vgl. MARCUSE 1986, a.a.O., S. 163
49 In ihrer Arbeit stellt SEGGEWIES die Auseinandersetzung um das Verbot bzw. die Erschwerung des "red lining"- Phänomens ausführlich dar. Vgl. SEGGEWIES, D.: Selbsthilfeansätze in der Wohnraumversorgung in New York, Diplomarbeit, TU Berlin, 1984
50 MARCUSE 1986, a.a.O., S. 159
51 Eigene Übersetzung aus: MARCUSE 1986, a.a.O., S. 153
52 HELMS, a.a.O., S. 212f
53 Aussagen von PARKER, Professor für öffentliche Verwaltung an der City University in New York, Zitat nach HELMS, a.a.O., S. 213
54 KOCH, E.I.: Pressemitteilung vom 30.04.1986 von "The City of New York, Office of the Mayor", Nr. 184-86, Manuskript, S. 3
55 REAL ESTATE BOARD OF NEW YORK, a.a.O., S. 166 - 171
56 FELSTEIN/STEGMAN, a.a.O., S. XI
57 MARCUSE 1986, a.a.O., S. 154f
58 Zitat nach HELMS, a.a.O., S. 212
59 MARCUSE 1986, a.a.O., S. 173f
60 MARCUSE 1986, a.a.O., S. 174

Ad Hereijgers

KONKURRENZKAMPF UM WOHNGEBIETE

Die "Linkage"-Politik als kommunalpolitische Antwort auf Gentrifizierungsprozesse

Binnen weniger Jahre hat sich die Gentrifizierung zu einem herausragenden Problemfeld der Stadtentwicklung entwickelt. *Gentrification* kann man umschreiben als den sozial-strukturellen Wandel eines Wohnquartiers, infolgedessen die Bevölkerung durch Zuwanderung einkommensstarker und Verdrängung einkommensschwacher Gruppen ausgetauscht wird. Wenn Stadterneuerung nicht nur auf die starken Einkommensgruppen ausgerichtet werden soll, muß eine Lösung für das Problem der Verdrängung der unteren Einkommensgruppen gefunden und ihre Wohnraumversorgung gewährleistet werden

Zu den Hintergründen der *gentrification* zählt vor allem die veränderte Wohnungsbauförderungspolitik der amerikanischen Bundesregierung, die sich aus dem sozialen Wohnungsbau nahezu vollständig zurückgezogen hat. Dadurch verlagert sich die Wohnraumversorgung auf den privaten Sektor und kann auch nicht durch den gemeinnützigen Wohnungsbau aufgefangen werden, da ein solcher nur in sehr geringem Umfang existiert.

Im folgenden sollen die wesentlichen Momente dieses Veränderungsprozesses und die Rolle der daran Beteiligten untersucht werden. Mit Blick auf die in den amerikanischen Großstädten, insbesondere aber in New York City, allgegenwärtigen Auswirkungen der *gentrification* stellt sich einerseits die Frage, wie die Wohnungsversorgung unterer Einkommensgruppen in New York City zukünftig gewährleistet werden soll, sowie andererseits die Frage nach den Zukunftsperspektiven der einzelnen Stadtteile, in denen sich die Gentrifizierung manifestiert.

Die folgenden drei Themen werden angesprochen:

- der wirtschaftsstrukturelle Wandel von New York und seine Bedeutung für den kommunalen Wohnungsmarkt,
- die jetzige Rolle der Bundes-, Landes- und Kommunalbehörden hinsichtlich der Wohnungspolitik, speziell in Bezug auf die unteren und mittleren Einkommensgruppen,
- die neuen kommunalpolitischen Initiativen, die unter dem Begriff "*linkage*" zusammengefaßt werden.

Vorausgeschickt sei die These, daß *gentrification* - ob gut oder schlecht - nicht aufzuhalten, aber wohl kontrollierbar ist, trotz oder vielleicht gerade in einem stark deregulierten System wie dem amerikanischen.

Abb. 1: Leerstehendes Wohngebäude in Harlem
(Photo: A. Schoen)

Abb.2: Neuerbaute Luxuswohnungen in *Midtown* Manhattan
(Photo: U. Becker)

Abb.3: Luxuswohnbau am UN-Plaza (Photo: Real Estate Board of New York)

Wirtschaftsstruktureller Wandel der New Yorker City

Der Rahmen, in dem *gentrification* heute stattfindet, unterscheidet sich völlig von der Situation vor zwanzig Jahren. Die Wirtschaftsstruktur von New York ändert sich rasch von einer industriellen zu einer Geschäfts- und Dienstleistungswirtschaft. Die Teilbereiche, die dabei am schnellsten wachsen, sind *Finance, Insurance* und *Real Estate* kurz *F.I.R.E.* (Finanzen, Versicherungen und Immobilien) genannt, sowie die mit diesem Bereich funktional verflochtenen Dienstleistungen. Die Zahl der Arbeitsplätze wächst am stärksten in *downtown* und *midtown* Manhattan. Ein ähnliches Wachstum findet allerdings auch in einigen an das Stadtzentrum grenzenden Quartieren statt. So verzeichnet z.B. Brooklyn einen beträchtlichen Zuwachs an modernsten Arbeitsplätzen in der Informatik und in der Telekommunikation.

Diese Veränderungen haben erhebliche Auswirkungen auf den Wohnungsmarkt. Viele Wirtschaftsexperten behaupten schon, daß die weiteren Möglichkeiten einer Zunahme der Arbeitsplätze von den Kapazitäten des Wohnungsmarktes abhängen.

Das Wirtschaftswachstum stellt neue Anforderungen an den städtischen Wohnungsmarkt. Die in den büroorientierten Dienstleistungen neu Beschäftigten, die sogenannten *white-collars*, bevorzugen ein städtisches Wohnmilieu und suchen ihren Wohnsitz in der Nähe des Arbeitsplatzes. Das Ergebnis ist ein wachsender Druck auf den Wohnungsmarkt, der ohnehin schon durch ein quantitatives und qualitatives Defizit gekennzeichnet ist.

Manhattan ist hinsichtlich der Ausdehnungsmöglichkeiten nahezu "vollgebaut". *Battery Park City* ist bislang die letzte Landgewinnung. Wenn man davon ausgeht, daß die Nachfrage nach Wohnungen anhält, wird man auch künftig neue Bauflächen vorzugsweise in der Nähe der Büroarbeitsplätze finden müssen. Die Attraktivität derartiger Wohnstandorte erklärt sich nicht allein aus der verkürzten Entfernung zu den Arbeitsorten, sondern zugleich aus der leichteren Erreichbarkeit einer Fülle von privaten und öffentlichen Dienstleistungsangeboten im Zentrum der Stadt. Das ist der Grund warum Stadtquartiere wie beispielsweise die Lower East Side und das Getto Harlem wieder als Wohnstandorte für Neulinge der höheren Einkommensgruppen in Frage kommen. Die großen privaten Bauunternehmer haben diese Quartiere wieder entdeckt und sehen sie als eine einträgliche Alternative zu den von höheren Einkommensschichten bewohnten Gebieten wie Upper East Side und Upper West Side.

Zur Rolle des Staates

Kurz ein Rückblick in die Geschichte:

"... die baldige Realisierung des Ziels einer vernünftigen Wohnung und einer geeigneten Wohnumgebung für jede amerikanische Familie, um damit einen Beitrag zur Entwicklung und Umstrukturierung der Gemeinden und der Förderung des Wachstums, des Wohlstandes und der Sicherheit der Nation zu leisten." Diese vielversprechenden Worte stehen im U.S. Housing Act von 1949 und zeigen den Anspruch des Staates, die Verantwortung für eine geeignete Wohnung aller seiner Mitbürger zu übernehmen.

Die meisten Amerikaner sehen die heutige Wohnungskrise als einen Schandfleck im *American Dream*. Übrigens gibt es auch noch viele Amerikaner, die eine solche Krise bestreiten. Sie meinen, daß jeder Haushalt auf dem jetzigen Wohnungsmarkt eine geeignete Wohnung finden könnte, wenn er nur bereit wäre, in andere Teile des Landes umzuziehen. Für diese Gruppen ist die Krise kein Problem der Produktion, sondern ein Problem der räumlichen Verteilung. Präsident Reagan war ein Vertreter dieses Standpunktes. Noch 1986 hatte er neue Pläne zur Privatisierung des öffentlichen Wohnungswesens präsentiert. Der soziale Wohnungsbau gehörte nach Reagans Philosophie nicht in die Verantwortung des Staates. Andere Amerikaner, und zum Glück ist auch das keine kleine Gruppe, nehmen das Vorhandensein einer umfassenden Wohnungskrise zur Kenntnis. Sie versuchen, die Krise zu belegen und fordern eine Erweiterung statt einer Einschränkung des staatlichen Einflusses auf den Wohnungsmarkt.

Auch New York City kämpft mit einer gigantischen Wohnungskrise. Zu erwähnen ist die wachsende Zahl der Obdachlosen, der Wohnungsüberbelegung sowie der zunehmende Anteil der Miete am Einkommen (siehe Beitrag ARIN).

Am Beispiel amerikanischer Städte können die Folgen vom zeitlichen Zusammenfallen eines starken Wirtschaftswachstums mit einer sehr starken Abnahme der Bundessubvention für Wohnungsneubau und Wohnungsmodernisierung erläutert werden: So erhalten die einkommensschwächeren Gruppen von Wohnungssuchenden zusätzlich Konkurrenz durch einkommensstarke Nachfrager. Diese Konkurrenzschlacht spielt sich räumlich besonders in zentralen Stadtquartieren mit starken Revitalisierungstendenzen ab, zumal der soziale Wohnungsbau fast aus den Bundeshaushaltsplänen verschwunden ist. Die mit den Problemen allein gelassenen Kommunen befinden sich damit in einer schwierigen Situation: Einerseits sollen sie sich "marktfreundlich" verhalten, weil sie vom Steueraufkommen aus den Wachstumssektoren der Wirtschaft abhängig sind; andererseits haben sie die politische Verantwortung für die chancenarmen Gruppen auf dem Wohnungsmarkt, die direkt durch das wirtschaftliche Wachstum bedroht werden.

Neue kommunalpolitische Initiativen

Die neuen wohnungspolitischen Initiativen der Kommunen sollen aufgrund ihrer Aktualität im folgenden differenzierter betrachtet werden, insbesondere die Hintergründe und die verschiedenen Formen der *linkage*-Politik.

Das Wirtschaftswachstum führt zur Verdrängung derjenigen Stadtbewohner, die nicht mit den reicheren, meist weißen Einwohnern konkurrieren können. In verschiedenen amerikanischen Städten wie Boston, San Francisco und Jersey City haben die Kommunen ein politisches Instrument entwickelt, das die negativen wohnungspolitischen Folgen des Wirtschaftswachstums der Stadtzentren zu lindern versucht: die sogenannte *linkage*-Politik.

Auch in New York arbeitet man, wenn auch inoffiziell, mit verschiedenen Formen der *linkage*-Politik. Eine Erklärung, warum diese Politik in New York nicht rechtsverbindlich verankert wurde, würde zu weit führen. Es sei nur angemerkt, daß die Behörden der Stadt stark mit den mächtigen Immobilieninteressen verbunden sind, die eine solche Politik nur widerwillig tolerieren.

Die *Linkage*-Politik

Diese Politik stützt sich auf 4 Konzepte:

1. *inclusionary zoning* bzw. Bebauungspläne, die einen bestimmten Anteil der Wohnungen mit niedrigen Mieten festlegen
2. *mitigation* oder Dämpfungsmaßnahmen
3. Sondersteuern
4. Zweckgebundene Abgaben für alle gewerblichen Großprojekte, die mit öffentlicher Kapitalbeteiligung entstehen.

1. "Inclusionary zoning includes the requirement of a contribution to a city-wide housing trust fund whenever new luxury housing or commercial development takes place within the city boundaries". Das Konzept stammt vom inzwischen verstorbenen Paul Davidoff, der in den siebziger Jahren mit seinem *Suburban Action Institute* die obligatorische Aufnahme von "low and moderate income housing" (oder *affordable housing*) in den Vorstädten befürwortete. Heute findet diese Idee immer mehr Befürworter in den Zentren der Städte. Zentraler Gedanke dabei ist die anteilsmäßige Einschränkung der Büroflächenentwicklung zugunsten der Ausweitung der Wohnflächen für die unteren und mittleren Einkommensschichten.

2. Das *mitigation*- oder Dämpfungskonzept geht davon aus, daß Schutzmaßnahmen für die schwächeren Einkommensgruppen im Falle eines plötzlichen Baubooms getroffen werden müssen. Die dafür zur Verfügung gestellten Gelder können auf zweierlei Weise verwendet werden: Entweder direkt, indem die privaten Bauunternehmer preiswerten Wohnraum erstellen, oder indirekt, indem sie Gelder in einem Fonds zahlen. Im letzteren Fall verteilt die Stadt die Mittel auf die verschiedenen Stadtviertel.

3. Das Konzept der Sonderbesteuerung von Bauprojekten zielt darauf, die Gemeinde an den Mietererträgen der Neubauten partizipieren zu lassen. Diese Steuereinnahmen

werden zum Bau von Wohnungen für schwächere Einkommensgruppen verwendet.

Als Beispiel sind zu nennen:
a. die *real estate development tax* (Immobilienentwicklungssteuer); New York besteuert z.B. die Umwandlung von einer Miet- in eine Eigentumswohnung mit 4% (von *rental* zu *condo* oder *co-op*);
b. die *mortgage recording tax* (Hypothekeneintragungssteuer);
c. die *capital gain tax* (Vermögenszuwachssteuer);

4. Bei gewerblichen Großprojekten mit öffentlicher Kapitalbeteiligung strebt die Kommune erhöhte Abgaben für gemeinnützige Wohnungsbauzwecke an. Ein Beispiel zur Verdeutlichung: In New York entsteht ein komplett neues Stadtquartier mit Luxus-Wohnungen und Arbeitsplätzen auf aufgeschüttetem Land, die *Battery Park City*. Ein Teil der Einnahmen aus dem Verkauf der Grundstücke fließt in einen Fonds für Wohnungsbau, mit dem in anderen Stadtteilen sozialer Wohnungsbau realisiert werden kann.

Hintergründe der *Linkage*-Politik

Probleme hinsichtlich der negativen Auzswirkungen des Stadtzentrenwachstums auf den Wohnungsmarkt waren nicht der einzige Grund für die Einführung der *linkage*-Politik. In vielen Städten sieht man sich aus finanziellen Gründen dazu gezwungen. Da die Bundesbehörden sich in den letzten Jahren soweit wie möglich aus der Finanzierung des sozialen Wohnungsbaus zurückgezogen haben, müssen die Kommunen jetzt die Nachfrage nach billigem Wohnraum selbst befriedigen. Steuererhöhungen eignen sich jedoch nur bedingt als Ersatzeinnahmequelle für die gestrichenen Bundeszuschüsse, da sie sich dämpfend auf die Wirtschaftsentwicklung auswirken können und im Amerika der Reagan-Ära ohnehin eine politisch stigmatisierte Maßnahme sind. Städte könnten Arbeitsplätze und Einwohner verlieren, wenn die Besteuerung im Vergleich zu den umliegenden Gemeinden relativ hoch ist. Doch dieses Instrumentarium kann aufgrund oft gesetzlich festgelegter Steuerhöchstsätze nur beschränkt eingesetzt werden. Deswegen greifen gemeindliche Behörden zur *linkage*-Politik: es ist eine neue Art die kommunalen Einkünfte zu verbessern. Auch wenn damit die staatlichen Subventionen nicht vollständig ersetzt werden können, wird immerhin zu einer Verminderung des städtischen Haushaltsdefizits beigetragen.

Die ursprüngliche Idee für eine *linkage*-Politik stammt aber nicht von den Gemeinden selbst, sondern vielmehr von den Stadtteilorganisationen, die sich vor den negativen *spill-over*-Effekten der unbeschränkt wachsenden Stadtzentren und vor den Kürzungen im sozialen Wohnungsbau fürchten. Sie protestieren energisch gegen den Abbau billigen Wohnraums im Stadtzentrum und fordern eine gerechte Verteilung des Gewinns aus den Immobiliengeschäften auf die Stadtteilorganisationen, die im Rahmen ihrer Arbeit preiswerten Wohnraum schaffen.

Verschiedene Formen der *Linkage*-Politik

Die *linkage*-Politik hat aber mehrere Gesichter. Man kann beispielsweise verschiedene Arten kommerzieller Bauaktivitäten mit dem sozialen Wohnungsbau kombinieren und außerdem unterschiedlich große Gebiete in dieses Konzept einbeziehen.

Grundsätzlich gibt es in New York City zwei Arten, diese Bauaktivitäten miteinander zu verknüpfen:

1. Kommerzieller Bau und sozialer Wohnungsbau.
   Bei dieser Art der Zusammenführung soll ein privater Bauunternehmer entweder für jeden Quadratmeter Bürofläche einen gewissen Anteil Wohnungsfläche schaffen oder einen bestimmten Beitrag in einen städtischen Fonds für Wohnungsbau (*Housing Trust Fond*) einzahlen.
2. Luxus-Wohnungsbau und sozialer Wohnungsbau.
   Dabei soll ein privater Bauunternehmer einen prozentualen Kostenanteil eines Luxus-Wohnungsbauprojektes für Haushalte mit niedrigem Einkommen bereitstellen, die billige Wohnungen im gleichen Stadtteil entweder bauen oder modernisieren. Diese Bestimmung gilt für mindestens 20 Jahre. Während dieser Zeit bezahlen die Behörden den Unterschied zwischen Markt- und Kostenmiete.

Es stellt sich die Frage, in welchem Maße diese von der Kommune kontrollierte *gentrification* wirklich zu einer Lösung der Wohnungskrise in den von diesem Prozeß betroffenen Quartieren beiträgt. Profitieren ausschließlich die direkt um das Stadtzentrum liegenden Quartiere oder werden die Einnahmen so über alle Stadtviertel verteilt, daß davon nirgendwo nennenswerte Wirkungen ausgehen?

Ein Beispiel soll dies verdeutlichen:
Obwohl New York die *linkage*-Politik bislang nicht als integrativen Bestandteil der Bauleitplanung festgeschrieben hat, existiert z.B. für die Lower East Side eine Art von *cross-subsidy*-Politik, d.h. beim Neubau und der Modernisierung städtischer Wohnungen wird in diesen Quartieren ein bestimmter Prozentsatz des Investitionsvolumens für Haushalte mit niedrigem Einkommen bestimmt . In der heutigen Praxis liegt dieser Anteil zwischen 20 und 30 %. Den Stadtteilorganisationen reicht dies nicht aus. In anderen Stadtteilen (zum Beispiel der Bronx) würde man des-sen ungeachtet derartige Ansätze jedoch begrüßen. Aufgrund des mangelnden Interes-ses der Bauunternehmer an Investitionen in diesen Quartieren ist damit in der jetzigen Situation (noch) nicht zu rechnen. Theoretisch könnte die Stadt New York die Zusatzeinnahmen aus der Lower East Side für den sozialen Wohnungsbau in der Bronx einsetzten. Das *cross-subsidy*-Konzept beschränkt die Umverteilung jedoch auf das betroffene Gebiet.

Schlußfolgerung

Abschließend sind folgende Fragen zu stellen:

Ist das *linkage*-Konzept eine sinnvolle politische Forderung angesichts der fortschreitenden *gentrification* von Wohnvierteln in der Innenstadt? Können *linkages* in bedeutendem Maß zur Verminderung des Drucks auf den lokalen Wohnungsmarkt beitragen? Gibt es Perspektiven für die unteren Einkommensgruppen in Manhattan?

Für die Beantwortung dieser Fragen und eine endgültige Bewertung ist es noch zu früh, da die *linkage*-Politik noch recht neu ist. Über die Übertragungseffekte vom Stadt-zentrum auf die umliegenden Stadtteile läßt sich noch nicht viel aussagen. Immerhin bleibt zu hoffen, daß eine weitere Revitalisierung innerstädtischer Wohnquartiere zumindest teilweise ohne die Verdrängungseffekte der *gentrification* erreicht werden kann.

Die *linkage*-Politik sollte nicht als ein Ersatz für die direkte bundesstaatliche Beteiligung am sozialen Wohnungsbau gesehen werden. Die Anzahl der Sozialbauten, die bislang aufgrund der *linkage*-Politik entstanden, ist nicht mehr als ein Tropfen auf den heißen Stein.

Hauptfrage bleibt, ob auch Haushalte mit niedrigem Einkommen das Recht und die finanzielle Möglichkeit haben sollen, in der Innenstadt zu wohnen. *Gentrification* ohne Einschränkungen wird dies mit Sicherheit nicht ermöglichen. Aber auch die *linkage*-Politik kann nur ein Baustein im Rahmen einer umfassenden Lösungsstrategie sein und die Verdrängungsprozesse allenfalls verlangsamen, nicht verhindern.

Dennoch könnte dieser neue kommunalpolitische Ansatz, sofern er von den Behörden, den privaten Investoren und den Stadtteilorganisationen aktiv unterstützt würde, eine Perspektive für die weitere Revitalisierung der Innenstadtquartiere bieten, ohne den überhitzten New Yorker Wohnungsmarkt allein dem "Recht des wirtschaftlich Stärkeren" zu unterwerfen. Noch steht allerdings der Nachweis aus, daß die *linkage*-Politik die Nagelprobe im kommunalpolitischen Alltag New Yorks bestehen wird.

Annalie Schoen

ENDSTATION WOHNEN

Stadtteilorganisation und Selbsthilfe im Wohnbereich

Selbsthilfe in den USA basiert auf einer anderen Tradition als der europäischen. Zum Verständnis dienen die amerikanische Geschichte und die damit verbundenen Wertvorstellungen, die wesentlich geprägt sind durch die Unabhängigkeitskriege, die Westexpansion und den Bürgerkrieg. Sich selbst zu helfen und durchzukommen, staatlichem Handeln zu mißtrauen entspricht den überbrachten Wertvorstellungen mit der Kehrseite, Mißerfolge als selbstverschuldet anzusehen.[1]

Überträgt man das deutsche Verständnis von Selbsthilfe auf das amerikanische, so stellt man bereits bei den Begrifflichkeiten Unterschiede fest. Generell wird Selbsthilfe umfassender verstanden, man redet von *community development* (Quartiersentwicklung) und deren Akteuren, den *neighborhood* oder *community based organizations* (Nachbarschaftsorganisationen). "Während die ursprüngliche Definition von Selbsthilfe als Eigenleistung am Bau immer noch gültig ist, hat sich das Selbsthilfekonzept erweitert auf die Bereiche Management, Eigentum, die politischen Organisationen, die Dienstleistungen und die Finanzabwicklung."[2] Zu diesem Verständnis gehört auch, daß eine Nachbarschaftsorganisation sowohl Bauträgerfunktionen übernimmt und Wohnungen für Einkommensschwache baut oder instandsetzt, als auch politisch agiert. Selbsthilfe in diesem umfassenden Sinne meint: ein Stadtteil hilft sich selbst. Der Begriff *self-help* (Selbsthilfe) ist wenig gebräuchlich und wird in der Regel mit *homesteading* (Sicherung von Wohnraum) bezeichnet. Dabei ersetzen die künftigen Eigentümer einer Wohnung den finanziellen Eigen-anteil durch Arbeiten am Bau.

In Kenntnis dieser amerikanischen Verhältnissen und vor dem Hintergrund der Restriktionen in der Wohnungsversorgung sollen die politischen und sozialen Aktivitäten der Nachbarschaftsorganisationen sowie ihre Rolle auf dem Wohnungsmarkt eingeschätzt werden.

"Redlining" und "Abandonment"

Zwei wichtige Phänomene des New Yorker Wohnungsmarktes werden im folgenden beschrieben, um die von Nachbarschaftsinitiativen vorgefundene Situation zu kennzeichnen.

Anfang der 70er Jahre haben die Banken auf Stadtplänen von New York "die Ghettos buchstäblich rot umrandet (*redlining*, d.Verf.), was bedeutet: keine Hypothekenfinanzierung innerhalb der roten Kreise. Das ist zwar illegal, aber wie man sieht, sehr wirksam."[3] Um dieser Praxis entgegen zu wirken, wurde 1979 unter der Carter-Administration der *Reinvestment Act* erlassen, der den Banken auferlegte, das Sparaufkommen im unmittelbaren Einzugsgebiet auszugeben.[4]

Dennoch blieb dieser *Reinvestment Act* aufgrund mangelnder Kontrolle und einiger Gesetzeslücken erfolglos, wie es auch die Studie *Bank Reinvestment in the South Bronx* vom November 1985 belegt. 1982-84 wurden nur 0,19% der Spareinlagen in der South Bronx für Hypothekenfinanzierung ausgegeben (dagegen 12% im Staate New York) oder nur 2 Cent für je 100 Dollar Spareinlagen, und das bei 1,5 Milliarden Dollar Spareinlagen allein in diesem Stadtteil.[5]

Eine Stellungnahme zu ihrer Politik ist von den Banken nicht zu erhalten, zumal offiziell kein Investitionsstop in sogenannten "schlechten" Nachbarschaften existiert. Zweigstellen verweisen bei der Hypothekenvergabe auf die Anweisungen ihrer Zentralen. Daher wollen die Nachbarschaftsorganisationen ein Programm entwickeln, das die Reinvestitionen im Stadtteil unterstützt. Dieses Programm muß jedoch auf eine Zuständigkeitsänderung bei den Zweigstellen der Banken treffen, um den spezifischen Kreditanforderungen der Bronx gerecht werden zu können.

Redlining verliert zwar allmählich an Bedeutung, existiert aber nach wie vor, auch wenn es keine offizielle Bankenpolitik mehr ist.[6] Deutlich wird dies auch in dem Vergabeverhalten der Kreditinstitute, für die allein Rentabilitätserwartungen ausschlaggebend sind und demzufolge soziale Aspekte der Wohnungsversorgung keine Rolle spielen.[7] Daher werden weiterhin bestimmte Teilmärkte von den Banken ausgegrenzt, die nicht zumindest eine durchschnittliche Rendite garantieren.

Abb. 1: *Abandonment* in der Bronx

Angesichts von *redlining*, sinkenden Mieteinnahmen und steigendem Instandhaltungsbedarf stehen Hauseigentümer in verfallenen Wohngebieten oft genug vor folgender Entscheidung: entweder das Gebäude wie üblich zu bewirtschaften, ohne Profite, in vielen Fällen sogar defizitär oder für 2-5 Jahre nicht mehr zu investieren, keine Steuern zu zahlen, oft auch keine laufenden Kosten (z.B. Heizung) und dann das Haus sich selbst zu überlassen (*abandonment*).[8] Letztgenannter Umgang mit dem Gebäude bringt enormen Profit, der bei normaler Bewirtschaftung erst nach 10-20 Jahren erreicht werden kann.[9] Zusätzlich kann der Eigentümer noch von hohen Feuerversicherungsprämien profitieren, die ihm im Falle einer Brandstiftung zufällt. Oft ist die Versicherungssumme höher als der erzielbare Kaufpreis.[10]

Wenn für ein Grundstück 1 bis 3 Jahre keine Grundsteuer gezahlt wurde (sie kann bis zu 10% des jährlichen Wertes betragen), übernimmt die Stadt die Gebäude in den eigenen Bestand, *in-rem* genannt. Mitte der 70er Jahre war der Höhepunkt des *housing abandonments* mit 3.800 Wohnungen monatlich erreicht, d.h. mit 46.000 pro Jahr. Seither sanken die monatlichen Raten kontinuierlich und betrugen 1984 weniger als die Hälfte (siehe Beitrag ARIN).

Abb.2: *Abandonment* in Harlem

Weitere wohnungspolitische Rahmenbedingungen

Um die Ausgangssituation der Selbsthilfe in New York City verstehen zu können, müssen noch einige Daten ergänzt werden. Der lokale Wohnungsmarkt ist geprägt durch enorme Gebietsaufwertungen (*gentrification*) und die damit einhergehenden Umwandlungen von Miet- in Eigentumswohnungen. Diese Entwicklung dehnt sich immer weiter auf die verfallenen Stadtteile aus und verdrängt die dort lebenden armen Bewohner. Dagegen verrotten in den peripher gelegenen - oder noch nicht betroffenen - Altbauquartieren die Häuser weiter, stehen leer oder sind über weite Flächen abgeräumt (wie z.B. Bronx, Teile von Brooklyn und der Lower East Side).

Von den 2.803.000 Wohnungen in New York City sind 68% bewohnte Miet- und 28% Eigentumswohnungen. Die verbleibenden 107.000 Wohnungen stehen leer, von denen die Hälfte nicht bewohnbar ist. 10% der bewohnten Mietwohnungen sind in sehr schlechtem baulichen Zustand.[11] (siehe Beitrag Arin) New York bietet also aufgrund seiner hohen Zahl mangelhaft instandgehaltener Wohnungen ausreichend Möglichkeiten für Selbsthilfeaktivitäten. Gerade die Quartiere mit baulich-physischen Verfallserscheinungen und vielschichtigen sozialen und ökonomischen Problemen sind dafür prädestiniert, da sie keine einkommensstarken Bewohner anziehen und dort nur einkommensschwache Mieter Wohnraum finden.[12]

Tab. 1: Wohnungs- und Einwohnerentwicklung in New York City

Wohnungsverlust durch *abandonment*

1975-78	3.850 pro Monat	46.200 jährlich
1978-81	2.250 pro Monat	27.000 jährlich
1981-84	1.914 pro Monat	22.968 jährlich

Hergerichtete Wohnungen (wesentlich durch Modernisierung)

1975-78	38.000
1978-81	33.000
1981-84	32.000

Salden:	Wohnungen	Einwohner
1970-78	- 311.030	- 732.000
1978-81	- 81.000	- 86.000
1981-84	- 69.000	+ 88.000

Quelle: nach P. Marcuse u. H. DeRienz, in: City Limits X / 7, Aug./Sept. 86, S. 10 ff und 22

Die Abnahme der Wohnungszahl in der Stadt New York ging einher mit einem enormen Bevölkerungsverlust, der erst ab 1980 aufgehalten werden konnte. Die Rate der wiederhergerichteten Wohnungen sank zwar leicht seit 1975 und konnte auch in den 80er Jahren den gesamtstädtischen Wohnungsverlust nicht ausgleichen. Der betraf im übrigen 3,5 mal mehr Mieter als Eigentümer, und von den Mietern insbesondere die Niedrigeinkommensgruppen, ethnische Minderheiten und alleinstehende Mütter.[13] Rein rechnerisch wurden jedoch seit 1980 mehr Wohnungen errichtet als durch *abandonment* verloren gingen.

Tab. 2: *In-Rem*-Häuser

45.000	Familien
über 75%	Schwarze und Puortoricaner
37 Jahre	Durchschnittsalter
60%	Haushaltsvorstand: Frauen
10%	Überbelegung - mehr als 1 Pers. pro Raum - (NYC 2,4%)
$ 8.215	jährliches Durchschnittseinkommen der Mieter (NYC $ 12.794)
fast 50%	Familieneinkommen unter der Armutsgrenze 10.178 (1984)
37%	Sozialhilfeempfänger (*public assistance*)

Quelle: siehe Tab. 1

Die durch Minoritäten, Niedrigeinkommensgruppen und Sozialhilfeempfänger geprägte Bewohnerstruktur in den *in-rem* Gebäuden bildet das Potential für Selbsthilfegruppen. Vergegenwärtigt man sich die Sozial- und Einkommensstruktur, so kann die Tragfähigkeit von Selbsthilfe bzw. *neighborhood development* als wohnungspolitische Problemlösung nur als sehr gering eingeschätzt werden, selbst wenn die Nachbarschaftsorganisationen für die Problemgruppen Wohnraum erstellen.

Neben konkreten Veränderungen auf dem New Yorker Wohnungsmarkt sind weitere Rahmenbedingungen bedeutsam, die den Prozeß der Selbsthilfe beeinflussen:

- das Ende des Sozialen Wohnungsbaus (*public housing*) mit weniger als 2% des gesamten New Yorker Neubaus. Er war ohnehin schon chronisch unterfinanziert, schlecht instandgehalten und stigmatisiert, aber die de-facto-Aufgabe ist ein Schritt in die falsche Richtung.[14] Die derzeitigen Ansätze, einen bestimmten Anteil der Wohnungen beim Bau von Luxusappartments für sozial Schwache bereitzustellen, kann nicht als ein umfassendes Konzept zur Lösung des Wohnungsproblems für diese Einkommensgruppe angesehen werden,
- der Sozialabbau durch die Reagan-Administration. Im Bereich des Wohnungsbaus wurden Programme für Niedrigeinkommensgruppen sowie Ausbildungsprogramme gekürzt bzw. gestrichen.[15] Dies verstärkt die absolut hoffnungslose Situation der Armen;
- die politische Unterstützung der privaten Kapitalinteressen. Der Staat hilft nicht vermehrt dem Teil der Gesellschaft, der immer ärmer wird, sondern verbessert die Verwertungsbedingungen für diejenigen, die immer reicher werden.

Reaktion der Stadtverwaltung

Als Eigentümerin der ihr in großem Umfang zugefallenen Grundstücke sah sich die Verwaltung in New York City gezwungen, für ihren *in-rem* Bestand eine Verfahrenskonzeption zu entwickeln. Anfänglich wurden die verlassenen Gebäude vom *Department of Real Property of the General Services Administration* verwaltet. Sein Hauptanliegen war, die Häuser möglichst umgehend wieder zu privatisieren. Dies führte jedoch nur dazu, daß die Häuser nach einem weiteren Verfallsprozeß wieder der Stadt zufielen.

1978 wurden diese Aufgaben auf das neu eingerichtete, z.T. umorganisierte *Department of Housing Preservation and Development* (HPD) verlagert. Es sollte geschultes Personal einstellen und innovativ mit den anstehenden Problemen umgehen. Insbesondere die Unterabteilung *Division of Alternative Management Programs* (DAMP) hatte die Aufgabe, neue Programme für die von der Stadt übernommenen und noch bewohnten Häuser zu entwickeln. Dies bewirkte eine Öffnung für die Probleme der Mieter und einen Zugang für die lokalen Organisationen. Ausdruck dieser Öffnung war auch die Besetzung der Stelle des *Assistance Commissionars* durch einen ehemaligen Direktor der Mieterberatungsorganisation UHAB.[16]

Die damals von der Stadtverwaltung entwickelte Strategie dient auch heute noch dazu, einerseits die Häuser durch Bewohneraktivitäten vor dem Verfall zu bewahren und für die unteren Einkommensgruppen Wohnraum zu erhalten bzw. zu schaffen. Andererseits aber fängt die Stadt damit soziale Konflikte auf, um Eskalationen zu vermeiden.

Selbsthilfeprogramme

Die von der Stadt entwickelten Finanzierungsprogramme der Wohnungsbauförderung sind weit gefächert und umfassen unterschiedliche Konditionen. Für den Selbsthilfebereich sind allein bei den städtischen Darlehen in 10 Jahren wenigstens 5 verschiedene komplexe Finanzierungsarten aufgelegt worden.[17]

Die wichtigsten Programme für Selbsthilfe sind

- *Community Management Program*
  Instandsetzung, Bewirtschaftung, Verwaltung aufgegebener Häuser unter der Voraussetzung, daß mindestens 50% des Gebäudes bewohnt ist.[18]

- *Sweat Equity Homesteading*
  Erneuerung leerstehender Gebäude durch spätere Bewohner über eigene Arbeit am Bau; Ausbildung und Beschäftigung von Arbeitslosen [19] (siehe Abb.3)

- *Section 8 Moderate Rehabilitation Program*
  Neubau oder Modernisierung von Gebäuden für Einkommensschwache. Die Abschaffung dieses Programms ist erklärtes Ziel der Reagan-Administration.

- *Tenant Interim Lease Program* (TIL).

Sweat Equity: One Building's Progress
(Forever Green HDFC)

Summer 1977:	Building is chosen. Homesteaders and sponsoring community group petition for building's removal from auction lists pending submission of an application for a sweat-equity loan.
Fall 1977:	UHAB commissions preliminary studies which suggest a major structural change: cutting a courtyard into the middle of the building to create standard apartments. Cost estimates make the plan unfeasible. Homesteaders are encouraged to seek a different building.
Fall 1978:	Homesteaders resolve to stick with the original building. HPD agrees to accept proposals for loft-style apartments. New preliminary plans are commissioned.
February 1979:	Sweat Equity Loan application submitted to HPD.
May 1979:	Preliminary plans approved by HPD. Homesteaders seek bids for major construction and begin clean-up and demolition themselves.
June 1979:	Neighbors, suspicious, confront homesteaders demanding an explanation of what's planned. Meetings between block residents and homesteaders break down. All work temporarily ceases.
Summer 1979:	Homesteaders, community representatives, and elected officials meet to attempt to resolve the problem.
September 1979:	Community Board meets to review the project. Approval is withheld because of community objections.
November 1979:	Project approved by Community Board after a compromise is worked out with block residents. Demolition begins again.
January 1980:	Initial loan commitment granted by HPD.
May 1980:	HPD announces drastic cuts in sweat-equity funding. Group lobbies for program.

August 1980:	Project receives a second loan commitment from HPD. Seed money is obtained to pay for architectural services and continued demolition.
October 1980:	Neighborhood Work Project assists in continued demolition.
December 1980:	Revised preliminary plans completed. New contractor estimates sought.
January - June 1981:	Contractors, homesteaders, HPD, UHAB and architect work to find mutually acceptable estimates. HPD recommends a new contractor.
September 1981:	Project receives a new commitment letter from HPD, for a new loan amount.
October 1981:	A contractor is selected and a contract signed.
November 1981:	Another new commitment letter is received from HPD.
December 1981:	Loan closes.
January 1982:	Major construction begins.
December 1982:	Contractor is found in default of contract. Homesteaders begin finishing work themselves.
January 1983:	Building has heat for the first time. Bank recommends a new contractor to take over.
February 1983:	Homesteaders move in.
May 1983:	Cooking gas goes on for first time. Work is substantially complete.
June 1983:	First building inspection. Violation issued for illegal occupancy.
July 1983:	Open house party.
July - March 1984:	Summons issued for illegal occupancy. Homesteaders and Department of Buildings work to obtain Certificate of Occupancy to take care of violation.
April 1984:	Second building inspection. Several objections remain.
October 1984:	Third building inspection. Certificate of Occupancy is issued to the building.

Abb.3: *Sweat Equity*: Ein Bauablauf   Quelle: UHAB, a.a.O., S. 18/19

Das TIL wird hier als wichtigstes New Yorker Programm mit dem höchsten Förderungsvolumen exemplarisch vorgestellt. Es wurde 1978 von Selbsthilfeorganisationen und DAMP mit dem Ziel entwickelt, die Gebäude an Mieterkooperativen, Hausgemeinschaften oder -vereine zu verkaufen. Bis die Mieter dazu in der Lage sind, werden die Häuser für einen befristeten Zeitraum mit öffentlichen Geldern verwaltet und instandgesetzt. Mehr als 400 Gebäude mit über 10.000 Wohnungen wurden bereits in diesem Programm gefördert, davon bis zum 1.1.85 130 Gebäude mit 3.470 Wohnungen an die Kooperativen verkauft.[20]

Folgende Voraussetzungen sind zu erfüllen, um ins TIL aufgenommen zu werden:
- 60% des Gebäudes müssen bewohnt sein
- 70% der Bewohner müssen der Programmaufnahme zustimmen
- ein Mieterverein muß gegründet werden
- mindestens zwei Mitglieder des Vereins müssen an Lehrgängen zu Management, Finanzierung und Instandsetzung teilnehmen.

Dieses Programm finanziert jedoch keine größeren Instandsetzungsarbeiten - z.B. der Gebäudestruktur oder der Installation - und eignet sich daher nicht für sehr heruntergewirtschaftete Gebäude. Zusätzliche Subventionen sind ggfs. nach längeren Auseinandersetzungen mit der Verwaltung zu erhalten.

Trotzdem ist festzustellen, daß in den geförderten Häusern aufgrund des Bewohnerengagements
- die Mieten niedrig sind
- die Ausgaben der Stadt relativ niedrig sind (ca. die Hälfte der sonst städtisch verwalteten Gebäudeausgaben)
- wenig Leerstand und
- weniger Mietrückstände vorhanden sind.[21]

Die wachsende Zufriedenheit dieser Mieter mit ihrer Wohnungssituation entsteht aufgrund der tatsächlichen Verbesserung der Gebäude, ihrer möglichen Einflußnahme auf die Prioritätssetzung der Maßnahmen und dem subjektiven Empfinden, das unmittelbare Wohnumfeld unter Kontrolle zu haben.

Nach Ablauf der Förderungsfrist werden die Wohnungen für - in der Regel - 250 Dollar pro Wohnung an die Mieter verkauft. Der Preis ist aber je nach Wohnlage variabel und daher nicht für jeden Mieter erschwinglich. In Aufwertungsgebieten soll seit 1982 die Spekulation mittels einer 40%-Klausel verhindert werden, d.h. wenn der Wert einer Wohnung über 2000 Dollar steigt, müssen 40% des Verkaufspreises an die Stadt abgeführt werden. Ein Wiederverkauf ist nur an die Interessenten mit niedrigem Einkommen gestattet.[22] Inwieweit diese Regelungen kontrolliert und eingehalten werden, bleibt unklar, jedoch werden sie offenkundig in einigen Stadtquartieren unterlaufen. Darüber hinaus bevorzugt das Programm faktisch diejenigen Mieter, die sich für ihr Haus engagieren und Eigenleistungen erbringen können. Trotz des extrem niedrigen Kaufpreises stellt der Erwerb für die Allerärmsten ein Problem dar.

Wohnungsversorgung durch Selbsthilfe

Die Bewohner, die an den Programmen teilnehmen, können durchaus zu den Randgruppen gezählt werden: alleinstehende Mütter mit Kindern, ethnische Minderheiten, Personen mit geringem Einkommen. Sie leben in heruntergekommenen Wohnungen und haben zu diesen Wohnverhältnissen keine Alternative. Der Grund für die Besetzung leerstehender Häuser oder die Teilnahme an Selbsthilfeprojekten ist nicht etwa der Wunsch nach einem schönerem Heim, sondern notwendige Überlebensstrategie. "Die Tatsache, daß jedes der wichtigen Selbsthilfeprojekte in den unruhigsten Nachbarschaften vorkommt, unter Gruppen mit extrem limitierten Wohnungsoptionen und einem hohen Grad an Abhängigkeiten, scheint mehr als zufällig. ... Hausbesetzungen (sind, d.Verf.) ein 'Vergehen aus Hoffnungslosigkeit'."[23] Diese Menschen haben nur die Wahl, entweder in der Wohnung zu bleiben und für den Fortbestand des Hauses zu sorgen oder obdachlos zu werden. Einmal in die Obdachlosigkeit mit all den sozialen Folgen gedrängt, ist der Weg zurück zu gesicherten Wohnverhältnissen kaum möglich.

Selbsthilfe ist zwar eine intensive und kreative Erfahrung. In dem Prozeß haben sich Mitglieder von Nachbarschaftsorganisationen für ihre Belange eingesetzt und so individuelle und nachbarschaftliche Identität geschaffen. Aber Selbsthilfe ist keine langfristige Strategie, sondern fängt die örtlichen Probleme punktuell auf und ist in der Regel auf das Ziel der Fertigstellung des Gebäudes oder eines speziellen Anliegens gerichtet. Trotzdem kann die Auseinandersetzung um die Selbsthilfe politisch sensibilisieren. Nur wenige Projekte hatten oder haben noch den Anspruch einer langfristigen politischen Strategie, die über die aktuellen Mieterfragen hinausgehen.[24] Diese Gruppen kommen und gehen ebenfalls, aber sie überleben in der Regel länger. "Der brüchige und kurzlebige Charakter vom Mieterorganisationen und die sporadische Natur des Häuserkampfes ist verwurzelt in den sozialen Beziehungen des Wohnens, das spontan Menschen teilt und isoliert".[25] Die Isolation ist ein wichtiger Grund für die Schwäche im politischen Geschehen.

Die Überwindung der vorhandenen sozialen Situation und die Knüpfung neuer Beziehungen ist daher erstes Ziel einer verbesserten Wohnraumversorgung. So erklärt sich auch "die zentrale Rolle der Frauen in den meisten Mieterbewegungen."[26] Sie kennen die sozialen und physischen Probleme in den Häusern und beginnen sich kollektiv zu wehren.

Betrachtet man die erwarteten Vorteile des Selbsthilfeansatzes, so ist eher Skepsis angebracht [27]:

1.
Die Schere zwischen Miete/Gebäudekosten und Einkommen geht weiter auf. Da die Gebäudefinanzierung stärker vom Zinsniveau als von den tatsächlichen Baukosten abhängt, ist durch Eigenleistung immer weniger Geld zu ersetzen. Die zu erwartenden Kostenerhöhungen von Baumaterial, Grundstückskosten, Zinsen, Ölpreisen werden nicht mehr durch Kostenreduzierung mittels Selbsthilfe, genossenschaftlichem Management und gemeinschaftlicher Instandsetzung ersetzt werden können. "Ergebnis ist, daß diejenigen, die es am meisten brauchen, zunehmend weniger in der Lage sind, sich Wohnen sogar durch Selbsthilfe zu leisten"[28], zumal Selbsthilfe vergleichsweise

zur konventionellen Modernisierung und Instandsetzung ohnehin nur maximal 15% der Kosten spart.

2.
Die Wahrscheinlichkeit, daß eine Ausbildung im Rahmen des Selbsthilfeprogramms wie beispielsweise dem *sweat equity* zu einer permanenten Anstellung führt, ist sehr gering und wenn überhaupt nur auf die Jüngeren beschränkt. Dagegen haben die Älteren, alleinerziehende Mütter und Familienalleinversorger kaum eine Chance.

3.
Wohnen durch Selbsthilfe kann nicht mit den privaten Investitionsinteressen konkurrieren, die selbst mit städtischen Grundstücken vorrangig bedient werden. Eigentums- und Luxuswohnungen übersteigen die für untere Einkommensgruppen vorbehaltene Wohnungsanzahl bei weitem.

4.
Selbsthelfer arbeiten oft für ein geringes Einkommen oder verzichten ganz auf Entlohnung. Selbsthilfe leistet also einer Tendenz Vorschub, den Wert der Arbeit und damit die Gehälter geringer zu bewerten. Selbsthelfer kompensieren darüber hinaus oft ihre Unzufriedenheit durch die eigenen Aktivitäten und üben so weniger Druck auf den Staat aus. Mögliche soziale Unruhen können dadurch absobiert werden. Selbsthilfe und Nutzerkontrolle bewirken also eine größere Toleranz den vorhandenen Bedingungen gegenüber.[29]

"Die Wurzel des Dilemmas ist die Privatisierung der Wohnungsfrage, der Versuch, ein kollektives soziales Problem - die Versorgung mit ordentlichen bezahlbaren Wohnungen - auf der Ebene eines einzelnen Gebäudes zu lösen."[30]

Abb. 4: Aufgemalte Fenster der Selbsthilfemaßnahme von Abb. 5

Abb. 5: Selbsthilfemaßnahme in Harlem

Nachbarschaftsorganisationen

Der Rahmen für die Arbeit einzelner Hausgemeinschaften ist bereits durch die Beschreibung der Finanzierungsprogramme deutlich geworden. Diese Kooperativen arbeiten eng mit den Nachbarschaftsorganisationen (*community groups*) zusammen, die darüber hinaus selbst Wohnungen für untere Einkommensgruppen erstellen. Die Organisationen sind unterschiedlich groß, betreuen unterschiedliche Gebiete, differenziert nach lokaler Bedeutung und Problemlage. Jede Gruppe entwickelt entsprechend den vorhandenen Gegebenheiten und gemäß der eigenen Zielsetzung ihre Verfahrensformen, die von ausschließlicher Beratung bis zu eigenem politischen Engagement gehen. Da das Feld der Aktivitäten der Nachbarschaftsorganisationen sehr breit ist, können hier nur zwei Gruppen stellvertretend vorgestellt werden.

1. *Clinton Housing Development Company* (CHDC)

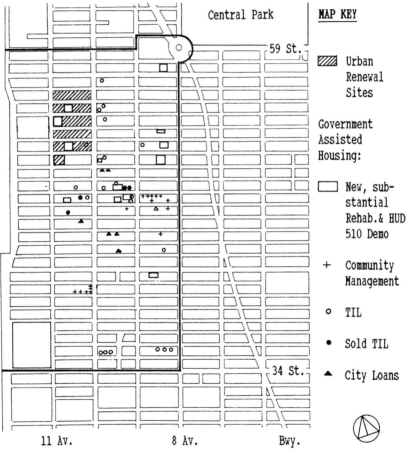

Abb. 6: Planausschnitt von Manhattan mit dem Gebiet Clinton
Quelle: eigene Darstellung nach CHDC, a.a.O.

Clinton, mit rund 45.000 Einwohnern aller Nationalitäten, liegt in der Nähe des Times Square, der baulich und sozial "aufgewertet" werden soll (siehe Beitrag LÜTKE-DALDRUP). Das Gebiet (siehe Abb.6) ist mit 2 U-Bahn-Linien und dem Busterminal der Port Authority gut erschlossen. Seit beinahe 2 Jahrzehnten ist es Sanierungsgebiet und wurde ehemals *hell's kitchen* genannt, eine prägnante Charakterisierung der früheren Situation.

Abb. 7: Lichtschacht zwischen zwei Gebäuden in Clinton

Die CHDC ist eine der in Clinton arbeitenden gemeinnützigen Stadtteilorganisationen mit der Zielsetzung, die vorhandenen Gebäude zu erhalten und instandzusetzen sowie die Vertreibung der einkommensschwachen und mittleren Einkommensgruppen aus Clinton zu verhindern.[31] Vor 1977 existierte die CHDC schon auf freiwilliger Basis, doch durch die Unterstützung von der städtischen Baubehörde (HPD) erhielt sie wenige bezahlte Angestellte und konnte so allmählich das eigene Tätigkeitsfeld erweitern. Ihre Aufgaben liegen in der Durchführung städtischer Programme, der technischen Hilfe für Privateigentümer und der Hilfe für selbstverwaltete Gebäude.

Die CHDC ist mit anderen Clintoner Nachbarschaftsorganisationen eine starke politische Kraft. Man sagt: "*Clinton´s Community is strong.*" Durch Aufdecken von Wahlkampfspenden an ranghohe öffentliche Bedienstete und dem damit erzeugten politischen Druck auf den Bürgermeister, ist es 1986 gelungen, ein Projekt mit Luxuswohnungen und Geschäftsräumen zu verhindern, das mit 8 Millionen Dollar staatlich unterstützt werden sollte. Das Projekt hätte viele Clintoner Bürger durch Abriß und Modernisierung vertrieben.[32]

Clinton ist sehr stark durch *gentrification* bedroht, bereits die Hälfte der einkommensschwachen Bewohner ist aus dem Gebiet verschwunden. Diesen Prozeß können die lokalen Nachbarschaftsorganisationen langfristig nicht aufhalten, doch sie sehen sich als Sand im Getriebe, der die Aufwertung punktuell verlangsamt und für eine Zwischenzeit den unteren Einkommensgruppen Wohnen in ihren alten Quartieren ermöglicht. Aufgrund der beruflichen Beschäftigung mit den örtlichen Problemen und der Fähigkeit, Kontakte herzustellen, versuchen sie immer wieder stellvertretend politischen Einfluß auszuüben. Auch unter den verschlechterten finanziellen Bedingungen werden sie den Kampf für ihre Zielgruppen fortsetzen.[33]

Abb. 8: "Aufgewertete" Häuserzeile in Clinton

2. *Northwest Bronx Community and Clergy Coalition* (NWBCCC)

Das Gebiet der NWBCCC, mit rund 375.000 Einwohnern, ist im Süden vom *South Bronx Expressway*, im Osten von dem *Southern Boulevard*/den *Bronx Parks*, im Westen vom *Hudson River* und im Norden durch die Stadtgrenze umgeben.

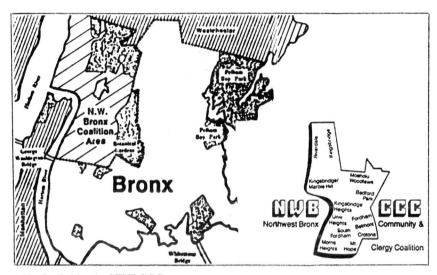

Abb. 9: Gebiet der NWBCCC
Quelle: Citybusiness 24/1984

Die NWBCCC ist eine der wichtigsten, kontinuierlich arbeitenden Nachbarschaftsorganisationen in der Bronx mit überlokaler Bedeutung. Sie wurde 1973 durch den Zusammenschluß vom 16 Kirchengemeinden gegründet. Der Begriff *clergy* (kirchlich) erinnert an diesen Ursprung. Anfänglich finanzierte die Kirche die Räume und einen Angestellten. Ziel war, die Bronx wieder sozialstrukturell zu stabilisieren und trotz des enormen Bevölkerungsverlustes die kirchliche Klientel zu erhalten.

Derzeit sind 10 lokale Organisationen (*neighborhood associations*) in der NWBCCC zusammengeschlossen. Sie beschäftigt 90 Angestellte, davon 25 Organisatoren, die für den Gebäudebereich zuständig sind, 10 Organisatoren im Jugend- und 55 im Beschäftigungsbereich. Finanziert wird die Arbeit durch öffentliche Gelder und Spenden. Die Aufgaben werden in Ausschüssen erledigt, die sich mit einzelnen Problemfeldern beschäftigen [34], z.B. werden
- Mängellisten für die Häuser erstellt
- Prozesse gegen Hauseigentümer vorbereitet und unterstützt
- gegen Mittelkürzung und *redlining* gekämpft.
  (So gelang es 1980, fünf Banken und Versicherungen das Zugeständnis abzuringen, 200 Modernisierungen im Gebiet zu finanzieren.)

Das Ergebnis der zwölfjährigen Arbeit wird in einer relativen Stabilisierung des Gebietes gesehen. Erste Investoren scheinen sich für das Gebiet zu interessieren.[35] Jedoch sind die Wohnungsprobleme in der Bronx nach wie vor groß, obwohl die NWBCCC einige Lösungen durch die tägliche Kleinarbeit hat anbieten können. Der Erfolg in Zahlen: 974 Mieterzusammenschlüsse, 37.000 Gebäudemängelbeseitigungen, 137 Blockzusammenschlüsse, Auswirkung der Arbeit auf 42.000 Wohnungen.[36] Durch ihre an den Bewohnerproblemen ansetzende Arbeit, leistet die NWBCCC sicherlich einen wichtigen Beitrag gegen den Verfall des Gebietes, maßgeblich beeinflussen kann sie den aufgrund des wirtschaftsstrukturellen Wandels in Gang gesetzten Prozeß jedoch nicht.

Abb. 10: Decatur Avenue, Bronx - Gebiet der NWBCCC

Berater der Nachbarschaftsorganisationen

Zusätzlich zu den Nachbarschaftsorganisationen existiert für alle Arten von lokalen Aktivitäten ein breites Spektrum an überörtlichen, verwaltungsexternen Beraterorganisationen in New York City. Davon haben einige ein sehr spezielles Angebot für Selbsthilfegruppen, so z.B. der *Trust for Public Land*, der gegen Honorar eingeschaltet werden kann, damit durch gezielte Steuerberatung die Spenden höher ausfallen. Andere - z.B. das *Citizen's Committee* - fördern kleine örtliche Selbsthilfemaßnahmen wie die Farben für ein Wandgemälde oder die Samen für den Gemeinschaftsgarten. Einige stellen ihr Leistungen in Rechnung, andere nicht, einige können nur beraten und betreuen, während andere auch Gelder vergeben.

Die für die bauliche Selbsthilfe stadtweit wichtigsten Organisationen sind
- Das *Pratt Institute, Center of Community and Enviromental Development*
  Es berät in den Bereichen Management, Finanzierung, aber auch in Architektur
- Die *Association for Neigborhood and Housing Development* (ANHD)
  Sie ist eine Dachorganisation von 20 lokalen Gruppen, berät ihre Mitgliedsgruppen, aber versteht sich hauptsächlich als politische Vorhut zur Durchsetzung von Nachbarschaftsinteressen
- Der *Urban Homesteading Assistance Board* (UHAB).

Da der UHAB die stadtbekannteste und die größte Beraterorganisation ist, wird hier exemplarisch näher auf UHAB eingegangen. Der UHAB wurde 1973 als nicht gewinnorientierte Organisation für technische Hilfe gegründet. Ziel war und ist, die "New Yorker mit geringem oder nur bescheidenem Einkommen bei der Entwicklung von Selbsthilfeansätzen zur Lösung ihres Wohnungsproblems zu unterstützen."[37] Wesentliche Forderungen und Ansätze zur Durchsetzung [38] dieser Vorstellungen sind
- *Sweat Equity*, d.h. Selbsthilfeleistung statt Bezahlung
- Mietereigentum und Kontrolle in Kooperativen und
- geringe monatliche Belastung für den Mieter.

Aufgabenschwerpunkte von der UHAB sind
- die Betreuung vieler Gebäude (bis 1982 ca. 580 in verschiedenen Programmen)
- der Einsatz von "Feldkoordinatoren" für die Hilfe vor Ort
- die Durchführung von Seminaren zu unterschiedlichen Themen wie Instandsetzung, Buchhaltung, Finanzierung, Verwaltung/Management (siehe Tab.3).

Diese Aufgaben werden derzeit von 22 Angestellten unterschiedlicher Ausbildung und Herkunft bewältigt. Das jährliche Budget von UHAB beträgt 800.000 Dollar, das zu 2/3 durch die Stadt New York und zu 1/3 durch Spenden von Kirchengemeinden und privaten Stiftungen gedeckt wird. In den letzten Jahren hat auch UHAB aufgrund der öffentlichen Mittelkürzungen begonnen, Minimalgebühren für bestimmte Beratungsleistungen zu erheben.

Der UHAB selbst versteht sich basisgebunden, wird aber oft von den Nachbarschaftsgruppen als Teil der städtischen Verwaltung wahrgenommen. Das generelle Dilemma der Nachbarschaftsorganisationen ist,
- daß sie sich entweder für die nicht finanziell honorierte Mobilisierung der Mieter einsetzen und den Bezug zur Basis behalten
- oder daß sie versuchen, Förderungsmittel zu akquirieren, und sich durch zunehmende Professionalisierung von der Basis entfernen.

Um Finanzierungsquellen für die Selbsthilfemaßnahmen zu erschließen, sind jedoch Kenntnisse über das Förderungssystem notwendig. "Die Gruppen entwickeln sich allmählich von Betroffenen zu nachbarschaftsorientierten Dienstleistungsorganisationen..."[39] So wird es keinen Ausweg aus dem Dilemma geben. Den Basisgruppen bleibt nur, ihre Stellvertreter immer wieder in ihrem Interesse zu nutzen. Darüber hinaus ist die Funktion der Beraterorganisationen in einem weiteren Sinne ambivalent. Zwar ist eine Vertretung von Einzelhausinteressen bei differenzierten Problemen gegenüber dem Staat notwendig, doch durch die Hilfestellung und das Glätten der Probleme werden direkte Mieterproteste verhindert.

> **Reflections of a Field Coordinator**
>
> "I got a group of people sometimes who don't know anything about construction, or sometimes they have some skills. I have to build the building with them, and I have to do it in the best way possible. They don't know what they can do, because they don't know what has to be done.... People really love this kind of project because we're telling them that they *will* be able to do it, that it's not a crazy idea for them to go into an empty building, demolish it, and rebuild it with no money, no skills, and low incomes.
>
> "In this job, a book doesn't help a lot. You have to know about construction, but you also have to know about people: what people can do, and what the best way is for each group of people to do a job. Every group uses different techniques, because they feel more comfortable with them.... The job is 24 hours. It's not like you can go to the office and do what you have to do, or go to a building and work eight hours and go home. That never happens. You have to think about tomorrow, about the contractor, or the materials, or the city. Somebody has to anticipate all that, and that's my job."
>
> **Jorge Palombo, UHAB Staff**

Abb.11: Überlegungen eines Feldkoordinators
Quelle: UHAB, a.a.O., S. 15

Insgesamt befinden sich die Nachbarschaftsorganisationen in einer defensiven Position. In den letzten Jahren hat ihr politischer Einfluß abgenommen.[40] "Unter der Reagan-Administration geht der Anteil öffentlicher Mittel am Gesamtbudget von Nachbarschaftsorganisationen ständig zurück."[41] Für alle Gruppen wirkt sich die Reduzierung der öffentlichen Mittel negativ aus. So wird u.a. bei der Finanzierungsvergabe restriktiver vorgegangen, beispielsweise durch jährliche Neubeantragung statt bisheriger Kontinuität. Um die Einbuße öffentlicher Gelder zu kompensieren, wird der Konkurrenzkampf um private Spenden immer härter.

Aufgrund der seit 1986 geänderten Steuergesetzgebung befürchten die Selbsthilfeorganisationen eine starke Reduzierung der Spendenfreudigkeit der bisherigen und künftigen Geldgeber. Denn pauschale Abschreibungen sind nur noch eingeschränkt möglich und bei Schenkungen ist nicht mehr der volle Marktwert absetzbar.[42]

Gerade im Hinblick auf derart düstere Zukunftsperspektiven wurden die Nachbarschaftsorganisationen veranlaßt, ihre Strategie zur Wohnungsversorgung der unteren Einkommensgruppen zu entwickeln. Bürgermeister Koch hatte nämlich eine Anfrage an private Investoren gerichtet und um Lösungsvorschläge für das Wohnungsproblem der mittleren Einkommensgruppen gebeten. Darauf reagierten die Nachbarschaftsorganisationen mit folgendem Konzept für die Ärmeren:
- Schaffung von 3.000 Wohnungen pro Jahr für Haushalte unter 25.000 Dollar Jahreseinkommen
- Nutzung leerstehender Gebäude
- Mieten gemäß dem Einkommen
- Schaffung einer stadtweiten nicht-gewinnorientieren Wohnungsgesellschaft, in deren Besitz alle Häuser dieses Programms übergehen.

Finanziert werden kann dieser Vorschlag
- hauptsächlich durch städtische Kapitalzuschüsse und Darlehen
- durch Umsetzung der Obdachlosen in diese Wohnungen und damit Freisetzen der derzeit für sie verausgabten Gelder (Familie im Wohlfahrtshotel - 18.000 Dollar pro Jahr, im vorgesehenen Programm 3.240 Dollar pro Jahr)
- durch Ausnutzung der *linkage*-Gelder vom *Battery Park City*-Projekt.[43]

Fazit

Mieterorganisationen sind aufgrund ihrer sich ständig verändernden Basis nur "ein Schatten ihres Gegenübers in der Produktion."[44] Das Investitionsinteresse des Privatkapitals bestimmt nach wie vor die Wohnungspolitik. Für die Kapitalakkumulation schafft der Staat außerdem die Voraussetzung und die Legitimation durch Sicherung des sozialen Friedens. "Wohnen - eine Lebensnotwendigkeit - wird nicht wie ein soziales Gut behandelt sondern als eine Quelle privaten Profits."[45]

Der Prozeß der *gentrification* verdeutlicht die Dominanz der Kapitalinteressen. Der Investitionsdruck führte 1980 allein zu 15.000 Umwandlungen im Wohnungseigentum in New York City und zu beträchtlichen Mietsteigerungen in den aufgewerteten Gebieten. (Von 1970-81 stiegen die Mieten um 172%.[46]) Vergleicht man dagegen die in den Selbsthilfeprogrammen geförderten und verkauften Wohnungen, so kann das nur als Befriedungspolitik zur Linderung der krassesten Probleme angesehen werden. Im *Tenant Interim Lease Program* sind seit 1978 rund 10.000 Wohnungen gefördert und wiederhergerichtet worden, das sind nur etwa 1.500 im Jahr - und zwar in dem Programm mit dem höchsten Förderungsvolumen. Insgesamt wurden bisher unter DAMP rund 12.500 Wohnungen in 530 Gebäuden gefördert, eine verschwindend geringe Anzahl verglichen mit den etwa 7.800 (*in-rem*) Gebäuden[47] im städtischen Besitz und den insgesamt rund 190.000 Mietwohnungen in schlechtem Zustand. So gelang 1982 beispielsweise nur der Verkauf von 112 Gebäuden durch DAMP-Programme, während 1.001 abgerissen wurden.[48] Eine gezielte Strategie der Stadtverwaltung im Umgang mit den übernommenen Gebäuden ist bisher nicht erkennbar. Auch ist fraglich, wie die 10 Millionen aus dem Gewinn von *Battery Park City* für Wohnungsbauprojekte unterer Einkommensgruppen genutzt werden.

Selbsthilfe ist also ein Tropfen auf den heißen Stein und keine Strategie zur Sicherung der Wohnungssituation der ärmeren Stadtbewohner. Sie hat zudem einen ambivalenten Charakter. Sie organisiert zum einen nur die Menschen, die zur Beteiligung an einem solchen Prozeß in der Lage sind und am Ende die Wohnung - sei es für nur 250 Dollar - kaufen können. Andere Bewohner fallen durch ihr Auffangnetz. Zum anderen hilft sie, den Verfall von Gebieten aufzuhalten, indem sie Inseln in heruntergekommenen Quartieren schafft, die sich dann oft zu Ansatzpunkten für *gentrification* entwickeln können. Damit werden die ursprünglichen Ziele konterkariert, die Wohnungen teurer und mittel- bis langfristig dem preiswerten Wohnungsmarkt entzogen.

Trotzdem wird die Arbeit von Nachbarschaftgruppen auch positiv gesehen. Ohne sie würde weniger Wohnraum für Einkommensschwache zur Verfügung stehen und die Armen noch stärker aus dem Wohnungsmarkt ausgegrenzt. Selbsthilfe schult, die persönlichen Interessen zu artikulieren und durchzusetzen, stärkt die eigene Identität sowie die mit dem Quartier und kann zu einem erhöhten politischen Bewußtsein führen - gerade die Nichtwähler wurden durch die *grassroot*-Bewegungen mobilisiert. Allerdings kann sie sich nur zu einer ernstzunehmenden kommunalpolitischen Kraft entwickeln, wenn sie mit den anderen Protest- und Sozialbewegungen[49] koaliert und von der ebenfalls betroffenen Mittelklasse unterstützt wird. Nur dann kann die Nachbarschaftsbewegung soziale Veränderungen bewirken, die über die unmittelbaren Mieterfragen hinausgehen.

Verfechter[50] der Nachbarschaftsbewegung sehen in der politischen Mobilisierung der Mieter den einzigen Weg zu einer tatsächlichen Lösung der Wohnungsfrage. Anhaltspunkte dafür sind:
- die Explosion der *grassroot*-Proteste im letzten Jahrzehnt,
- weniger Eigentumsbildung im Wohnungsbau und eine steigende Zahl von Langzeitmietern,
- eine zunehmende Anzahl von Mietern, die in großen Mehrfamilienhäusern von unpersönlichen Gesellschaften leben,
- der zunehmende Konflikt zwischen den unterschiedlichen Kapitalinteressen: die einen, die durch die steigenden Mieten profitieren und die anderen, für die aufgrund der höheren Mieten höhere Lohnforderungen der qualifizierten Arbeitskräfte anstehen,
- die zunehmende Betroffenheit der Mittelklasse, die zu den ärmeren städtischen Mietern stoßen, weil sie sich kein Eigentum mehr leisten können.

Dieser Einschätzung ist entgegenzuhalten, daß Selbsthilfe zumindest ein zweischneidiges Schwert ist. Sie macht zwar Mieterforderungen geltend, spielt aber den öffentlichen Interessen in die Hand, die die sozialen Ausgaben ohnehin reduzieren und sich aus der Verantwortung für eine angemessene Wohnungsversorgung aller Bewohner stehlen wollen. Selbsthilfe dient in dem Fall dazu, die Privatisierung öffentlicher Aufgaben voranzutreiben und bei absehbar steigenden Instandhaltungskosten zusätzliche Forderungen nach finanzieller Unterstützung zu unterbinden. Angesichts der weiterhin zu erwartenden Kürzungen in den Sozialprogrammen kann Selbsthilfe außerdem für den Staat ein Barometer dafür sein, was ohne Förderung bei der Lösung der Wohnungsprobleme der einkommensschwachen Haushalte erreicht werden kann.[51]

Daher wird in der Selbsthilfebewegung gefordert, das Eigentum, den Bau und die Finanzierung von Wohnungen dem profitorientierten Wohnungsmarkt zu entziehen.[52] Die Nachbarschaftsorganisationen sehen eine langfristig adäquate Wohnungsversorgung, gerade auch der unteren Einkommensgruppen, nur durch ein kontinuierliches Subventionssystem gesichert.

Abb. 12: Wandgemälde in Clinton
Photo: S. Hochfeld

Abkürzungen

ANHD	Association for Neighborhood and Housing Development
CHDC	Clinton Housing Development Company
DAMP	Division of Alternative Management Programs
HPD	Department of Housing Preservation and Development
NWBCCC	Northwest Bronx Community and Clergy Coalition
TIL	Tenant Interim Lease Program
UHAB	Urban Homesteading Assistance Board

Anmerkungen

1 vgl. MARCUSE, PETER: Wohnungsversorgung in den USA, BAUWELT 31/32,1982, S. 1292
2 UHAB: Tenth Year Report and Retrospective, The Urban Homesteading Assistance Board 1974-1984, New York 1986, S. IV
3 HELMS, HANS G.: Auf dem Weg zum Schrottplatz, Zum Städtebau in den USA und Kanada, Köln 1984, S. 172
4 vgl. MARCUSE, a.a.O., S. 1291
5 vgl. BRONX REDLINING STUDY: CITY LIMITS XI/1, Januar 1986, S. 5
6 Gespräch mit FRIEDHEIM, ODA: ANHD, am 26.8.86
7 vgl. MEYERSON, ANN: Housing Abandonment: The Role of Institutional Mortage Lenders, in: Critical Perspective of Housing, Edited by BRATT, RACHEL G. / HARTMAN, CHESTER / MEYERSON, ANN: Philadelphia 1986, S. 197/8
8 Da in den USA die Steuern an das Objekt und nicht die Person geknüpft sind, kann ein Eigentümer das Haus verschuldet zurücklassen.
9 vgl. UHAB, a.a.O., S. 7
10 vgl. SEGGEWIES,DOROTHEE: Selbsthilfeansätze in der Wohnraumversorgung in New York, Diplomarbeit an der Technische Universität Berlin 1984, S. 26
11 vgl. DEPARTMENT OF HOUSING, PRESERVATION AND DEVELOPMENT: Housing and Vacancy Survey, unveröffentlichtes Manuskript, S. V
12 vgl. HEINZ, WERNER: Selbsthilfe bei der Altbauerneuerung -Wohnungspolitische Alternative oder kostensparender Lückenbüßer? Erfahrungen amerikanischer und schottischer Ansätze und Programme zur Erneuerung und Verwaltung älterer Wohnbestände in Selbsthilfe, Berlin 1984, S. 85
13 vgl. MARCUSE, PETER: The Homefront, in: CITY LIMITS X/7, Aug./Sept. 1985, S. 11
14 vgl. ATLAS, JOHN /DREIER, PETER : The Tenant´s Movement and American Policies, in: Critical Perspective on Housing, a.a.O., S. 390 und ACHTENBER,EMILY P., MARCUSE,PETER: The Causes of the Housing Problem, in: Critical Perspective on Housing, a.a.O., S. 9
15 vgl. HARTMAN, CHESTER: Housing Policies under the Reagan-Administration, in: Critical Perspective on Housing, a.a.O., S. 364/5
16 vgl. UHAB, a.a.O., S. 22
17 vgl. UHAB, a.a.O., S. 22
18 vgl. HEINZ, a.a.O., S. 44-46
19 vgl. HEINZ, a.a.O., S. 48-51
20 vgl. UHAB, a.a.O., S. 20 und Robert Kolodny, The Emergence of Self-Help as a Housing Strategy for the Urban Poor, in: Critical Perspective on Housing, S. 454
21 vgl. HEINZ, a.a.O., S. 277
22 vgl. SEGGEWIES, a.a.O., S. 40
23 KOLODNY, a.a.O., S. 455
24 vgl. ALTAS/DREIER, a.a.O., S. 3
25 COWLEY, JOHN:.The Limitations and Potential of Housing Organisation, in: Critical Perspective on Housing, a.a.O.,S. 400
26 COWLEY, a.a.O., S. 400/401
27 Punkt 1-4, vgl. SCHUMAN, a.a.O., S. 465-67
28 SCHUMAN, a.a.O, S. 465
29 vgl. KOLODNY, a.a.O., S. 459
30 SCHUMAN, a.a.O., S. 468
31 vgl. CLINTON HOUSING DEVELOPMENT COMPANY, CHDC's Present Activities / Community Consultans Contract / Pläne, New York 1986, S. 1
32 vgl. MALLING,, BARRY: Campaign Contributions, The Key for Clinton Developers, in: CITY LIMITS XI/5, Mai 1986, S. 16

33 Gespräch mit BELISLE, MARGO: CHDC, am 28.8.86
34 vgl. SEGGEWIES, a.a.O., S. 78-93
35 Gespräch mit JIM BUCKLEY, NWBCC, am 25.8.86
36 vgl. SEGGEWIES, a.a.O., S. 95
37 Public Interest Public Relations, nach HEINZ, a.a.O., S. 205
38 vgl. UHAB, a.a.O., S. 9
39 HEINZ, a.a.O., S. 300
40 Gespräch mit FRIEDHEIM, ODA: ANHD, am 26.8.86
41 HEINZ, a.a.O., S. 230
42 vgl. FELDSTEIN, MARTIN AND KATHLEEN: Rents will Rise, THE WASHINGTON POST, 31.8.1986, S. D 8 und A Case of Jitters, Tax-Reform Euphoria Gives Way to Questions about its Economic Impact, NEWSWEEK, 1.9.1986, S. 14
43 "linkage" siehe Beitrag HEREIJGERS und vgl. ASSOCIATION FOR NEIGHBORHOOD AND HOUSING DEVELOPMENT u.a: Non-Profit Low and Moderate Income Permanent Housing Development Proposal, New York 1986
44 COWLEY, a.a.O., S. 399
45 ACHTENBERG/MARCUSE, a.a.O., S. 4
46 vgl. SCHUMAN, a.a.O., S. 472
47 Dies entspricht etwa einer Anzahl von 100.000 Wohnungen, von denen nur 45.800 bewohnt sind.
48 vgl. SCHUMAN, a.a.O., S. 472, DEPARTMENT OF HOUSING PRESERVATION AND DEVELOPMENT, a.a.O., S. 1 und MICHAEL STEGMAN, Housing in New York, Study of the City, New York 1984, S. 6
49 Antiatomkraftbewegung, Konsumenten- und Umweltschützer, Bewegungen gegen Reagans Kürzungen der Sozial- und Wohlfahrtsprogramme
50 vgl. ATLAS/DREIER, a.a.O., S. 378-85
51 vgl. KOLODNY, a.a.O., S. 456-58
52 ACHTENBERG/MARCUSE, a.a.O., S. 474-83

Photos:
Soweit nicht anders angegeben: A. SCHOEN

Annalie Schoen

LÜCKENBÜSSER FÜR DEN STAAT?

Kooperation von Nachbarschaftsitiativen und privaten Kapitalen auf dem Wohnungsmarkt

"Steigende Preise der Bostoner Häuser beweisen eine starke Wirtschaft" (New York Times, 22.9.85), "1-Million-Preisschild nicht ungewöhnlich auf dem Bostoner Wohnungsmarkt" (Boston Globe, 30.9.85), "Hohe Einkommen führen Boston an die Spitze (des nationalen Wohnungsmarkts)" (Boston Homes Condominius, 10.85), "Boston wächst wieder nach Jahrzehnten starker Bevölkerungsverluste" (New York Times, 15.9.85), "Boston wächst während einige Vororte schrumpfen" (Boston Globe, 11.8.85).[1] Diese Schlagzeilen in den Zeitungen spiegeln die erheblichen Umstrukturierungsprozesse in Boston wider.

Der wirtschaftliche Aufschwung Bostons - manifestiert durch die Aufwertung der Innenstadt - wirkt in den Wohnungsmarkt hinein. Was kennzeichnet diese strukturellen Veränderungen, welche Konsequenzen haben diese Veränderungen für die unteren Einkommensgruppen und wie reagieren die Nachbarschaftsorganisationen darauf?

Umstrukturierungsprozesse in Boston

In den 50er und Anfang der 60er Jahre erlebte Boston einen Niedergang. Die mittelständischen Familien wanderten in die Vororte ab; das produzierende Gewerbe suchte die Anbindung an die Autobahnen und die flächige Ausbreitung außerhalb der Stadt, auch der Handel versprach sich besseren Transport- und Marktzugang in den Vororten. Da das abfließende Kapital nicht ersetzt wurde, sanken die Steuereinnahmen und damit die Attraktivität der Stadt Boston.[2]

In den späten 60er Jahren änderte sich die Entwicklung. Es wurden alte Fabriken und Warenlager sowie ganze Wohnquartiere in der Innenstadt abgerissen, um für Luxuswohnungen in Hochhäusern, für Verwaltungs-, Bildungs- und Handelstürme sowie teuere Einkaufs- und Unterhaltungszentren zu weichen. Boston profitiert von dem national expandierenden Spezialisierungsgrad in hochwertigen Dienstleistungen (Kommunikation, Geldmanagement, höhere Bildung, Medizin, Geschäftsdienstleistungen). Der Ersatz von produzierendem Gewerbe durch Forschung und Entwicklung im *high tech*-Bereich ist als zentral für die Umstrukturierung in der Region anzusehen.[3] Die Anzahl der Beschäftigten in Boston stieg binnen 10 Jahren von 511.170 auf 594.000 im Jahr 1985, davon um 33,5 % im Tertiärsektor, während die Arbeitslosenrate seit 1975 kontinuierlich von 12,8 auf 4,4 % (1986) zurückging und damit weit unter dem nationalen Durchschnitt von 7,3 liegt.[4]

Nur mit dem Blick auf den prosperierenden Teil der Wirtschaft wird strahlend verkündet, daß die Region von Boston die hohen Ränge im interregionalen Konkurrenzkampf erklommen hat und an 5. Stelle der Beschäftigungsrate, an 6. Stelle der Bevölkerungsgröße und 6. Stelle bezogen auf das persönliche Einkommen steht.[5]

Qualitativ bewirkt die Umstrukturierung des Arbeitsmarktes einen Verlust an besser bezahlten Stellen für Arbeiter, die zu etwa gleicher Anzahl durch meist schlecht bezahlte, nicht gewerkschaftlich organisierte Stellen im Diensleistungssektor ersetzt wurden. Zusätzlich entstanden eine erhebliche Anzahl von hochwertigen Funktionen im Bereich Technik und Management.[6] Diese Veränderungen schlagen sich auch im Einkommen nieder. Seit 1970 wächst sowohl der Teil der Bevölkerung mit hohem Einkommen als auch der mit niedrigem.[7] Die Kluft zwischen Arm und Reich wird größer, erkennbar auch an der sinkenden Zahl von mittleren Einkommen.

Ebenfalls in der Sozialstruktur der Bostoner Bevölkerung sind schwerwiegende Verschiebungen erkennbar. Zwischen 1960 und 1985 sank die Anzahl der Kinder zwischen 0-15 Jahren von 25 % auf 17 %, während die Anzahl der 15-35-jährigen auf über 50 % anstieg. Dies scheint die Vermutung zu bestätigen, daß ein erheblicher Teil der hochqualifizierten Arbeitsplätze von jungen kinderlosen - vornehmlich weißen - Berufstätigen, den *yuppies* (*young urban professionals*) eingenommen wird. Nur in der schwarzen und hispanischen Bevölkerung steigt der Anteil der Kinder und Jugendlichen.[8] Der von der Innenstadt ausgehende Boom hat also zu erheblichen Umstrukturierungen auf dem Arbeitsmarkt und damit zur Änderung der Einkommens- und Bevölkerungsstruktur geführt. Die Wirkungen, die von diesen Veränderungsprozessen ausgehen, werden im folgenden für den Wohnungsmarkt beschrieben.

"Gentrification"

In den 60er Jahren war die Nachfrage nach kleinen Einfamilienhäusern in den Vororten groß, in die vor allem Ehepaare mit Kindern zogen. Zwischen 1970 und 1980 verringerte sich dagegen der Anteil dieser Gruppe um 28 %. Die innerstädtische Eigentümerstruktur in diesem Wohnungsteilmarkt wurde daher zunehmend durch ältere Besitzer, Haushalte mit geringem Einkommen und Investoren geprägt. Die Gebäudewerte stagnierten, Instandhaltung und Wirtschaftlichkeit wurden durch mangelnde Mieteinnahmen problematisch und führten oft zur Besitzaufgabe (*abandonment*).[9] Bereits 1959 wurde in einem Bericht des *Municipal Bureau* angemerkt, daß die Zerstörung der Gebäude schneller vor sich geht, als sie aufgehalten werden kann.[10]

Mit dem Boom der Bürogebäude begann eine relativ junge Mittelschicht, die Bostoner Nachbarschaften wieder zu entdecken. Aufgrund veränderter Wertvorstellungen und sich wandelndem Sozialverhalten wird eine Wohnung in der Nähe der Arbeitsstelle - oft der Innenstadt - gesucht, damit sich die reduzierte Freizeit dennoch mit dem Kommunikations- und Unterhaltungsbedürfnis vereinbaren läßt.

Durch das sinkende Einkommen einer großen Anzahl von Haushalten einerseits und eine steigende Anzahl von Bestverdienenden andererseits veränderten sich die Anforderungen an den Wohnungsmarkt. "Es ist die sich öffnende Kluft zwischen diesen beiden Teilen der Bevölkerung - nicht irgendein plötzlicher Wandel in der Psyche der Vorortler -, die die Basis für die "Zurück-in-die-Stadt"-Bewegung und die Verdrängung der Armen aus den innerstädtischen Quartieren durch die *gentry* bildet."[11] *Gentrification* war nicht allein ein Ergebnis der Marktverhältnisse, es wurde auch aktiv durch die Stadtpolitik begünstigt: Subventionen wurden gezielt in diese Gebiete gelenkt, Steuernachlässe und Vergabe von öffentlichem Land und Gebäuden für Büro- und Wohneigentumskomplexe ermöglicht, Wohnungsbauten durch Nachbarschaftsorganisationen für die unteren Einkommensgruppen blockiert und die Mietpreisbindung unterminiert.[12]

In bestimmten Gebieten, in denen Minoritäten und schlecht Verdienende lebten, hielt die Stadt die Infrastruktur nur noch ungenügend in Stand und tolerierte für ein paar Jahre den "warmen Abriß" (*arson-for-profit*). Damit verbunden war das Desinvestitionsverhalten der Eigentümer und das *redlining* der Hypothekenverleiher (siehe Beitrag "Endstation Wohnen"). Die "Feuer-Politik" ermöglichte den Hauseigentümern durch die Gebäudeübernahme der Versicherung, ihr Kapital dem verfallenen Wohngebiet zu entziehen. Gleichzeitig werden die betreffenden Grundstücke für eine profitablere Nutzung frei gemacht. In gentrifizierenden Gebieten dient das Verfallenlassen den Eigentümern dazu, sich der Mieter und ggfs. der Mietpreisbindung zu entledigen.[13]

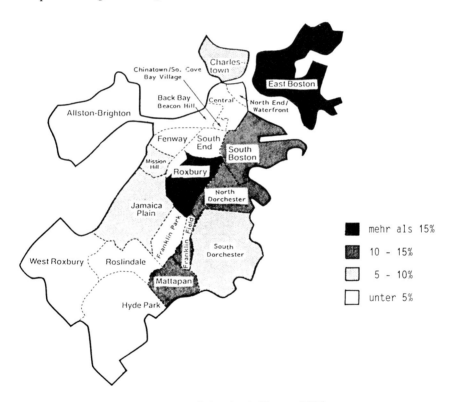

Abb. 1: Instandsetzungsbedarf von Gebäuden in Boston, 1985
Quelle: Borchelt, a.a.O., S. 21

Zwischen 1980 und 1985 heizte die Zunahme von ca. 14.000 Haushalten vorwiegend der realtiv jungen Bewohnergruppen die Nachfrage nach Mietwohnungen an, steigerte die Umwandlung in Wohnungseigentum und den Wert der 1-3 Familienhäuser. Die bis 1980 kontinuierliche Abnahme im Bestand der Mehrfamilienhäuser wurde durch Eigentumsbildung aufgehalten, verdeutlicht beispielsweise auch in der fast um die Hälfte gefallenen Leerstandsrate der 1-4 Familienhäuser.[14] Die Anzahl der Mietwohnungen hingegen sank durch die Eigentumsbildung stetig. Die meisten Umwandlungen fanden in größeren Mehrfamilienhäusern statt, konzentrieren sich daher auf Back Bay, Allston-Brighton und Fenway. Es gibt auch einen zunehmenden Trend zur Eigentumsbildung in South End, North End, Charlestown, Jamaica Plain.[15] Durch substantielle Aufwertung der Wohnhäuser hat sich der Gebäudewert in den meisten der Bostoner Nachbarschaften den Vororten angeglichen bzw. sie sogar überrundet. Von 1979-84 stiegen die Werte der 1-3 Familienhäuser jährlich um 20 %, im Gegensatz zu 8 % 1975-79 und 4 % 1955- 75.[16]

Wohnungsbestand

Bemerkenswert am Bostoner Miethausbestand ist die hohe Anzahl von kleinen Gebäuden: 42 % der Wohnungen befinden sich in 2-4 Familienhäusern. Darüber hinaus ist der Gebäudebestand relativ alt: 63 % der Häuser wurden vor 1939 errichtet. Nur etwa 2 % des Bestandes stehen leer. In einer 1984 von der Stadt in Auftrag gegebenen Bestandsuntersuchung wurden 92 % des Gebäudezustandes mit sehr gut und gut bewertet (8 % als erträglich bis schlecht), während es 1974 nur 70 % waren.[17] Diese deutliche Verbesserung der Gebäudesubstanz kennzeichnet das Fortschreiten der *gentrification*.

83 % des Bostoner Wohnungsbestandes war 1985 in Privatbesitz; gegenüber 1970 entspricht das einem Rückgang um 7 %. Die Wohnungsumwandlungen in Eigentum korrespondieren mit einem Verlust an privaten Mietwohnungen. Immerhin stieg der öffentliche Wohnungsbau (*non-profit-housing inventory*) von fast 10 % auf 17 %.[19] Der soziale Wohnungsbau - von der *Boston Housing Authority* verwaltet - steckt infolge von Zerstörung, Unbewohnbarkeit, Leerstand in einer Dauerkrise. Daneben sind ungefähr 3.600 private öffentlich geförderte Wohnungen wegen mangelnder Hypothekenrückzahlung im Versteigerungsprozeß, weitere 4.300 in Privatbesitz laufen aus der Förderung aus. Damit sind fast 1/4 der bezahlbaren, subventionierten Wohnungen in Gefahr.[20] Erschwerend kommt hinzu, daß die Wohnungsbauprogramme des Bundes erheblich reduziert wurden. Beispielsweise wurden Boston $ 23 Millionen der *community development block grant*- Mittel für Wiederherrichtung des Althausbestandes um 24% gekürzt; insgesamt wird mit einem jährlichen Verlust von $ 39 Millionen gerechnet, der nicht durch private Organisationen (Stiftungen, Kooperativen, Kirchen, etc.) aufgefangen werden kann.[21]

"Bostons jüngste und derzeitige Wohnungsproduktion fiel hinter die Nachfrage und deren Erfordernisse zurück und führte zu der derzeitigen Wohnungsmarktkrise."[22] Mit der durch *gentrification* bewirkten Nachfrage nach hochwertigem Wohnraum kann der Bostoner Wohnungsbau also nicht Schritt halten. Zwar erweiterte sich der Wohnungsbestand in den Jahren 1970-85 bereits von 232.00 auf 250.000 Einheiten, 1985 schon mit einer jährlichen Steigerungsrate von etwa 2.000 zu etwa gleichen Anteilen Neubau und Umwandlungen. Dennoch ist der Neubau um fast die Hälfte gegenüber dem letzten Jahrzehnt zurückgegangen. Trotz der Produktionssteigerung bleibt die Nachfrage größer, die so zur Inflation von Gebäudewerten und Mieten führt.[23]

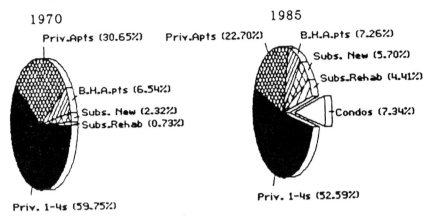

Priv.Apts	-private, nicht subventionierte Wohnungen
Priv.1-4s	-private, nicht subventionierte 1-4 Familienhäuser
Subs.New	-subventionierter Neubau und Umwandlung von Gewerberaum in Gebäuden mit 5 und mehr Einheiten
Subs.Rehab	subventionierte Altbauerneuerung in 1-4 Familienhäusern
B.H.A.pts	-von Boston Housing Authority verwaltete Wohnungen

Abb. 2: Bostoner Wohnungsbestand 1970 und 1985
Quelle: Goetz, Background Tables, a.a.O., S. 3 [18]

Mieten

Boston ist - für amerikanische Verhältnisse ungewöhnlich - mit über 70% eine Stadt der Mieter.

Die Durchschnittskaltmiete (*contract rent*) war in Boston zwischen 1970-80 relativ stabil und hat sich nur um 1,5 % von $ 191 auf $ 192 erhöht. Die Warmmiete (einschließlich Heizung und Bewirtschaftungskosten) betrug 1980 durchschnittlich $340 (Berechnungsbasis 1985). 1985 war die Miete bereits auf $ 400 gestiegen, die 3 % jährlich über der Inflationsrate lag. Dies steht im Gegensatz zu den Vorjahren, in denen sie etwa mit dem Lebenshaltungsindex standhielt. In der räumlichen Verteilung lassen sich ebenfalls Unterschiede feststellen. Die Miete stieg während der 70er Jahre in den Innenstadtbereichen, während sie in den weiter außerhalb liegenden Bezirken fiel. Der Trend setzte sich in den 80er Jahren fort; insbesondere die City, Back Bay/Beacon Hill und Allston/Brighton haben hohe Steigerungsraten zu verzeichnen. Gerade in den genannten Gebieten ist die Zahl der Eigentumswohnungen signifikant hoch.[24]

Diese teuren Mietpreise können sich hauptsächlich Leute mit hohen Steuerabschreibungsmöglichkeiten leisten. "Existierende staatliche Steueranreize für Hauseigentümer ermuntern Haushalte, Eigentumswohnungen zu besitzen, um die staatlichen Einkommenssteuererleichterungen auszunutzen. Die Grenze dieses Steuervorteils liegt bei einer Miete von etwa $ 400 monatlich, weil auf diesem Niveau ein Haushalt rund $ 500 verdienen muß, um $ 400 netto nach dem Steuerabzug für die Miete zu erhalten. Viele investieren gerne monatlich $ 500 oder mehr in Hauseigentum, das ihnen in diesen Quartieren voraussichtlich einen erheblichen Gewinn bringt." [25] Abbildung 3 zeigt, wie in fast allen Nachbarschaften diese $400-Mietgrenze erreicht wird.

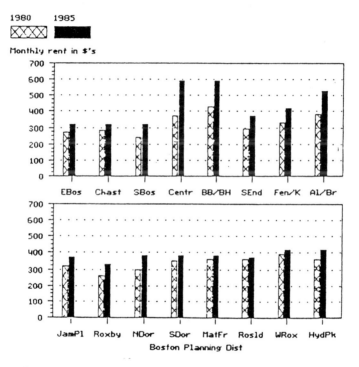

Abb. 3: Durchschnittswarmmieten nach Planungsdistrikten 1980 und 1985
(berechnet in 1985 Dollars)
Planungsdistrikte [26] siehe Abb. 1
Quelle: Goetz, a.a.O., S. 16

Was für einen kleineren Teil der Bevölkerung positiv aussieht, ist mit erheblichen Problemen für den anderen behaftet. "Bezahlbarkeit des Wohnens ist ein Hauptproblem, besonders für Bostons Mieter."[27] "In den letzten Jahren, in denen sich die Wohnungsmarktdurchlässigkeit verlangsamte und Wohnraumknappheit auftrat, die die Grundstückswerte und Mieten steigen ließen, ist die jährliche Förderungsrate weit

161

unter den Bedarf gefallen, was die Situation der armen Haushalte verschlimmert." [28] Bereits 1980 lebten 20 % der Bostoner unter der Armutsgrenze, 58 % hatten ein geringes oder mäßiges Einkommen; fast 40 % der Mieter zahlten mehr als 30 % ihres Einkommens für die Wohnung. Diese Mietlast ist ein Anzeichen für das Auseinanderfallen der Zahlungsfähigkeit der unterschiedlichen Einkommensgruppen. Diese Kluft existiert trotz öffentlicher Intervention durch Wohnungsbauförderung und Mietpreisbindung.[29]

Den Verlust von Mietwohnungen versuchte man zwar durch Förderungsprogramme auszugleichen, auch konnte die Anzahl von 1960-80 von 14.000 auf 45.000 gesteigert werden, jedoch ist seit 1980 die Tendenz wieder rückläufig. Zudem reduziert sich durch *gentrification* derjenige Bestand erheblich, den man noch in bessere, aber auch mietgünstige Wohnverhältnisse umwandeln kann. Es betrifft derzeit um 20.000 Wohnungen mit etwa 20 % Leerstand, die meist im öffentlichen Wohnungsbau wiederhergerichtet werden sollen.[30]

Eine Form des Entrinnens vor den unbezahlbaren Mieten ist in der Tendenz zum *doubling up* festzustellen, d.h. Haushalte teilen sich eine Wohnung. Dies betrifft sowohl alleinstehende Sozialhilfeempfängerinnen als auch einige geschiedene *yuppies* oder alleinstehende Eltern mit Kindern.[31] "Die Knappheit bezahlbarer Mietwohnungen manifestiert sich auch in der großen Anzahl obdachloser Familien, die an der Schwelle der Bostoner Obdachlosenunterkünfte erscheinen, und in der wachsenden Warteliste für Familienwohnungen, die von der *Boston Housing Authority* (BHA) bewirtschaftet werden. Am 31.3.85 hatte die BHA eine Warteliste mit 9.057 Familien, im Jahr vorher waren es nur 6.955." [32]

Mietpreisbindung / "Rent Control" [33]

Anfang der 70er Jahre gelang es einer Mieterbewegung in Ost-Massachusetts, die Anwendung der staatlichen Mietpreisbindung auch für Boston durchzusetzen. Sie galt für alle existierenden Wohnungen, außer für die Gebäude, in denen der Eigentümer selbst wohnte und die weniger als 3 Stockwerken hatten. Sie erlaubte dem Eigentümer einen berechneten Profit auf der Grundlage der Nettoeinnahmen des Gebäudes in einem Standardjahr vor der Mietpreisbindung.

Inwieweit die Mieten tatsächlich niedrig gehalten wurden, bleibt fraglich. Eigentümer ließen ihre Häuser oft nicht beim *Rent Control Board* registrieren oder erhöhten ihre Mieten ohne Zustimmung bzw. erstritten im Klageverfahren häufig Marktmieten. Eine Gesetzeslücke erlaubte, Wohnungen nach einer Modernisierung aus der Mietpreisbindung zu entlassen, was z.T. zur Entleerung ganzer Gebäude oder sogar Blöcke führte.

Trotz dieser schwachen Form der Mietpreisbindung, gibt sie "Mietern eine größere Sensibilität für ihre eigene Legitimität und Sicherheit im Zurückschlagen, ohne die viele organisierte Bemühungen der Mieter nicht in die Startlöcher gekommen wären."[34] Etliche der Kampagnen hatten beachtenswerte Ergebnisse: Kündigungen, Mieterhöhungen wurden gestoppt und die Eigentümer zur Instandhaltung verpflichtet.

Seit 1970 änderte sich der Eigentümertypus. Eigentümer, die ihr Haus viele Jahre besaßen und vorrangig von den Einkünften lebten, wurden ersetzt durch solche, die in erster Linie an Steuerersparnissen und/oder an einer kurzfristigen, spekulativen Investition interessiert waren, und "die lieber zur Eigentumswohnung wechselten als zu kämpfen." [35] Der politische Einfluß dieser Eigentümer führte 1975 sogar zur Änderung der Mietpreisbindung: bei Leerstand konnte die jeweilige Wohnung aus der Bindung entlassen werden. Dies erfolgte meist auch umgehend nach Auszug des jeweiligen Mieters. So gelangten zwischen 1976 und 1982 etwa 80 % der Wohnungen auf den freien Markt.

Ende der 70er Jahre hatte die Kampfkraft der Mieterbewegung nachgelassen und ihr Druck war 1979 auch nicht groß genug, die Wiederwahl eines überwiegend gegen die Mietpreisbindung eingestellten *City Councils* zu verhindern. Die Stratgien der Mieterbewegung mußten sich infolgedessen den eigenen Kräfteverhältnissen anpassen und auf Petitionen, Pressekonferenzen, öffentliche Anhörungen und politische Verhandlungen beschränken. Neben dem Kampf um die Mieten verlagerte sich daher auch die Zielsetzung der Mieterbewegung und richtete sich gegen schlechte Wohnbedingungen, Umwandlung von Mietwohnungen in Eigentum und Mietsteigerungen. In dieser eher defensiven Lage befindet sich die Mieterbewegung noch heute. Aktiver Teil sind aber noch die aus ihr hervorgegangenen Nachbarschaftsorganisationen.

Im folgenden werden beispielhaft zwei Nachbarschaftsorganisationen herausgegriffen, deren Aktionsräume sich in Stadtquartieren befinden, die unterschiedlich von *gentrification* betroffen sind. Dennoch haben beide Organisationen ähnliche Strategien des Umgangs mit der Gebietsaufwertung entwickelt.

Die Nachbarschaftsorganisation I.B.A. in South End

Das städtebauliche Erscheinungsbild von South End ist durch die Architektur der Reihenhäuser geprägt. Als sie Ende des 19. Jahrhunderts gebaut wurden, waren sie als Einfamilienhäuser für Bostons aufsteigende Mittelschicht gedacht. Da sich aber andere weniger verdichtete Wohngebiete wie z.B. Dorchester und Brookline sehr bald als begehrter erwiesen, wurden um die Jahrhundertwende die stattlichen Gebäude mit den runden Erkern in einzelne Wohnungen für die Bostoner Arbeiterklasse aufgeteilt.[36] South End war wie andere Wohngebiete Bostons in der 1. Hälfte des 20. Jahrhunderts von städtischer Armut betroffen; es war lange Jahre Auffangbecken für Einwanderer und arme weiße Familien, die in den 50er und 60er Jahren zum Teil fortzogen und von Schwarzen, später Puertoricanern ersetzt wurden. Der Anteil der schwarzen Bevölkerung ist erheblich auf derzeit 46 % gestiegen, 34 % sind weiß, 11 % asiatisch und 8 % hispanisch.[37]

Ab Mitte der 60er Jahre standen die ersten Gebäude leer, wurden nicht mehr instandgehalten; 1970 war die Zerstörung der Gebäude hoch: bei 20 % der Wohnungen fehlten einige oder alle Installationen (6 % stadtweit), 25 % der Wohnungen standen leer - nur 19 % weniger als 2 Monate. 30 % der Bewohner lebten unter der Armutsgrenze. Das Gebiet verfiel und wurde so Ziel der Bostoner Stadterneuerungspolitik - im Stil der Flächensanierung mit großen Abrißarealen.

Abb. 4: Reihenhäuser in South End

Aus Protest gegen diese Pläne entstand 1967 ein Mieterzusammenschluß, der sich mit Mietstreiks gegen die Vertreibung wehrte: *Inquilinos Boricuas en Accion* (I.B.A.). Neben den Mietaktionen entwickelte die I.B.A. ein fachlich fundiertes Gegenkonzept zu der städtischen Planung, das in den weiteren Erneuerungsprozeß einbezogen wurde. Letztendlich führte das qualifizierte Einbringen von Vorschlägen sogar zum Einsatz von der I.B.A. als Sanierungsträger für das Gebiet "Villa Victoria".[38]

Von 1971 bis 1981 baute und modernisierte die I.B.A. 815 Wohnungen. Inzwischen besitzt die Organisation schon Grundstücke im Wert von $ 50 Millionen in South End, über 2.500 Menschen leben in ihren Häusern. Von ihrem Gesamtbudget werden jedoch nur 15 % für den Wohnungsbau ausgegeben, die restlichen 85 % werden für soziale Aufgaben verwandt. Dies alles wird mit 100 Angestellten als eine Art Mini-Verwaltung für die spanisch-sprechende Bevölkerung bewältigt.[39]

"Allein durch seine Existenz hat Villa Victoria die völlige physische und spirituelle Zerstreuung der lateinamerikanischen Gemeinde aus South End verhindert. Aber während die Energien vieler hispanischer Aktivitäten durch den Bau und das Management von Villa Victoria und die Verteidigung des Projektes gegen Diskriminierung ... absorbiert wurden, treibt der unbarmherzige Druck der steigenden Mieten und der Bildung von Wohnungseigentum die Mehrheit der Latinos aus ihrem Wohngebiet."[40]

Mitte der 70er Jahre begann sich dieser Umschwung anzudeuten; die Nähe zur Innenstadt und der Northeastern University, die Büroflächenexpansion um das *Prudential Center* und den *Copley Place* am südwestlichen Rand der Innenstadt erhöhte die Nachfrage nach Wohnungen in South End. Im Gegensatz zu "anderen städtischen

Quartieren hat South End eine einzigartig architektonische Unversehrtheit gekoppelt mit der Innenstadtnähe, die das Potential für eine attraktive gehobene Mittelklasse-Nachbarschaft bereitstellt." [41]

Abb. 5: Neubau Villa Victoria

Bereits Anfang der 70er Jahre gab es schon einige Einfamilienhäuser mit einem Grundstückswert von $ 17.200 - 21 % mehr als in der Gesamtstadt. 1980 war der Wert dieser Einfamilienreihenhäuser schon auf $ 62.500 gestiegen - eine jährliche Steigerungsrate von 13 % (stadtweit unter 10 %); 1983 kostete es dann nach der Modernisierung über $ 100.000 und 1985 um $ 300.000.[42] Ebenfalls hohe Steigerungsraten sind bei den Mietpreisen festzustellen. Die durchschnittliche Warmmiete der 19.400 Wohnungen in South End liegt mit $ 370 etwas unter dem städtischen Durchschnitt. Das bedeutet allein seit 1980 einen Anstieg um 28 %.

Kennzeichnend für die Haushaltsstruktur ist, daß 79 % ihrer Bewohner alleinstehend sind oder mit nicht verwandten Personen zusammen leben. Seit 1980 ist das ein erheblicher Anstieg um 22 %, der den sozialstrukturellen Wandel kennzeichnet. Nur 10% der Haushalte bestehen aus "traditionellen Paaren" (*traditional couples*), ein starkes Absinken von 18 % seit 1980.[43]

Der signifikante Anstieg der Miethöhen, das Sinken des unter der Armutsgrenze lebenden Bevölkerungsanteils, die hohe Anzahl Alleinstehender oder nicht verheiratet Zusammenlebender reflektiert die steigende *gentrification* des Gebietes. Die Entwicklung verdrängt die ursprünglichen Bewohner und schafft Platz für Investitionsinteressen zugunsten teuren Wohnraums.

Die Nachbarschaftsorganisationen können diese Entwicklung nicht aufhalten. Sie bemühen sich für einen begrenzten Zeitraum, Wohninseln für untere Einkommensschichten zu schaffen. Langfristig unterstützt jedoch auch ihre Arbeit die Aufwertung der Gebiete.

Die Nachbarschaftsorganisation "Urban Edge" in Jamaica Plain

Jamaica Plain war ursprünglich ein Stadtteil von Roxbury. Ungeachtet der 1851 deklarierten Stadtrechte von Roxbury wurde die Grenze zu Jamaica Plain - bis heute - nicht genau festgelegt. Die Errichtung der städtischen Wasserversorgung im späten 18. Jahrhundert und die Einführung der Eisenbahn um 1830 entlang der Washington Street veränderte die ehemals landwirtschaftlich geprägte Gegend zu einem gemischten Wohn- und Gewerbegebiet, das es bis heute geblieben ist. Die Verlängerung der Straßenbahn nach West-Roxbury 1870 öffnete Jamaica Plain auch für die Einwanderung der Mittelklasse.[44]

Jamaica Plain wird durch einen hohen Anteil schwarzer und hispanischer Bevölkerung geprägt. Kennzeichnend sind weiterhin ein relativ niedriges Durchschnittsalter, ein hoher Anteil alleinstehender Personen mit oder ohne Kinder und ein hoher Anteil von Personen, die von der Sozialhilfe und unter der Armutsgrenze leben. In Zahlen heißt das: 1980 lebten etwa 39.500 Menschen in Jamaica Plain, 1985 waren es 51 % Weiße, 25 % Schwarze und 21 % Hispanier. Außerdem ist Jamaica Plain ein relativ junger Bezirk, etwa die Hälfte der Einwohner ist unter 29 Jahren. 56 % der Haushaltsvorstände ist alleinstehend und lebt zum Teil mit einer anderen nicht verwandten Person zusammen. 24 % "traditionelle Paare" und 20 % der Bevölkerung sind alleinstehend mit Kindern. Auch hier hat es erhebliche Verschiebungen seit 1980 gegeben. Ein hoher Anteil - rund 30 % - leben von Sozialhilfe. Insgesamt 22 % der Einwohner in Jamaica Plain lebten bereits 1980 unter der Armutsgrenze.[45]

Der Wohnungsbestand in Jamaica Plain ist relativ alt: 3/4 wurde vor dem 2. Weltkrieg gebaut. Die Wohnungen sind jedoch großzügig geschnitten, sie sind nämlich größer als sonst in Boston: über die Hälfte hat mehr als 5 Zimmern. Darüber hinaus befinden sich 32 % der 27.500 Wohnungen in Privatbesitz fast ausschließlich weißer Eigentümer, und die Hälfte der Wohnungen befindet sich in Einfamilienhäusern. Die Warmmiete liegt mit durchschnittlich $ 370 leicht unter dem städtischen Durchschnitt, ein durchaus beachtenswerter Anstieg von 16 % seit 1980.[46]

Die Nachbarschaftsbewegung begann ihre Arbeit in diesem Gebiet während der frühen 70er Jahren. Das *Ecumenical Social Action Committee* (ESAC) konstituierte sich, um der zunehmenden Aufgabe der Häuser durch ihre Eigentümer (*abandonment*) im nordöstlichen Teil von Jamaica Plain entgegenzuwirken. Zur Stagnation der Grundstückswerte trug die Landesregierung von Massachusetts maßgeblich bei, als sie für den geplanten Bau einer innerstädtischen Autobahn, des Südwest-*Expressways*, viele Grundstücke und Gebäude entlang der *Penn Central*-Bahnlinie kaufte und abriß. Als 1972 das Projekt nicht weiter verfolgt wurde, hatte die Planungsunsicherheit schon die Aufgabe und den Verfall der Gebäude entlang des gesamten Korridors beschleunigt.[47]

1974 beschlossen die Mitglieder des ESAC-Projektes, einen neuen Verein zu gründen und unter dem Namen *Urban Edge* weiterzuarbeiten. Er begann mit dem Renovieren und Instandsetzen von verlassenen Gebäuden, um sie an Leute aus der Nachbarschaft zu verkaufen oder zu vermieten. Durch seine qualifizierte Arbeit wurde der *Urban Edge* einer der städtisch anerkannten Träger für Selbsthilfeprogramme (*city's urban homesteading contractor*). Er kaufte die Häuser über einen Steuertitel von der Stadt, von Privateigentümern oder vom *U.S. Department of Housing and Urban Development* (HUD).

Aber auch viele Privatbesitzer verkauften ihre Häuser an diese Nachbarschaftsorganisation, weil sie keinen anderen Käufer finden konnten oder glaubten, ihn nicht finden zu können. Das HUD besaß die Gebäude aufgrund von Hypothekenkündigungen und war generell einverstanden, sie dem Selbsthilfeprogramm zur Verfügung zu stellen. Der Urban Edge - wie andere Selbsthilfeorganisationen auch - übernahm dann die wesentlichen Investitionsmaßnahmen, um die Wohnungen wieder bewohnbar zu machen und überließ die Schönheitsreparaturen den Selbsthelfern, den designierten Eigentümern mit niedrigem Einkommen.

Der Verein hat 113 Wohnungen in verlassenen 1-3 Familienhäusern instandgesetzt - mehr als jede andere nicht-profitorientierte Organisation im städtischen Selbsthilfeprogramm. Darüber hinaus wurde er vom HUD ebenfalls als lizenziertes Beratungsunternehmen für Wohnungsfragen (*certified housing counseling agency*) anerkannt, das u.a. Eigentümer mit niedrigem Einkommen hilft, Hypothekenkündigungen zu vermeiden. Zudem entwickelte er auch die ersten Projekte, die eine Berufsausbildung mit dem Bauprozeß verknüpften.[48]

In den 70er Jahren war Jamaica Plain so isoliert und gefährlich, daß die einkommensschwachen Bewohner keine Verdrängung durch die einkommensstarken zu befürchten hatten und der *Urban Edge* sich auf die Wiederherrichtung der Gebäude konzentrieren konnte. Ab 1980, als sich die Nachfrage nach innerstädtischem Wohnen verstärkte, wurde Jamaica Plain für Investoren attraktiver. Damit wächst auch die Aufgabe des *Urban Edge*, den Einwohnern Hilfe zum Verbleiben am Ort zu leisten.[49] 1982 begann der Verein daher, Mehrfamilienmiethäuser zu kaufen, um die Versorgung mit billigem Wohnraum zu gewährleisten. 1985 bewirtschaftete er bereits 300 Wohnungen. Die Organisation wuchs kontinuierlich und verwaltete 1984 bereits $ 2.5 Millionen.

Um an Arbeit und bezahlbare Wohnungen für die Armen, die Arbeiter und die untere Mittelklasse zu gelangen, müssen die Nachbarschaftsorganisationen ein sehr differenziertes und komplexes Handeln mit Banken, Wohlfahrtseinrichtungen und der Verwaltung entwickeln. Die Versorgung mit billigem Wohnraum und das Zurückdrängen von *gentrification* bleibt daher Ziel für die nähere Zukunft.

Die Beraterorganisation Greater Boston Community Development (GBCD)

Die im folgenden beschriebenen Beraterorganisationen sind aufgrund ihres Organisationstypus beachtenswert. Entstanden aus der Nachbarschaftsbewegung oder mit Personen aus ihr, spielen sie eine entscheidende Rolle in der Vermittlung zwischen Geldgebern und Vor-Ort-Organisationen. Aus dem Prozeß der Wohnraumversorgung unterer Einkommensschichten sind sie kaum noch wegzudenken.

1964 begann eine nicht-profitorientierte Organisation in South End mit Namen *South End Community Development* (SECD), 93 Wohnungen für Familien mit geringem Einkommen instandzusetzen. Es war eines der ersten erfolgreichen *community based housing ventures* in Boston. Im Laufe der Jahre erweiterte die SEDC ihren Aufgabenbereich sowohl räumlich als auch inhaltlich und wurde 1970 in *Greater Boston Community Development* (GBCD) umbenannt. "Heute hat die GBCD 55 Mitarbeiter und arbeitet mit 30 Nachbarschaftsorganisationen gleichzeitig." [50]

Die Organisationsstruktur verdeutlicht den möglichen Einfluß kommunalpolitisch bedeutender Einzelpersonen und Institutionen: Das Personal untersteht dem *Executive Director* in der täglichen Arbeit, der wiederum dem *Board of Directors* Rechenschaft ablegen muß. Der *Board*, in dem Repräsentanten des Bostoner Immobilien-, Rechts-, Wissenschafts- und Finanzsektors vertreten sind, trifft sich 5 mal im Jahr, um die generellen Strategien und Entwicklungslinien festzulegen. Eine Einflußnahme auf die Aktivitäten der GBCD ist sicherlich auch zwischen den Sitzungen möglich und gängige Praxis.

Während ihrer gesamten Existenz hat die GBCD sich über Grundstücksverwaltungsgebühren, Bauplanungsgebühren und Spenden finanziert, wobei die Einnahmen aus Gebühren schon 90 % der Gesamteinnahmen betragen. Die Spenden (Haupteinnahmequellen, siehe Abb. 6), die im Aufbauprozeß der GBCD von größter Wichtigkeit waren, können jetzt einerseits für die Erweiterung der Organisation im Westen von Massachusetts sowie andererseits weiterhin verstärkt für ihre ursprünglichen Ziele eingesetzt werden.[51] "Seit 1964 hat die GBCD mit 17 verschiedenen nicht-profitorientierten Sponsoren zusammengearbeitet und 2.750 Wohnungen in 25 Bauvorhaben"[52] mit einem Finanzierungsvolumen von $118.492.339 fertiggestellt.

```
Sources of Major Grants for Development Work

        Bird Companies Charitable Foundation
          Cabot Family Charitable Trust
                Charlesbank Homes
      Committee of the Permanent Charity Fund
              Godfrey M. Hyams Trust
         Lawrence Model Lodging House Trust
         Local Initiatives Support Corporation
              The Blanchard Foundation
                The Ford Foundation
               The Polaroid Foundation
                The Riley Foundation
```

Abb. 6: Spendende Institutionen für die Arbeit von GBCD
Quelle: GBCD, a.a.O., S. 20

Die GBCD bietet ein weites Spektrum an Dienstleistungen an: 53
- Hilfestellung bei der Formulierung von örtlichen Bedürfnissen und Zielen
- Identifizierung möglicher Ressourcen für Subventionen, Grundkapital, Baudarlehen, Hypotheken, Fondsfinanzierung
- Verhandlungen zur Akquisition von Grundstücken und Gebäuden
- Evaluierung des Wiedergebrauchswertes von Gebäuden
- Auswahl von Schlüsselpersonen für das Bauteam, einschließlich qualifizierter Architekten und Bauunternehmer
- Vorbereitung des Projektentwurfs, Schätzung der Baukosten, Abstimmung des Entwurfes mit den Kosten und der Finanzierung
- Anträge für Hypotheken, Subventionen, Versicherungen bei Behörden
- Sicherung der rechtlichen Bescheide (Bauordnung, Steuerbescheide, Grundstückstitel etc.)
- Strukturierung der geeigneten Eigentümerkonstruktion und des effizientesten Finanzierungskontrollsystems
- Überwachung des Bauablaufs, Dokumentation der Kosten-, Koordination der Submission
- Planung des Managements für das fertige Haus, Kostenaufstellung, Koordination der Vermietung.

Ein wesentliches Element der Beratung ist, Programme nach den jeweiligen Bedürfnissen der Nachbarschaftorganisationen zu schneidern, indem Finanzierungspakete geschnürt und sie rechtlich gesichert werden.

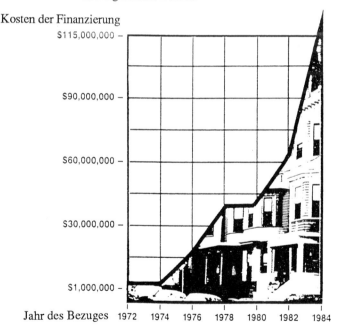

Abb. 7: Kumulierte Hypotheken- und Teilhaberschaftsfinanzierung
Quelle: GBCD, a.a.O., S. 12

Eine der ungewöhnlichsten Pionierleistungen zeigt sich in der "Erfindung" eines "Immobiliensyndikats" für gemeinnützige Spender. Syndikat heißt in diesem Fall: Bildung einer limitierten Teilhaberschaft, um Grundstücke zu kaufen. Durch den Verkauf von limierten Anteilen aus der Teilhaberschaft können die Geldgeber erhebliche Steuerfreibeträge geltend machen. Diese Konstruktion bewirkt in den Augen von der GBCD Vorteile sowohl für den Spender als auch für das Bauvorhaben. "Seit 1971 hat die GBCD 18 limitierte Teilhaberschaften aufgelegt, zu denen Investoren über $ 25 Millionen beigetragen haben." [54] Als wesentliche Leistung der GBCD wird also angesehen, die finanziellen Grundlagen für eine umfangreiche Beratungstätigkeit geschaffen zu haben.

Die GBCD will in komplexere Aufgaben investieren, wie beispielsweise die Zusammenarbeit mit anderen Beraterorganisationen und die Finanzierung nachbarschaftsorientierter Gewerbepolitik. Als altes und künftiges Ziel bleibt nach wie vor, die Nachbarschaften zugunsten von niedrigen Einkommensgruppen zu verbessern. Da die Bundesförderungen jedoch stetig abnehmen, wird von der GBCD eine verstärkte Zusammenarbeit mit Finanzämtern der Stadt und des Staates zur Sicherung der Finanzierungsquellen angestrebt. Darüber hinaus soll die künftige Arbeit verstärkt mit Hilfe privater Geldgeber durchgeführt werden.

Weil keine konkrete Betroffenheit der Berater mehr vorhanden ist, die Arbeit sich auf die professionelle Vertretung beschränkt, also eine relative Entfernung zu den Ereignissen vor Ort und eine größere Nähe zu privaten und öffentlichen Geldgebern vorhanden ist, scheinen die tatsächlichen Bedürfnisse der Betroffenen nicht mehr im Vordergrund zu stehen. Das ursprüngliche Ziel der Versorgung mit billigem Wohnraum hat sich insofern verselbständigt, als Teile der ehemaligen Mieterbewegungsgegner nun zu Geldgebern avancieren. Die Diskussion, ob die private Finanzwirtschaft mittel- oder langfristig andere Zielsetzungen mit der Wohnungsversorgung verfolgt, wird - zumindest öffentlich - nicht mehr geführt.

Die Beratungsorganisation Boston Housing Partnership (BHP)

Die BHP wurde 1983 als private Initiative von führenden Geschäftsleuten, hohen Vertretern der Stadt und Nachbarschaftsorganisationen mit dem Status einer privaten nicht-profitorientierten Kooperative gegründet. Die Anfangsförderung setzte sich aus Zuschüssen der Stadt und Spenden von lokalen Institutionen und privaten Geldgebern zusammen.

Die kommunalpolitische Bedeutung und die Auseinandersetzung des Finanzkapitals mit dem unteren Segment des Wohnungsmarktes wird durch die an der Organisation BHP beteiligten Einzelpersonen und Institutionen deutlich: Vorsitzender ist der Präsident der *State Street Bank and Trust Company*, dem *Board of Directors* gehören Vertreter von 4 großen Banken, 2 Sparkassen, 2 Versicherungsgesellschaften, der *Boston Housing Authority*, der *Boston Redevelopment Authority*, der *Boston University*, der Director des *Public Facilities Departments*, Vertreter von 3 Nachbarschaftsorganisationen und der *Neighborhood Development and Employment Agency* an. Der jetzige *Executive Director*, einer von 8 Angestellten, war Direktor der *South End Community Development*, die 1970 in die *Greater Boston Community Development* überging.[55] Diese personelle Verquickung von einerseits bedeutenden kommunalpolitischen Akteueren und andererseits ehemaliger Avantgarde der Nachbarschaftsbewegung kennzeichnen diese neue Form der Beratungsinfrastruktur.

Die Gründung entstand infolge der Diskussion um die Wohnungskrise in Boston. Da der staatliche Haushalt um 1/3 gekürzt wurden, der soziale Wohnungsbau nur auf niedrigem Niveau weiterexistieren wird, sah man im nicht-profitorientierten Wohnungsbau - aufgrund der Steuereinsparungsmöglichkeiten der Geldgeber - eine Möglichkeit, die Krise mildern zu helfen.[56]

Ziele der BHP sind [57]

- Organisation und Management von Programmen, mit denen Häuser in schlechtem Zustand wiederhergerichtet und für Familien mit geringem Einkommen bezahlbar gestaltet werden
- Mobilisierung von öffentlicher Förderung und privaten Geldern zur gemeinsamen Bewältigung der Wohnungsprobleme durch den öffentlichen und privaten Sektor
- Gewährung von technischer Hilfe für Nachbarschaftsorganisationen zur Erhöhung ihrer Kapazitäten, Wohnungen zu bauen und zu verwalten.

Die Aufgabenverteilung zwischen der BHP und den Nachbarschaftsorganisationen ist geregelt: die BHP ist nur für die Programmgestaltung und -koordination zuständig, während das Eigentum des konkreten Grundstückes bei den Nachbarschaftsorganisationen verbleibt.

Die BHP trägt die Hauptverantwortung,

- die Förderungszusagen für die finanzielle Abwicklung des Projektes zu sichern
- Startkapital den Nachbarschaftsgruppen für die Vorortentwicklungskosten zur Verfügung zu stellen (beispielsweise für Grundstückskosten, Architektengebühren, Baupersonal)
- Zusammenarbeit mit der Stadt, um den Hypothekenkündigungsprozeß, Besitzwechsel und Gebührenänderungen zu beschleunigen
- die Planung des Bauprozesse, Wiederherstellung des Gebäudes und ein solides langfristiges Grundstücksmanagement zu überwachen.

Die Nachbarschaftsorganisationen dagegen übernehmen die Hauptverantwortung,

- den Typ des Wohnungsbauprogramms zu bestimmen, der für ihre spezielle Nachbarschaft adäquat ist
- detaillierte Informationen über den Projektsponsor, die Gebäude, das Budget, die Projektabwicklung, Management, Vermarktung und Mieterauswahl bereitzustellen
- die Berater auszuwählen, die Arbeit der Architekten, Ingenieure und Juristen nachzuprüfen,
- die Modernisierung und den Bauprozeß zu begleiten
- das Grundstückmanagement vorzubereiten und durchzuführen.

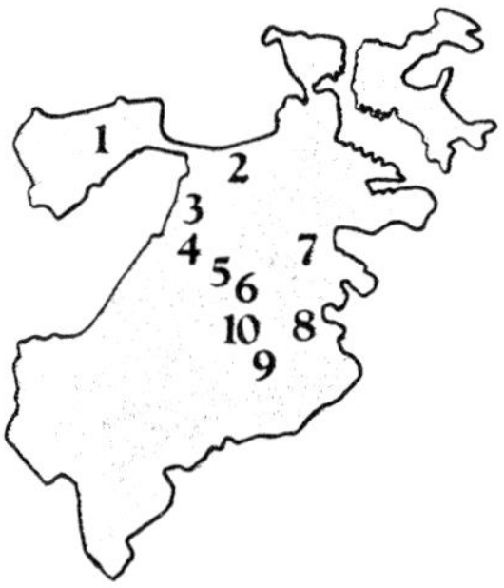

Name of Community Group	Number of Units
1 Allston-Brighton Community Development Corporation	20
2 Fenway Community Development Corporation	20
3 Mission Hill Neighborhood Housing Services, Inc.	74
4 Urban Edge of Greater Boston, Inc.	88
5 Roxbury/North Dorchester Neighborhood Revitalization Corporation	96
6 Quincy-Geneva Housing Corporation/ Roxbury Multi-Service Center	101
7 Dorchester Bay Economic Development Corporation	58
8 Fields Corner Community Development Corporation	76
9 Codman Square Housing Development Corporation	80
10 Lena Park Community Development Corporation	93
TOTAL	706

Abb. 8: Nachbarschaftsorganisationen betreut von der BHP
Quelle: GBCD, a.a.O., S. 7

Das erste große Projekt von der BHP - kritisch von den Nachbarschaftsorganisationen begleitet - betraf 69 verlassene oder verfallene Gebäude mit 706 Wohnungen in 10 verschiedenen Nachbarschaften Bostons (siehe Abb. 8). Es wurden Wohnungen für Mieter mit niedrigem Einkommen instandgesetzt und modernisiert. Dies ließ sich nur aufgrund der Zusammenarbeit mit den Nachbarschaftsorganisationen realisieren, zumal ungefähr 2/3 der Wohnungen bewohnt waren.[58]

Die große Gebietsbezogenheit und das soziale Engagement des Programms lassen sich daran ablesen, daß über 96 % der ursprünglichen Haushalte im Gebiet verblieben; 5 % der Wohnungen wurden für körperlich Behinderte und 3 % für das *Department of Mental Health* reserviert. An den Bauarbeiten nahmen 496 Arbeiter teil, davon 56 % der Bewohner, 49 % Angehörige von Minoritäten und 6 % Frauen.[59]

Es bedurfte eines sehr hohen Koordinationsaufwandes aufgrund der Größe des Projektes und der hohen Anzahl Beteiligter. So wurden neben den Nachbarschaftsorganisationen auf der offiziellen Seite 11 Stadtämter, 6 Landesbehörden, 6 Stiftungen, 6 Banken und 4 Finanzierungsunternehmen eingebunden.

Entsprechend aufwendig ist die Finanzierung, die die Mittel aus den unterschiedlichen "Töpfen" zusammenfaßt: $ 22,3 Millionen Hypotheken-Finanzierung, $ 10.7 Millionen Fondsfinanzierung, $ 4,5 Millionen Zuschüsse der Stadt, $ 630.000 Zuschüsse privater Stiftungen und $ 3.4 Millionen jährliche Subventionszahlungen für 10 Nachbarschaftsorganisationen. Dadurch wurden die Kosten für jede Wohnung von durchschnittlich $ 51.000 gedeckt. Die mit $ 200 im Mittel berechnete Miete konnte jedoch nur aufgrund zusätzlicher Mietsubventionen gehalten werden.[60]

In einem 2. Ansatz will die BHP hauptsächlich hypothekengekündigte Mehrfamilienhäuser mit 8 lokalen nicht-profitorientierten Wohnungskooperativen in Angriff nehmen. Sie verhandeln mit dem *U.S. Department of Housing and Urban Development* über rund 1.700 Wohnungen.

Die BHP wird als Vorbild für ähnliche Projekte im Staat Massachusetts betrachtet [61], manchmal auch als nationales Modell.[62] Nur aufgrund der Größenordnung des Projektes - zusammengesetzt aus vielen Einzelvorhaben - konnte es einen derartigen Stellenwert in der öffentlichen Diskussion erlangen und damit modellhaft in bezug auf die Beteiligungs- und Finanzierungskomplexität neue Wege beschreiten.

Angesichts des sehr komplexen ökonomischen Vorgehens ist offensichtlich, daß die Durchführung nur mit hohem technischen und organisatorischem Expertenwissen realisierbar war. Eine derartige Professionalisierung birgt immer die Gefahr, sich durch die Einbindung in Sachzwänge von der Basis zu entfernen. Diese "Versachlichung" wirkt bis in die einzelnen Nachbarschaftsgruppen, ohne die jedoch ein solches Modell gar nicht denkbar wäre.

Einzelne Vertreter der privaten Geldgeber wirken glaubhaft in der Darstellung ihres sozial motivierten Handelns. Die Wahrnehmung von in erster Linie öffentlichen Aufgaben durch private Kapitale - wie die Versorgung ärmerer Bevölkerungsschichten mit billigem Wohnraum -, geht über dieses Sozialengagement hinaus und ist ökonomisch plausibel. Zumindest in der jetzigen Boomphase der Stadtentwicklung scheinen arbeitsmarktpolitische Gründe für eine Mindestversorgung auch der niedrigen Einkommensgruppen mit Wohnraum zu sprechen, da sonst eine Verknappung von Arbeitskräften im unteren Dienstleistungsbereich befürchtet wird. Das generell an *gentrification* verdienende Finanzkapital unterstützt also die BHP aufgrund der aktuellen Wirtschaftsentwicklung. Das Modell BHP bleibt daher zwiespältig.

Resümee

Boston erlebt einen Boom, der oft nur in seiner Lichtseite dargestellt wird, ohne seine Schattenseite zu betrachten. Der Wirtschaftsaufschwung, räumlich manifestiert im Stadtkern mit den Hochhausbauten für die Tertiärnutzung, bewirkt nicht nur eine Polarisierung auf dem Arbeitsmarkt, auch der Wohnungssektor spiegelt zunehmend den Gegensatz von Arm und Reich wider. Die Bezieher hoher Einkommen belegen die luxusmodernisierten Wohnungen, aus denen die Armen verdrängt werden. Die Mieten sind durch *gentrification* - insbesondere in der Nähe der City - erheblich gestiegen. Die Nachfrage nach Eigentumswohnungen ist groß. Ursache für die Rückorientierung auf das innerstädtische Wohnen ist die technologische Entwicklung der Arbeitsbedingungen und damit verbunden die sich wandelnden gesellschaftlichen und sozialen Wertvorstellungen.

Die Investoren nutzen die Gunst der Stunde und modernisieren oder bauen teuere Wohnungen, solange sie noch nachgefragt werden. Da der Markt ohnehin von den *developers* bestimmt ist, die Nachfrage nach innerstädtischem Wohnen aufgrund der Wirtschaftsentwicklung enorm hoch ist, werden die teueren Wohnprojekte möglichst gut erreichbar von der City durchgesetzt. "Zwischen den Extremen der blinkenden Innenstadt und den verfallenden Gebieten wird um die kränkelnden, aber noch funktionsfähigen Gebiete gekämpft." [63]

Durch Eigentumsbildung wird der Bestand an Mietwohnungen kontinuierlich reduziert. Darüber hinaus wird gerade billiger Wohnraum erheblich verringert und kein gleichwertiger Ersatz geschaffen. Die Verdrängung durch *gentrification* aus den ehemals billigen Wohngebieten führt zu wachsender Wohnungsnot, ablesbar an der steigenden Zahl von Obdachlosen und Armen. Der soziale Wohnungsbau stagniert, die öffentlichen Förderungen decken nur einen geringen Teil der Wohnungen ab, die Mietpreisbindung ist de facto abgeschafft. Die Wohnbedingungen für die unteren Einkommensgruppen verschlechtern sich stetig. Die Versorgung duch die Nachbarschaftsorganisationen kann aber keine Lösung für die drängenden Wohnungsprobleme sein, zumal sich ihr Aktionsfeld nur auf einen geringen Teil des Bauvolumens bezieht und trotz ihrer Arbeit mehr Wohnungen verloren gingen als gewonnen wurden.[64]

Verfolgt man die Entstehung der Nachbarschaftbewegung zurück, so war ursprünglich der Kampf gesellschaftspolitisch breit angelegt. Aufgrund des zermürbenden Alltagsgeschäfts reduzierte sich der Ansatz auf die Lösung konkreter lokaler Interessen. Dem ehemals grundsätzlichen Infragestellen von gesellschaftlichen und politischen Strukturen ist das Ausschöpfen von Handlungsmöglichkeiten innerhalb des bestehenden Systems gewichen. Als Ergebnis können die Nachbarschaftsorganisationen dann zwar kurzfristig billigen Wohnraum zur Verfügung stellen, aber mittel- bis langfristig bereiten sie die Aufwertung der Gebiete derart vor, daß die Verdrängung ihrer Klientel vorprogrammiert ist. "Gemessen an dem Nutzen für Mieter und Nachbarschaften mit niedrigem Einkommen, ist das Ergebnis genauso mager wie die Gewinne, die durch den defensiven Kampf erreicht werden." [65]

Die Funktion der Nachbarschaftsorganisationen ist darüber hinaus zweischneidig. Einerseits sind sie auf das Vertrauen und die aktive Unterstützung der Bewohner angewiesen, andererseits benötigen sie für bestimmte Trägerfunktionen die Zustimmung der Stadt. Vor allem benötigen sie aber öffentliche Gelder, z.T. auch öffentliche Grundstücke. Da sie dennoch punktuell Konflikte mit der Stadt, den Eigentümern oder den privaten Spekulanten eingehen, ist die Erreichung ihrer Ziele aufgrund ihrer indirketen Abhängigkeit mit einer starken Gratwanderung verbunden. Durch zunehmende Professionalisierung besteht teilweise die Chance, das System im Sinne eigener Ziele zu nutzen. Wenn dann aber Projekte gelingen, verbucht die Stadt den Erfolg für sich.

Den konkreten Bedürfnissen vor Ort und der Arbeit der Nachbarschaftsorganisationen vorgeschaltet sind die Beraterorganisationen. Sie übernehmen Aufgaben in der Wohnraumversorgung für untere Einkommensgruppen, die der Staat vernachlässigt, und schaffen so Reproduktionsmöglichkeit für die notwendigen billigen Arbeitskräfte. Sie fördern die Bereitstellung von nicht-profitorientiertem Wohnraum, nutzen aber gleichzeitig das profitorientierte Wirtschaftssystem für ihre Zwecke, indem sie beispielsweise Spender durch Steueranreize werben. Ökonomisch sind die Beraterorganisationen jedoch von ihren Geldgebern abhängig. Auf der Handlungsebene treffen sich derzeit das spendende Finanzkapital und die Beraterorganisationen, daher scheinen ihre Ziele auch gleich zu sein. Was passiert aber, wenn sich die ökonomische Zielrichtung ändert? Inwieweit können die Beraterorganisationen dann noch eigene Ziele verfolgen? Aufgrund des aufgegebenen gesellschaftspolitischen Ansatzes fehlt offensichtlich die langfristige strategische Diskussion und Perspektive und es droht damit das Abgleiten in Opportunismus.

Abkürzungen

BHA   Boston Housing Authority
BHP   Boston Housing Partnership
ESAC Ecumenical Social Action Committee
GBCD Greater Boston Community Development
HUD   U.S. Department of Housing and Urban Development
I.B.A. Inquilinos Boricuas en Accion
SECD South End Community Development

Anmerkungen

1. GANZ, ALEX: The Boston Housing Market and its Future Perspective, Boston Redevelopment Authority, Research Department, October 1985, S. 1
2. vgl. GANZ, ALEX / O`BRIEN, THOMAS: New Directions for our Cities in the Seventies; Boston Redevelopment Authority, Research Department, Community Renewal Program, January 1974, S. 5
3. vgl. MCAFEE, KATHY: Socialism and the Housing Movement: Lessons from Boston, in: BRATT, RACHEL G. / HARTMAN, CHESTER / MEYERSON, ANN (Hrsg.): Critical Perspective on Housing, Philadelphia 1986, S. 409
4. vgl. GANZ, ALEX / BROWN, JEFFREY: Tabellarische Zusammenstellung zu Beschäftigungsdaten, Boston Redevelopment Authority, August 1985
5. Gespräch mit GANZ, ALEX, Boston Redevelopment Authority, am 2.9.1986
6. vgl. MCAFEE, a.a.O., S. 409
7. vgl. BOLLING, B.C. / MCCORMADE, E.J. u.a.: Report to the Mayor on the Linkage Between Downtown Development and Neighborhood Housing, Boston 1983, S. 6
8. vgl. GOETZE, ROLF: Bostons`s Changing Housing Patterns: 1970 to 1985, Boston Redevelopment Authority, Research Department, July 1986, S. 7
9. vgl. BORCHELT, DON / NETHERTON, DAVID R.: Supporting Affordable Housing in Boston, United Community Planning Corporation, Metropolitan Area Planning Council, Boston 1985, S. 11 u. 12
10. STAINTON, JOHN: Urban Renewal and Planning in Boston, Review of the Past and Look at the Future, Boston Redevelopment Authority, Boston 1972, S. 1
11. MCAFEE, a.a.O., S. 409 , "*gentry*" heißt Landadel und wird hier übertragen als Bezeichnung für die reichen "Verdränger" genutzt.
12. vgl. MCAFEE, a.a.O., S. 410
13. vgl. MCAFEE, a.a.O., S. 410
14. vgl. GOETZ, a.a.O., S. 5
15. vgl. BORCHELT, a.a.O., S. 12
16. vgl. GANZ, Boston Housing Market, a.a.O., S. 4
17. vgl. BOLLING, a.a.O., S. 6 und GANZ: Boston Housing Market, S. 5
18. vgl. GOETZ, a.a.O., S.4
19. priv.apts - private, unsubsidized apartment
    priv. 1-4s- privately owned, unassisted units in the single, duplex, triple-decker and four dwelling units
    subs.new- subsidized new construction and conversions of non-residential uses, all assumed to be in 5 and more unit structures
    subs.rehab- subsidized rehab units, all assumed to be in 1-4 family structures
    B.H.A.- units in Boston Housing Authority managed properties
    Quelle: GOETZ, a.a.O., Background Tables, S. 3
20. vgl. BORCHELT, a.a.O., S. 12
21. vgl. BORCHELT, a.a.O., S. 2
22. GANZ: Boston Housing Market, a.a.O., S. 3
23. vgl. GANZ, Boston Housing Market, a.a.O., S. 4
24. vgl. GOETZ, a.a.O., S. 13 u. 14
25. vgl. GOETZ, a.a.O., S. 15 u. 16
26.
EBos	East Boston	JamPl	Jamaica Plain
Chast	Charlestown	RoxBy	Roxbury
SBos	South Boston	NDor	North Dorchester
Centr	Central	SDor	South Dorchester
BB/BH	Back Bay/Beacon Hill	MatFr	Mattapan/Franklin
SEnd	South End	Rosld	Roslindale
Fen/K	Fenway/Kenmore	WRox	West Roxbury
Al/Br	Allston-Brighton	HydPk	Hyde Park

27 BOLLING, a.a.O., S. 6
28 GOETZ, a.a.O., S. 5
29 vgl. BOLLING, a.a.O., S. 6 u. 7
30 vgl. BORCHELT, a.a.O., S. 12 u. GANZ: Boston Housing Market, a.a.O., S. 6
31 vgl. GOETZ, S. 7
32 BORCHELT, a.a.O., S. 12
33 vgl. MCAFEE, a.a.O., S. 411-412
34 MCAFEE, a.a.O., S. 411
35 MCAFEE, a.a.O., S. 411
36 vgl. BORCHELT, a.a.O., S 14
37 vgl. VON EINEM, EBERHARD: Inquilinos Boricuas en Accion, Boston, in: *BAUWELT* 1982, Heft 13/32, S. 1300 u. GOETZ, a.a.O., S. 23
38 vgl. V.EINEM, a.a.O., S. 1300/1301 u. BORCHELT, a.a.O., S. 14
39 vgl. ROBB, CHRISTINA: Nailing down the Future, in: The Boston Globe Magazine, 31.3.1985, S. 1
40 MCAFEE, a.a.O., S. 413
41 BOSTON REDEVELOPMENT AUTHORITY: South End, Background Information, Planning Issues and Preliminary Neighborhood Improvement Strategies, Boston, June 1975, S. 2
42 vgl. BORCHELT, a.a.O., S. 14 u. 15
43 vgl. GOETZ, a.a.O., S. 18
44 vgl. HAVREY, ANNE: A Profile of Jamaica Plain and its Neighborhoods 1980, Boston Redevelopment Authority, March 1986, S. 1
45 vgl. HAFREY, a.a.O., S. 1-12 u. GOETZ, a.a.O., S. 21 u. 23
46 vgl. HAFREY, a.a.O., S 12-17
47 vgl. BORCHELT, a.a.O., S. 20
48 vgl. BORCHELT, a.a.O., S. 21 u. 22
49 vgl. ROBB, a.a.O., S. 1
50 ROBB, a.a.O., S. 2 u. vgl. BORCHELT, a.a.O. , S. 24
51 vgl. GREATER BOSTON COMMUNITY DEVELOPMENT, INC., (GBCD): Building Communities, Boston 1984, S. 20
52 GBCD, a.a.O., S. 5 u. vgl. S. 2
53 vgl. GBCD, a.a.O., S. 4 u. 21
54 GBCD, a.a.O., S. 12
55 vgl. THE BOSTON HOUSING PARTNERSPHIP: Program Summary, Boston 1986, S. 1-13 u. ROBB, a.a.O., S. 2
56 Gespräch mit WHITTLESY, ROBERT, Boston Housing Partnership, am 2.9.1986
57 Ziele und Aufgabenverteilung, vgl. Program Summary, a.a.O., S. 1-14
58 vgl. THE BOSTON HOUSING PARTNERSHIP: BHP I - Initial Multi-Family Rental Program, 4/86 u. Fact Sheet 5/86, S. 1
59 vgl. BHP I, a.a.O., Fact Sheet, S. 1
60 vgl. THE BOSTON HOUSING PARTNERSHIP: Informationsblatt, o.J. (ca. 1986), S. 2 u. BHP I, Fact Sheet, S. 2 u. ROBB, a.a.O., S. 3
61 vgl. BORCHELT, a.a.O., S. 5
62 vgl. BHP, Informationsblatt, a.a.O., S. 1
63 vgl. MCAFEE, a.a.O., S. 410
64 vgl. MCAFEE, a.a.O., S. 413
65 MCAFEE, a.a.O., S. 410

Photos: A. SCHOEN

Gertrud Napiontek

VOM CAMPANILE ZUR POSTMODERNE

Einfluß der Baugesetzgebung auf den Hochhausbau

New York, das bedeutet Anfang des 19. Jahrhunderts Manhattan. Heute ist Manhattan einer der fünf *boroughs*, die nach der Eingemeindung von Brooklyn, Bronx, Queens und Staten Islands 1897 die Stadt New York bilden.

Um 1800 erstreckt sich die Besiedlung von der Südspitze Manhattans bis zum *Greenwich Village* und zur *Houston Street*. Hier wohnen etwa 100.000 Menschen[1]. Der Stadtgrundriß entspricht durchaus der europäischen Tradition.

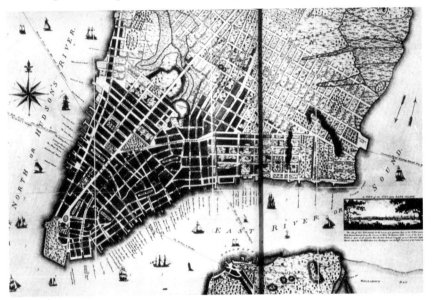

Abb. 1: Grundriß Südspitze Manhattan um 1800

Das anhaltende Bevölkerungswachstum und die in dieser Zeit wirtschaftlichen Wohlstands vorhandene Menge investitionsbereiten Kapitals veranlassen die Stadtväter, einen Stadterweiterungsplan in Auftrag zu geben.

1811 wird der *Commissioner's Plan* vorgestellt. Er umfaßt eine Fläche, die sechsmal so groß ist wie die vorhandene Stadt und erhält ein streng geometrisches Straßennetz von 12 *avenues* und 155 (heute: 218) Ost-West-*streets*. Mit diesem Plan wird eine künftige Stadt mit 2.082 Blocks von je 200 Fuß Breite und 800 Fuß Länge entworfen[2]. Plätze oder Grünflächen sieht der Plan mit wenigen Ausnahmen (das sind ein

Militärschauplatz - der heutige *Washington Square*, ein öffentlicher Markt in der *Lower Eastside* und ein Wasserreservoir in *Upper Eastside* - und natürlich der *Central Park* als zentrale Erholungsfläche) nicht vor[3].

Die Planersteller konnten sich lange nicht entscheiden zwischen dem Schachbrettsystem des Rasterplans und der Anlage eines quasi barocken Stadtplans - ein System von Radialen, über das ein Gitternetz gelegt ist, mit Plätzen an den Schnittpunkten beider Systeme -, wie ihn der französische Ingenieur L'Entfant 1791 für Washington erstellt hatte. Die Entscheidung fiel schließlich zugunsten des Rasterplans, mit dem - anders als beim barocken Stadtplan, dem in der Regel konkrete Bauabsichten zugrundeliegen - eine künftige, noch unbekannte Stadt entworfen wird. "Es soll die Bildung einer gewissen Anzahl numerierter Parzellen ermöglicht werden, auf denen die zukünftigen Betriebe jeder Art ..., eine einstöckige Baracke ebenso wie das Rockefeller Center ..., Platz finden sollen" [4].

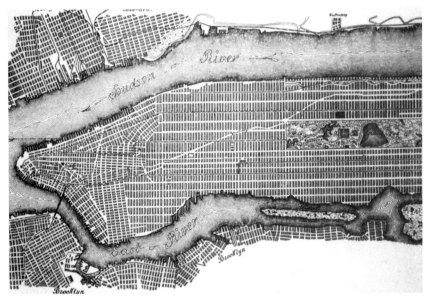

Abb. 2: *Commissioner's Plan*

Während Benevolo den Rasterplan von 1811 als "einen der wichtigsten Beiträge zur modernen städtebaulichen Kultur" ansieht, kritisiert Mumford ihn als einen "anorganischen Plan..., dem jegliche Anpassung an Landschaft oder an menschliche Bedürfnisse fehlen ..., mit dem der Boden zur reinen Ware und sein Marktwert sein einziger Wert überhaupt wird" [5].

Mitte des 19. Jahrhunderts ist das Raster bis etwa zur 42. Straße gefüllt[6]. Das Hochhaus ist noch weit entfernt, die Bebauung besteht aus drei- bis vierstöckigen Sandsteinhäusern.

Abb. 3: Bebauung um 1850

1854 passiert etwas Entscheidendes. Der Ingenieur Otis stellt auf der New Yorker Weltausstellung seinen Sicherheitsdampfaufzug vor. Damit ist eine der beiden wichtigsten Voraussetzungen für den Hochhausbau geschaffen[7]. Die zweite Voraussetzung, die Stahlskelettbauweise, wird in Chicago von den Architekten der Chicagoer Schule entwickelt[8].

In Chicago entstehen nun die ersten Hochhäuser in Stahlskelettbauweise, z.B. das *Home Insurance Building* von William Le Baron Jenney (1884) und das *Monadnock Building* von Burnham & Root (1892). Man sieht diesen Häusern ihre Modernität, die im Stahlskelett besteht, nicht an. Ihr Äußeres ist noch ganz traditionell im Stil des italienischen Renaissance-Palastes gehalten. Es gibt zwei Möglichkeiten, den Palast in die Höhe wachsen zu lassen: Die eine stapelt Paläste aufeinander, die andere dehnt den Mittelteil des Palastes so weit, bis die entsprechende Höhe erreicht ist[9].

Abb. 4: *Home Insurance Building*

Abb. 5: *Monadnock Building*

Zu Beginn der 90er Jahre werden in Chicago höhenbeschränkende Baugesetze erlassen. Schauplatz des Hochhausbaus wird nun New York, wo es bis 1916 keine Einschränkungen für den Bau feuerbeständiger Gebäude gibt. Die vorhandenen Baugesetze regeln lediglich die Grundflächen-Überbauung: Für Eckgrundstücke gilt eine Grundflächenzahl (GRZ) von 100, für andere Grundstücke eine GRZ von 100 im Erdgeschoß und von 90 in den darüberliegenden Geschossen[10].

Nach der Jahrhundertwende entstehen 1908 in New York der *Singer Tower* von Ernest Flaggs mit 41 Geschossen und 1909 der *Metropolitan Life Insurance Tower* von Napoleon Le Brun mit 42 Geschossen. Der Bautyp Campanile ist geboren. Und tatsächlich ist ja der *Life Insurance Tower* dem Campanile auf dem Markusplatz in Venedig nachgebildet[11].

Das 1913 von Cass Gilbert errichtete *Woolworth Building* hat 58 Geschosse, ist 260 m hoch und erinnert in seiner Formensprache an eine gotische Kathedrale. Als "Kathedrale des Commerz" und als höchstes Gebäude der Welt - zu dieser Zeit - geht es in die Baugeschichte New Yorks ein.

Abb. 7: Campanile auf dem Markusplatz

Abb. 6: *Life Insurance Tower*

Abb. 8: *Woolworth Building*

Abb. 9: *Equitable Building*

Abb. 10: Verkehrsvorschlag

Architektonische Gestalt und bauliches Volumen sowohl des *Metropolitan Life Insurance Tower* als auch des *Woolworth Buildings* sind noch unbeeinflußt von baugesetzlichen Vorschriften, vielmehr Ausdruck der ökonomischen Macht ihrer Bauherren und Ergebnis der Orientierung an historischen europäischen Formen.

Bereits seit 1908 setzen sich Architekturkritiker und auch Architekten für die Höhenbeschränkung von Bauten ein. Aber erst der Bau des *Equitable Buildings* 1915 macht schließlich das Maß voll. Dies ist das erste Gebäude, das einen ganzen Block einnimmt. Es ist zwar nur 39 Stockwerke hoch, übertrifft jedoch mit seiner konsequenten Grundstücksausnutzung - 30 % mehr als beim *Woolworth Building* - alle bisherigen Hochbauten[12].

Die von den Hochhäusern ausgehende Verkehrsbelastung - vor allem in *downtown* Manhattan - war schon vor 1916, aber auch nach Erlaß der ersten Zonenbauordnung, Gegenstand zahlreicher Untersuchungen (auch außerhalb der Vereinigten Staaten). So hat z.B. Raymond Unwin 1923 für das *Royal Institute of British Architects* eine umfangreiche Studie über die von den 14.000 Beschäftigten des *Woolworth Building* ausgehende Fuß- und Fahrwegebelastungen erstellt und vorgeschlagen, die Fußwege auf Stelzen zu führen oder aber den Fuß- und Fahrverkehr sowie den ruhenden Verkehr unter die Häuser (ins Erd- und erste Obergeschoß) zu legen[13].

Das gewaltige Bauvolumen des *Equitable Buildings* mit den von ihm ausgehenden Tageslichtbeschränkungen für die umliegenden Gebäude und der Fuß- und Fahrwegebelastung durch die in ihm arbeitenden 12.000 Angestellten sowie die Sorge vor dem Eindringen von Produktionsbetrieben in die eleganten Wohn- und Geschäftsviertel zwischen 34. und 59. Straße (südlich der 23. Straße hatte das sich ausbreitende produzierende Gewerbe bereits entsprechende Veränderungen bewirkt)[14], führen 1916 schließlich zum Erlaß des ersten *zoning law*, das als Modell für alle später erlassenen *zoning regulations* in den USA gilt.

Das neue *zoning* regelt grundstücksscharf, wie in der Bundesrepublik Deutschland der Bebauungsplan, die Verteilung der Nutzungsarten, wie Wohnen, tertiäre Funktionen, Industrie und Gewerbe. Gleichzeitig enthält es Einschränkungen für die Höhenentwicklung der Gebäude, nach verschiedenen *districts* geregelt. Je nach *district*-Zugehörigkeit beträgt die zulässige Gebäudehöhe an der Grundstücksgrenze das Ein- bis Zweieinhalbfache der Straßenbreite.

Darüber hinaus bestimmt ein vorgeschriebenes System von Gebäuderücksprüngen (*Sky Exposure Plan*) die Grundstücksausnutzung. Eine Sonderregelung gilt für Türme, die bei einer bis zu 25 %igen Grundstücksausnutzung von Höhenbeschränkungen ausgenommen bleiben. Die Grundflächenzahl (GRZ) von 90 gilt nun auch für Eckgrundstücke. Für Höfe werden Mindestgrößen festgelegt[15].

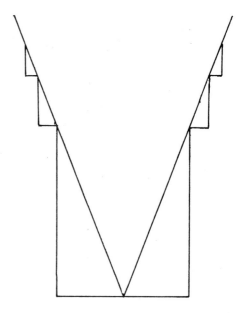

Abb. 11: *Sky Exposure Plan*

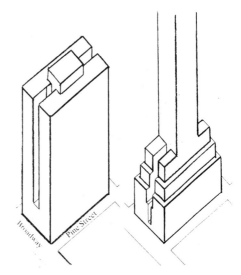

Abb. 12: Die Abbildung zeigt, welches Gebäude nach Erlaß der Zonenordnung von 1916 anstelle des *Equitable Buildings* hätte gebaut werden dürfen.

Abb. 13: *Heckscher Building*

Die Bestimmung in der Zonenordnung von 1916 legen also für jedes Grundstück Umhüllungsflächen (*maximum permissible envelopes*) fest, innerhalb derer gebaut werden darf. Was die Väter der Zonenordnung von 1916 nicht vorausgesehen hatten, tritt bereits in den Zwanziger Jahren ein: Durch Grundstückszusammenkäufe bis zur Größe ganzer Häuserblocks können trotz der Einschränkungen der neuen Baugesetzgebung enorme Bauvolumen verwirklicht werden[16].

Diese neue Entwicklung bringt den *set-back*-Wolkenkratzer oder: die "Hochzeitstortenform" hervor. Beispiele hierfür sind das *Heckscher Building* von Warren & Wetmore (1921), das *Barclay Vesey Telephone Building* von McKenzie, Vorhees & Gmelin (1927), das *Chrysler Building* von William van

Abb. 14: *Barcley Vesey Telephone Building*

Abb. 15: *Chrysler Building*

Abb. 16: *McGraw Hill Building*

Alen (1929, 350 m und 77 Geschosse), das *McGraw Hill Building* von Raymond Hood und J.A. Fouilhoux (1931) sowie das *Empire State Building* von Shreve, Lamb & Harmon (1931) mit 102 Geschossen und 381 m Höhe.

Das *Chrysler Building* löst das *Woolworth Building* in seiner Stellung als höchstes Gebäude New Yorks und der Welt ab und wird seinerseits vom *Empire State Building* abgelöst, das diesen Ruhm bis zum Bau des *World Trade Center* 1973 behält.

1933 wird das *Rockefeller Center* (Reinhart & Hofmeister, Corbett, Harrison & McMurray, R. Hood, Godley & Fouilhoux) gebaut. Es erstreckt sich über drei Straßenblocks zwischen *Fifth* und *Sixth Avenue* und stellt eine Art "Stadt in der Stadt" dar mit einer fünfgeschossigen Straßenrandbebauung an der Fifth Avenue, vier relativ niedrigen Hochhäusern und einem in der Mitte plazierten Turm von 66 Geschossen. Zu betonen ist, daß beim *Rockefeller Center* die Straßen innerhalb der Gesamtanlage erhalten bleiben. Das ist bei den

Abb. 17: *Empire State Building*

Abb. 18: *Rockefeller Center*

Abb. 19: *Renaissance Center*

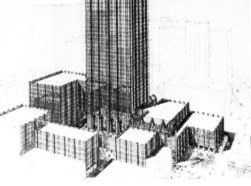

Abb. 20: *PPG-Center*

in den 60er Jahren gebauten Superblocks anders, wie *Madison Square Garden*, wo eine Straße überbaut ist, und *Lincoln Center*, das zwei Straßen aufhebt.[17]

Die "Stadt in der Stadt"-Idee wird nach dem zweiten Weltkrieg wieder aufgenommen, z.B. vom *Renaissance Center* in Detroit von John Portman und dem *PPG-Center* (*Pittsburgh Plate Glass Company*) von Philip Johnson (1983). Beide städtebaulichen Ensembles setzen sich zwar mit demselben Thema auseinander wie *Rockefeller Center*, gliedern sich aber nicht auf eine vergleichbare Weise in die Stadt ein.

Mitte/Ende der 30er Jahre werden die Folgen der *great depression*, die mit dem Börsenkrach in Wallstreet 1929 begann, wirksam. Dann folgt der Zweite Weltkrieg. In dieser Zeit geschieht nicht viel im Hochhausbau.

Das ändert sich erst 1950. Entworfen von einer internationalen Architektengruppe unter der Leitung von W.K. Harrison (angeregt von einer Zeichnung Le Corbusiers) entsteht das Sekretariatsgebäude der Vereinten Nationen in Form einer reinen Scheibe ohne die gewohnten Rücksprünge und bar aller Fassadendekoration.[18] Hauptschauplatz dieser neuen Epoche in der Hochhaus-Architektur, die einen neuen Wolkenkratzer-Typus hervorbringt, ist jedoch - wie schon in den 80er Jahren des vorigen Jahrhunderts - Chicago.

Das Schlüsselbauwerk dieser Zeit sind die *Lake Shore Drive Towers* (26 Stockwerke) in Chicago von Mies van der Rohe. Diese als Wohnhäuser entworfenen glatten Baukörper aus Stahl und Glas verzichten ebenfalls auf alle Fassaden-Dekorationen und werden im wesentlichen die folgenden 25 Jahre die Form der Hochhäuser beeinflussen.[19]

Abb. 21: *Lake Shore Drive Towers*

1952 entsteht in New York das in seiner Grundstücksausnutzung weit unterhalb des Limits der Bauordnung bleibende *Lever House* der Architektengruppe Skidmore, Owings & Merril (SOM), sozusagen als kleinerer Bruder der Mies'schen Türme in Chicago.

Mies selber baut 1956 das bekannte *Seagram Building* (38 Stockwerke) an der Fifth Avenue und stellt hier die Plaza vor, die später, in der zweiten *zoning regulation* von 1961, als Bonus-Instrument eine wichtige Rolle spielen wird.

Wie schon die Turmbauten zu Beginn dieses Jahrhunderts - vor Erlaß des ersten *zoning law* 1916 - sind auch diese neuen Türme aus Stahl und Glas nicht das Ergebnis von Bauvorschriften, vielmehr Ausdruck der Formvorstellungen ihrer Architekten. Das gilt auch für die dem *Seagram Building* vor-

Abb. 22: *Seagram Building*

187

gelagerte *plaza*, die Mies benötigt, um seinen Bau als "Skulptur im Raum" aufführen zu können[20].

Die Zonenverordnung von 1916 ist inzwischen mit ca. 1.300 Ergänzungen ein schwerfälliges Instrument geworden. Zudem hatten die New Yorker Stadtväter ausgerechnet, daß bei voller Ausnutzung des nach dieser Ordnung zulässigen Bauvolumens in der gesamten Stadt 77 Millionen Wohn- und 340 Millionen Arbeitsplätze geschaffen würden.

Die neue *zoning regulation* von 1961 soll die Zahl der Einwohner nun auf 12 Millionen beschränken. Sie strebt aber vor allem die Abkehr von der monofunktionalen Nutzung der Bürohäuser an, will den Funktionsbereich Erdgeschoß stärker beleben, Mischnutzungen schaffen und Plätze, die Aufenthaltsqualität haben. Das versucht sie davon ausgehend, daß die Bauherren nicht freiwillig auf eine vollständige Bebauung ihrer Grundstücke verzichten werden - durch ein Bonus-System zu erreichen:

- Bonus-Instrumente sind die Plaza und die Arkade. Beide müssen öffentlich zugänglich sein und bringen dem Bauherrn einen Höhenbonus ein. Das heißt bei der Plaza - die eine Mindestgröße haben muß - das Vier- bis Zehnfache der Platzgröße und bei der Arkade das Zwei- bis Dreifache der Arkadenfläche, jeweils in Bruttogeschoßflächenzahl.

- Ebenfalls neu ist die *floor area ratio (FAR)*, der GFZ in der Bundesrepublik Deutschland entsprechend. Sie beträgt jetzt 5 - 15, je nach Lage der Gebäude. (Vergleiche[21] dazu: Das *Equitable Building* von 1915 - vor Erlaß der ersten Zonenordnung - hat eine *FAR* von 33, das *Empire State Building* von 1931, als die erste Zonenordnung schon in Kraft war, immerhin noch von 32.)

- Verändert werden mit der neuen Ordnung von 1961 auch die Bestimmungen für den Bau von Türmen. Aus den 25 % der Grundfläche, die bisher der Turm einnehmen durfte, werden jetzt 40 - 66 %[22].

Jetzt entsteht an der *Sixth Avenue* die Monotonie der *plaza buildings*. Identische Grundstücke, identische Ausnutzungsmöglichkeiten und eine identische Tragwerkskonstruktion führen zu identischen - mit Aluminium kaschierten - Bauvolumen. Die davor gelegenen *plazas*, mit Springbrunnen und Dauergrün ausgestattete, langweilig wirkende Flächen, laden niemanden zum Verweilen ein[23].

So werden mit der Ausnutzungen der Höhenboni weiterhin enorme Bauvolumen errichtet, ohne daß die Absichten der Bauordnung, qualitätvolle öffentliche Räume zu schaffen, verwirklicht werden.

Die 1973 fertiggestellte Superstruktur der Zwillingstürme des *World Trade Center* von Minorou Yamasaki - "zwei einfache Kisten auf einer Riesenplaza"[24] - dominiert heute die *skyline* von Manhattan. Mit 50.000 Beschäftigten in 110 Stockwerken und etwa 80.000 Besuchern täglich trägt das *World Trade Center* in erheblichem Maße zur Verschärfung der Verkehrsproblematik in *downtown* Manhattan bei.

Einen - wenn auch zweifelhaften - Ruhm kann das *World Trade Center* jedoch für sich verbuchen: Es ist mit 412 m das höchste Gebäude New Yorks und das zweithöchste der Welt. Den ersten Platz hält der *Sears Tower* von SOM in Chicago, der 442 m mißt.

Auf der dem Hudson zugewandten Seite des *World Trade Center* wird gerade die im folgenden Beitrag dieses Bandes ausführlich behandelte *Battery Park City* von Cesar Pelli fertiggestellt.

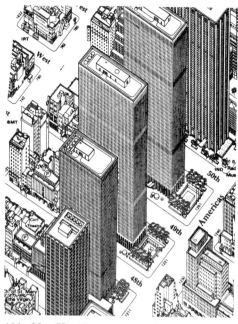

Abb. 23: Hochhäuser an der *Sixth Avenue*

Abb. 24: *World Trade Center*

Zwei Bauwerke sollen hier erwähnt werden, die einerseits noch zur "Kisten"-Epoche gehören, auf der anderen Seite versuchen, die monotone Gestaltung aufzubrechen[25]. Das ist zum einen *One United Nation Plaza* von Roche & Dinkeloo von 1975. (Der "Aufbruch" zeigt sich an der eingeschnittenen Ecke und an den beiden Gebäuderücksprüngen.) Das andere ist das *City Corp Center* von Hugh Stubbins, ebenfalls 1975. City Corp versucht, sozusagen im kleinen, noch einmal die "Stadt in der Stadt"-Idee aufzugreifen. Es besteht aus einer niedrigen Randbebauung mit Läden, Restaurants, Kirche, Arkaden, abgesenkter Plaza und dem 46geschossigen Büroturm mit seinem charakteristischen Pultdach. Dieses Ensemble

Abb. 25: *City Corp Center*

Abb. 26: *Plaza* des *City Corp Centers*

Abb. 27: *One United Nations Plaza*

wird im allgemeinen als geglückter städtebaulicher Entwurf empfunden, obgleich die überschweren Stützen des Hochhauses den Raum optisch empfindlich stören[26]. Mit der *Public Mall* im Erd- und ersten Obergeschoß wird hier eine *FAR* von 18 erreicht.

Eine bisher nicht erwähnte Möglichkeit, die zulässige *FAR* zu erhöhen, bedeutet der Luftrecht-Handel. Beispiele sind der *MOMA-Tower* von Cesar Pelli, der die Luftrechte des danebenliegenden Museums-Altbaus erwirbt, das *Helmsley Hotel*, das die Luftrechte seines Vorgängerbaus ausnutzt, und das *Philip Morris Headquarter* mit dem Kauf der Luftrechte von *Grand Central Station*[27].

Abb. 28: *MOMA-Tower*

Wie seinerzeit das alte Baugesetz von 1916 ist auch das neue Bauordnungsinstrument von 1961 inzwischen ausgehöhlt. Ausnahme und Befreiung ersetzen die Regeln und ermöglichen trotz der Restriktionen der Bauordnung "maßgeschneiderte" Lösungen für die Projekte entsprechend potenter Investoren. Die Stadt New York hat bereits Studien in Auftrag gegeben, die eine neuerliche Revision der Baugesetzgebung erwarten lassen[28].

Sozusagen im Vorgriff darauf wurde 1982 für einen Teil *Midtowns* - zwischen 33. und 60. Straße und *Second* und *Eighth Avenue* - ein neues Planungsgesetz erlassen. Das Hauptanliegen ist, die Mischnutzung, die schon das Baugesetz von 1961 angestrebt hat-

Abb. 29: *Philip Morris Headquarter*

te, noch auszuweiten, z.B. von der Erdgeschoß-Zone in den gesamten Sockelbereich hinein.

- So werden gegenüber der offenen *plaza*, mit der man die bekannten schlechten Erfahrungen gemacht hatte, jetzt *interior spaces* als Bonus-Instrument präferiert. Zu den *interior spaces* gehört die *public mall*, die *public loggia* und das Atrium, das - wie im *Trump Tower* - bis ins 7. Stockwerk reichen kann. (Das *IBM Building* stellt sein Atrium neben das Turmgebäude.)
- Mit der Einrichtung einer offenen oder überdachten Plaza wird die Erhöhung der Flächennutzungsintensität um 1,0 *FAR* gewährt.
- Ein neues Bonus-Instrument ist der sogenannte Westentaschenpark, der vom Eigentümer unterhalten werden und der Öffentlichkeit zugänglich sein muß.
- Die *FAR* von bisher 15 - 18 wird jetzt variiert, d.h. an den *avenues* erhöht und in den Streets auf 12 zurückgenommen.
- Zur Erhaltung der Straßenwände wird die *plaza* auf 3 m zwischen Straßenrand und Gebäudebasis reduziert.
- Bei Neubauten müssen U-Bahnzugänge vom Gehweg in die Gebäude verlegt werden. Dies verschafft dem Bauherrn eine Erhöhung der *FAR* bis zu 20 %.

Spezielle Reglungen sieht das neue Baugesetz für *Midtown* Manhattan z.B. für *Fifth Avenue* vor. Der Straßencharakter soll durch Neubauten nicht verändert werden. Genehmigungen für die Anlage einer *plaza* werden nicht erteilt; die Blockrandbebauung darf höchstens 26 m hoch und muß mit hellem Sandstein verblendet sein. Hier wird die Belichtungs- und Verschattungsproblematik angesprochen. Die entsprechende Kompensationsverordnung legt sowohl den Standort des Turmes auf dem Grundstück

Abb. 32: *AT&T Building*

Gegenüberliegende Seite:
Abb. 30:   *Trump Tower*
Abb. 31: Atrium des *IBM Building*

Abb. 33   Atrium des *IBM Building*

als auch seine Silhouette, bezogen auf die jeweilige Straßenbreite fest. Helle, spiegelnde Bauten sollen gegenüber solchen mit lichtabsorbierender Oberfläche bevorzugt werden[29].

Erwähnt werden müssen hier noch die *pedestrian coverd areas*, die für Neubauten in *Midtown* vorgeschrieben sind. Sie sind uns als "Durchwegungen" aus den europäischen Städten (London, Paris, Prag, Wien, München) bekannt. Mit diesen überdachten Fußwegen soll vor allem mehr Platz für Fußgänger geschaffen werden, den *Midtown* als Hauptstandort der Büroarbeitsplätze dringend benötigt. Es ist jedoch nicht zu übersehen, daß die zusätzlichen Ladenflächen in den *interior spaces* den Wettbewerbsdruck im Einzelhandel noch verschärfen und die Kommerzialisierung der Stadt vorantreiben[30].

Ein Beispiel für die Ohnmacht dieser Regelungen ist *Trump Tower* von Swanke, Hayden & Connell (1983) an der *Fifth Avenue*, der durch Ausnutzung mehrerer Bonusmöglichkeiten (Atrium, Durchwegungen und Kauf von Luftrechten) mit 68 Geschossen und dunkler Oberfläche die Absichten des Planungsgesetzes für *Midtown* Manhattan ad absurdum führt[31].

Ende der 70er Jahre wird der Bautyp "Kiste" obsolet. Das die Hochhäuser bis 1916 prägende klassische Gliederungsprinzip Sockel, Schaft und Spitze wird wieder eingesetzt. Der Wolkenkratzer wird postmodern[32]. Einige der jetzt errichteten Gebäude versuchen, mit ihrer ausgeprägten Sockelzone eine Verbindung zwischen Hochhaus und konventioneller Straßenrandbebauung herzustellen[33], z.B. *AT&T Building*, *Republic National Building*.

Einer der Wortführer des neuen Baustils ist der ehemalige Mies-Gefährte Philip Johnson

Sein 1977 mit John Burgee entworfenes *AT&T Building* - auch Chippendale-Haus genannt - (fertiggestellt 1984, 38 Geschosse) markiert den Beginn der postmodernen Aera in der Hochhausarchitektur. "Es wurde als Todsünde wider den Geist der Moderne gebrandmarkt, gleichzeitig als Zeichen einer neuen Zeit gefeiert"[34]. Durch Bonusausnutzung (Galleria, Museum und Arkaden im Sockelbereich) wird hier eine *FAR* von 18 erreicht. Im Gegensatz zu der heute überwiegenden Mischnutzung von Hochhäusern (Läden und andere öffentliche Einrichtungen in der Sockelzone, Büroflächen im Mittelteil und Wohnungen im oberen Bereich) befinden sich im AT&T-Gebäude oberhalb des Sockelbereichs ausschließlich Büroflächen. Obwohl das AT&T-Gebäude im Geltungsbereich des neuen Planungsgesetzes für Midtown Manhattan liegt, dessen Anliegen u.a. die Verringerung der Fußgängerdichte ist, wird durch die monofunktionale Nutzung und hohe Grundstücksauslastung die Gehwegbelastung - vor allem während der Mittagszeit - noch erhöht[35].

Abb. 34: *Republic National Building*   Abb. 35: *One Federal Reserve Plaza*

Die letzten beiden Abbildungen zeigen in jüngerer Zeit fertiggestellte Beispiele postmoderner Architektur (der schon das *Phillip Morris Headquarter* und - wenn auch mit Einschränkungen - der *Trump Tower* zuzurechnen sind). Das eine ist das *Repub-ic National Building* von Attia & Perkins (29 Geschosse), das Reste der alten Bebauung in seine Fassade zu integrieren sucht. Das andere ist *One Federal Reserve Plaza* (28 Geschosse; Philip Johnson & John Burgee) mit öffentlichen U-Bahn-Zugängen im Erdgeschoß und einer offenen Plaza, das - wie die Hochhäuser des 19. Jahrhunderts in Chicago - an die architektonische Form des italienischen Renaissance-Paläste anknüpft.

Es wurde schon erwähnt, daß die Stadt New York Studien erarbeiten läßt, die vermutlich zu einem neuen Baugesetzbuch führen werden. Und wir haben gesehen, daß der Einsatz aller bisher vorhandenen Baugesetz-Instrumente nicht zu den erwarteten Ergebnissen geführt hat.

Es ist zu allen Zeiten seit dem 19. Jahrhundert nach Regelwerken für Bebauung gesucht worden. Und zu allen Zeiten hat der Städtebau das Baugesetz zwar als Verhandlungsgrundlage genutzt, die realisierte Bebauung ist jedoch überwiegend durch Ausnahmegenehmigungen zustande gekommen. Die Ausnahmegenehmigung ist nicht prinzipiell etwas Negatives. Es kann für Regelwerke nur gut sein, daß sie Ausnahmegenehmigungen nach sich ziehen, weil mit starren Regeln kein vernünftiger Städtebau zu realisieren ist. In den Verhandlungsspielräumen steckt die Chance, auf funktionale Erfordernisse und Stadtgestalt Einfluß zu nehmen und einen qualitativen Städtebau zu entwickeln. Das Mißliche an der Situation in New York ist, daß die Ausnahmemöglichkeiten in der Regel eben nicht der Erhöhung der Qualität des Städtebaus, sondern den Gewinnmaximierungsinteressen der Investoren dienen.

Es bleibt abzuwarten, ob ein neues Baugesetz für New York ein Instrumentarium entwickelt, das der planenden Verwaltung größere Einflußmöglichkeiten gibt, den konkreten Städtebau zu steuern und zu kontrollieren, oder ob das unternehmerische Kalkühl weiterhin allein den Städtebau bestimmen wird.

Anmerkungen

1. LAMPARD, ERIC E: New York, New York, in: Die Zukunft der Metropolen: Paris - London - New York - Berlin, Bd. 1, ed. Karl Schwarz, Berlin: Reimer 1984, S. 212
2. WOHLHAGE, KONRAD: Die Poesie des Rasters - Beobachtung zum New Yorker Städtebau, in: Die Zukunft der Metropolen: Paris - London - New York - Berlin, Bd. 1, ed. Karl Schwarz, Berlin 1984, S. 190 und 191
3. LAMPARD, ERIC E: a.a.O., S. 212
4. BENEVOLO, LEONARDO : Geschichte der Architektur des 19. und 20. Jahrhunderts, Berlin 1984, S. 264
5. MUMFORD, LEWIS : Die Stadt - Geschichte und Ausblick, Köln und Berlin 1963, S. 491
6. WOHLHAGE, KONRAD: a.a.O., S. 192
7. LAMPARD, ERIC E: a.a.O., S. 214
8. SEUNIG, GEORG W: Der Einfluß der Baugesetzgebung auf die Form der Hochhäuser in New York City, in: *BAUMEISTER - ZEITSCHRIFT FÜR ARCHITEKTUR, PLANUNG, UMWELT*, München, Heft 11/82, S. 1069
9. PELLI, CESAR: Wolkenkratzer: in *BAUMEISTER - ZEITSCHRIFT FÜR ARCHITEKTUR, PLANUNG , UMWELT,* München, Heft 2/84, S. 26
10. SEUNIG, GEORG W: a.a.O., S. 1069
11. PETERS, PAULHANS: Wolkenkratzer und Stadt, in: *BAUMEISTER - ZEITSCHRIFT FÜR ARCHITEKTUR, PLANUNG, UMWELT,* München, Heft 2/84, S.26
12. SEUNIG, GEORG W: a.a.O., S. 1069 f
13. HEGEMANN, WERNER : Amerikanische Architektur & Stadtbaukunst, Berlin: Wasmuth 1927, S. 45-50
14. STERN, ROBERT A.: Kampf dem Raster: Die Vision von New York als einer schönen Stadt, in: Die Zukunft der Metropolen: Paris - London - New York - Berlin, Bd. 1, ed. Karl Schwarz, Berlin 1984, S. 202
15. SEUNIG, GEORG W: a.a.O., S. 1070
16. SEUNIG, GEORG W: a.a.O., S. 1070 f
17. PETERS, PAULHANS: a.a.O., S. 28
18. Stuttgart 1984, S. 119
19. SCHULZE:, FRANZ: Mies van der Rohe - Leben und Werk, Berlin: 1986, S. 149
20. SCHULZE:, FRANZ: a.a.O., S. 284
21. SEUNIG, GEORG W: a.a.O:, S. 1072 ff
22. PETERS, PAULHANS: a.a.O., S. 26
23. GOLBERGER, PAUL: a.a.O., S. 142
24. PELLI, CESAR: a.a.O., S. 23
25. PAULHANS, PETERS: a.a.O., S. 28
26. *BAUMEISTER - ZEITSCHRIFT FÜR ARCHITEKTUR, PLANUNG, UMWELT:* Heft 2/84,München, S. 44 und 47
27. PETERS, PAULHANS,: a.a.O., S. 49-51
28. PETERS, PAULHANS:: a.a.O., S. 28
29. HUXTABLE, ALDA LOUISE: Zeit für Wolkenkratzer oder die Kunst, Hochhäuser zu bauen, Berlin 1986, S. 125
30. HUXTABLE, ALDA LOUISE: a.a.O., S. 76 ff
31. PETERS, PAULHANS: a.a.O. S. 28
32. *BAUMEISTER - ZEITSCHRIFT FÜR ARCHITEKTUR, PLANUNG,UMWELT:* Heft 2/84, München, S. 45
33. PETERS, PAULHANS: a.a.O., S. 49-51

Abbildungsnachweis

BECKER, ULRICH	Abb..33
GOLDBERGER, PAUL ,a.a.O.	Abb. 6,7,9,24,31
HEGEMANN, WERNER, a.a.O.	Abb. 10
HUXTABLE, ALDA LOUISE	Abb. 22
INSTITUT FÜR BAUGESCHICHTE, TU Berlin: Dia- Archiv	Abb. 1,3
NAPIONTEK, GERTRUD	Abb. 11,12
PELLI, CESAR, a.a.O.	Abb. 4,5,8,16,17,27,28
PETERS, PAULHANS, a.a.O.	Abb. 18-21,23,25,26,29,30,32,34
REAL ESTATE BOARD OF NEW YORK, Review 1986, New York 1986	Abb. 35
SENNIG, GEORG W., a.a.O.	Abb. 13,15

Michael Braum

BATTERY PARK CITY - INTERPRETATION EINER TRADITION ?

Widersprüchliche Eindrücke von einem städtebaulichen Projekt

"New York baut ab, bricht zusammen, löst sich auf. ... Die Auflösung zeigt sich insbesondere an der Infrastruktur der Stadt - bei Untergrundbahnen, Bibliotheken, Parks, Schulgebäuden, Straßen, Hafenanlagen, Tunnels, Brücken und beim Wohnungsbestand. ... Zu den technischen Betriebsanlagen der Stadt gehören 1322 Kilometer verrottender Kanalisation, 3577 Kilometer rostender Hauptwasserleitungen, 3571 Kilometer kaputter Straßen voller Schlaglöcher, 1333 Kilometer rostender U-Bahngleise, 1661 schadhafte U-Bahnwagen, 5275 veraltete Busse. Die elektrische Umschaltstationen der Stadt, ihre Busdepots, ihre öffentlichen Toiletten, die hölzernen Strandwege und Brücken von Coney Island, die Viadukte, die Müllwagen und die Garagen der Stadtreinigung sowie weite Teile der Bronx befinden sich in den verschiedensten Stadien offensichtlichsten Verfalls." [1]

Abb. 1: Leerstehende Gebäude in der Bronx

So auch der *West Side Highway*, der am Hudson entlang führt. In der Vergangenheit war er eine der wichtigsten Verkehrsadern der Stadt, heute ist der gesamte Abschnitt südlich der 57. Straße gesperrt und größtenteils bereits demontiert. Dies geschah nicht nur aufgrund des katastrophalen Zustands dieser Straße, der eine weitere Nutzung verbot. Die aufgeständerte Straße stand darüber hinaus aufgrund ihrer Barrierewirkung der angestrebten städtebaulichen Anbindung neuer Wohn- und Arbeitsquartiere und damit der indirekten Aufwertung der *waterfront* am Hudson River entgegen.

Abb. 2: *West Side Highway* an der 43. Straße

Abb. 3: *West Side Highway* an der 46. Straße

Auch die historischen Hafenanlagen - die Piers - ehemals signifikante Merkmale der *waterfront* Manhattans und gleichzeitig wesentliche Elemente der Stadtentwicklung sind dem Verfall preisgegeben.

Abb. 4: Schiffsanlegestelle an der Südspitze Manhattans für die Fähren nach Staten Island

New York ist eine widersprüchliche Stadt. Auf der einen Seite morbide und deprimierend, wirkt sie auf der anderen Seite, durch den Glamour der "Weltwirtschaftsmetropole" initiiert, prosperierend und ästhetisierend.

So wie die eben beschriebenen Beispiele die eine Seite der Stadt repräsentieren, so steht *Battery Park City* als derzeit ehrgeizigstes Städtebauprojekt New Yorks für die andere Seite. Das Gelände zu Füßen des *World Trade Centers*, als Teil historischer Hafenanlagen infolge des Rückgangs der Schiffahrtsindustrie wie auch in anderen amerikanischen Küstenstädten brachgefallen, wurde bereits 1966 aufgeschüttet. Als die Hafenbehörde mit dem Bau des *World Trade Centers* das gewohnte Bild der Skyline Manhattans zerstörte, ließ Gouverneur Nelson A. Rockefeller den gesamten Aushub zur Landgewinnung in den Hudson kippen. Das neu gewonnene Territorium ging in das Eigentum des Staates über. Bis 1986 war etwa die Hälfte des geplanten Bauvolumens realisiert.

Konkrete Nutzungsüberlegungen für das Gelände wurden 1968 mit der vom Staat New York initiierten Gründung der gemeinnützigen *Battery Park City Authority* eingeleitet. Zur Finanzierung des Projektes gab der Staat für 200 Mio. $ Schuldverschreibungen aus und erhöhte diese Summe durch eigenfinanzierte 75 Mio. $ für die Infrastruktur und die Planung.

Abb. 5:
World Trade Center - Am rechten Bildrand der noch befahrbare *West Side Highway* und das bereits aufgeschüttete Gelände

Ein erster Bebauungsvorschlag wurde vorgelegt, der durch eine sehr hohe Nutzungsintensität gekennzeichnet war, gestalterisch beeinflußt vom Geist der 60er Jahre und ihren städtebaulichen Megastrukturen.

Bis 1975 - Höhepunkt der schweren ökonomischen Krise, die New York an den Rand des finanziellen Ruins führte - war die Laufzeit der Schuldverschreibungen zunächst terminiert. Eine unmittelbare Realisierung des Projektes war zu diesem Zeitpunkt nicht abzusehen.

Unter dem Eindruck der drastisch verringerten Nachfrage nach Luxusbüro- und Wohnraum erarbeitet Richard Kahan, geschäftsführender Direktor der *Urban Development Corporation* und Präsident der *Battery Park City Authority,* ein Memorandum zwischen Staat und Stadt, das die Realisierung des Projektes, d.h. eine Umschuldung der Schuldverschreibungen an die Vorlage eines neu konzipierten Bebauungsvorschlages band, der sich v.a. durch eine verringerte Nutzungsintensität auszeichnen sollte.

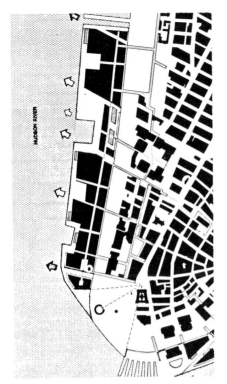 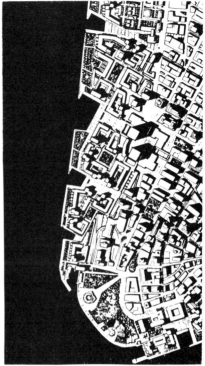

Abb. 6 u. 7: *Lower Manhattan Plan* 1966 (Ausschnitt)
Wallace, McHarg, Roberts and Todd; Whittlesey, Conklin, and Rossant; Alan M. Verhees and Associates Inc. im Auftrag der *New York City Planning Commission*

1979 - der New Yorker Immobilienmarkt hatte sich wieder erholt - legte das Büro Alexander Cooper & Stanton Eckstut einen neuen Rahmenplan für das gesamte Gebiet vor. Wesentliches Merkmal dieses Plans war u.a. neben der reduzierten Nutzungsdichte die Verlagerung der Büroflächen in der Nähe des *World Trade Centers* und die direkte Anbindung dieser Flächen an die Untergrundbahn.

In diesem Konzept wurden
    42 % Wohnbauflächen
     9 % Dienstleistungsflächen
    30 % Freiflächen und
    19 % Straßen bzw. Avenues
vorgesehen.

Außergewöhnlich für New York ist der hohe Freiflächenanteil, der mit knapp 50 % (einschließlich der Erschließungsstraßen) weit über den Werten anderer Gebiete in der

Stadt liegt. Die Architekten und Planer entdeckten auch hier, wie beispielsweise in Boston mit der Umnutzung und Revitalisierung des *Quincy Market* und der benachbarten ehemaligen Hafenanlagen, die möglichen Qualitäten der *waterfront*.[2]

Der neue Rahmenplan unterschied sich von seinem Vorgänger auch durch die Reminiszenzen an die historische städtebauliche Entwicklung Lower Manhattans. Neben der Fortsetzung bestehender Straßen wurden Gestaltmerkmale tradtioneller Baustile aufgegriffen, wobei sich die Formensprache überwiegend an den Gebäuden des repräsentativen Teils der Stadt, der Park Avenue, der den Central Park direkt begrenzenden Bebauung und der Upper West Side orientiert. Nicht in jedem Fall wurde sichergestellt, daß die Gebäudehüllen den Funktionen des Hauses folgte. So findet man auch Motive, die historischen Reihenhäusern (*brownstone houses*) nachempfunden sind, ohne daß die Merkmale beispielsweise eines individuellen Eingangs beibehalten werden.

Abb. 8: Geltender Rahmenplan für *Battery Park City* , 1979 von Cooper & Eckstut erarbeitet

Abb.9: Bauteil Charles Moore

203

Abb. 10: *Rector Place* - Blick vom Hudson

Abb. 11: Die Esplanade am Hudson

Das Planungskonzept sah die Unterteilung der Blöcke in Parzellen vor, die wiederum von privaten Trägern und unterschiedlichen Architekten ausgestaltet werden sollten. Städtebauliche Vorgaben wurden für die Unternehmer und Architekten bis ins Detail festgeschrieben. Sie staffelten beispielsweise die Höhen der Wohnhäuser von vierundvierzig auf neun Etagen, schrieben in ausgewählten Zonen grundsätzlich Ziegelverblendungen und für die Sockelgeschosse Naturstein vor. Sie legten Gesimse, Traufen und Balkone fest.

Der öffentliche Raum, die Straßen und Plätze, die in New York meist stiefmütterlich behandelt werden, wurde nicht nur quantitativ, sondern auch qualitativ eine hohe Bedeutung beigemessen - nicht zuletzt um den Marktwert der Neubauten zu steigern. Granitplatten, Natursteinpflaster und Asphalt - je nach erwarteter Belastung - bis hin zu Geländerdetails, Leuchten und Bepflanzung stellten eine vergleichsweise anspruchsvolle, - wenn gleich teure Planung dar.

Den Mittelpunkt der gesamten Anlage sollte das *World Financial Center* darstellen, ein Bürokomplex, der ähnlich dem in den 30er Jahren entstandenen *Rockefeller Center* als markantes städtebauliches Ensemble konzipiert wurde. Mit diesem Projekt wollte sich einer der weltweit größten Immobilienkonzerne den Zutritt zum lukrativen New Yorker Immobilienmarkt erschließen: Olympia & York - im Besitz der Familie Reichmann - finanzierte die Planung und Realisierung der vier Hochhäuser. Ein Realisierungswettbewerb wurde ausgeschrieben, den Cesar Pelli, ein Argentinier, gewann.

Abb. 12: Entwurf Cesar Pelli

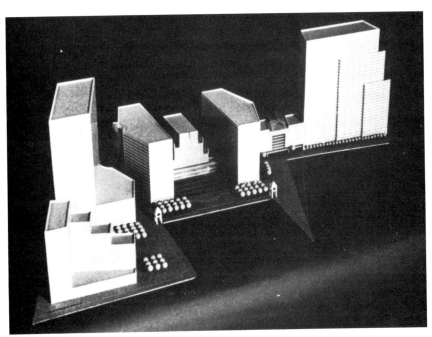

Abb. 13: Entwurf Mitchell/Giurgola

Abb. 14: Entwurf Kohn, Peterson, Fox

Pelli wurde mit den Bau der vier Bürotürme beauftragt. Im Gegensatz zu den neoklassizistischen Zügen eines Philip Johnson, "anerkannter Vorsitzender der Hochhausabteilung des postmodernen Eklektizismus", der "als beflügelter Götterbote ... einer sich immer weiter beschleunigenden Avantgarde vorauseilt" [3], leitet sich die Sprache Pellis Bauten aus dem Neomodernismus ab. Sie ist spartanischer, zurückhaltender und funktionaler als die der neoeklektizistischen Konkurrenz und erinnert in deren nüchterner Formgebung eher an eine Tradition, die Mies van der Rohe mit seinen Wolkenkratzern aus Glas begründet hat.

Pelli über seine Projekte:
"Die Entwürfe kümmern sich weniger um reine Formen oder ideale Anordnungen, sondern wollen praktischen Bedürfnissen entsprechen. Deshalb versuchen wir, die Sockelgeschosse unserer Wolkenkratzer der jeweiligen Lage und den verschiedenen Randbedingungen anzupassen. Da der Wolkenkratzer vom Boden aus hochwächst, entwerfen wir seine unteren Stockwerke so, daß sie sich dem Charakter der Straße anpassen, ihn unterstützen ... .

Wir sind nicht an idealen prismatischen Körpern interessiert, sondern daran, private mit äußeren oder öffentlichen Bedürfnissen im Gleichgewicht zu lassen. Deshalb spielt die Fähigkeit, diesen Türmen Gestalt und Form zu geben, eine wichtige Rolle. Da der Turm in den Himmel wächst, wird er zu einem öffentlichen Bauelement und trägt den Bürgern gegenüber Verantwortung, und je höher er reicht, um so höflicher sollte er werden." [4]

Abb. 15: "Lipstick", 855 Third Avenue J. Burgee / P. Johnson

Abb. 16: Bürogebäude in der Friedrichstraße Berlin, Projekt 1921, Mies van der Rohe

Die Türme in *Battery Park City* haben eine Fassade mit abgestufter Dichte aus Glas und Stein, am Boden überwiegt der Stein, in der Höhe bis hin zu den geometrischen Dachabschlüssen überwiegt das Glas. Die Gebäude zeichnen sich durch eine eher zurückhaltende Formgebung aus.

Abb. 17 u. 18: Die architektonische Zonierung: In den Sockelgeschossen Stein und in den Obergeschossen Glas.

Die Mieter der Türme sind ausschließlich Giganten des Geldgewerbes. Merrill Lynch, der Welt größter Aktienhändler, residiert mit 12.000 Angestellten in zwei der Türme, der Verlagskonzern Dow Jones (Wall Street Journal) und das Kreditkartenunternehmen American Express haben sich in jeweils einem der beiden anderen Türme niedergelassen.

Die Gebäude gehören zur Generation der *intelligent buildings*, die den Anforderungen der Computer- und Telekommunikationstechnologie entsprechend konzipiert sind und somit neue Maßstäbe für den Standard der hochtechnisierten Dienstleistungsgebäude setzen.[5]

Diese hohen Anforderungen an die technische Gebäudeausstattung führten im Laufe der Bauphase zu den verschiedensten Problemen. Beispielsweise mußte einer der Türme in wesentlichen Teilen neu gebaut werden, da die Gebäude-Infrastruktur den Anforderungen der eingebauten Computeraggregate nicht genügte. So stimmt heute eine der Fassaden nicht mehr mit der internen Geschoßaufteilung überein, da die nachträglich erforderlichen Einbauten in den Zwischendecken die Geschoßhöhen veränderten.[6]

Insgesamt werden in dem neuen Stadtteil 30.000 Beschäftigte und 30.000 Mieter bzw. Eigentümer leben. Die Wohnungsmieten liegen zwischen 1.200 $ und 3.000 $ im Monat; 200.000 bis 500.000 $ sind im Falle eines Kaufs zu zahlen. Die Baukosten für den gesamten Stadtteil werden voraussichtlich ca. 4,5 Mrd. $ betragen.

Der frühere Plan, einen Teil der Wohnungen auch an einkommensssschwächere Bevölkerungsschichten zu vermieten, wurde auf Betreiben der Investoren aufgegeben. In der *Battery Park City* regieren heute - ganz im Sinne des wirtschaftlichen Credos der Reagan Administration - ausschließlich die Gesetze des freien Marktes. Um das gesamte Projekt dennoch kommunalpolitisch möglichst reibungslos realisieren zu können, mußten sich die Investoren zu Abgabezahlungen verpflichten, die an anderer Stelle in Manhattan für den Bau preiswerter Wohnungen genutzt werden sollen. Darüber hinaus wollen Staat und Stadt New York - so versprechen die Politiker - einen Großteil des 99 Jahre zahlbaren Pachtzins für Neubau und Instandsetzungen von ca. 75.000 Wohnungen verwenden[7].

Tatsächlich hat Bürgermeister Koch 1987 ein kommunales Wohnungsneubau- und Instandsetzungsprogramm verkündet, das bis zum Jahre 2000 ca. 3,5 Mrd. $ bereitstellen soll und überwiegend durch Erträge aus *Battery Park City* finanziert wird.

Es bleibt allerdings fraglich, ob dieses Wohnungsprogramm - im angekündigten Rahmen - den einkommensschwächeren Bevölkerungsgruppen zugute kommen wird. Zum einen sind die Vergabekriterien für diese Wohnungen bislang nicht festgelegt, zum anderen könnte dieses Programm der Veredelung weiterer Stadtquartiere Vorschub leisten und somit die Verdrängung sozial benachteiligter Bevölkerungsgruppen beschleunigen.

Ungeachtet dessen steht *Battery Park City* schon jetzt stellvertretend für eine Stadtentwicklungspolitik, die im Interesse von Immobilieninvestoren die soziale Segregation vorantreibt und das an anderer Stelle weiterexistierende Elend durch Schaufassaden und neue Luxusquartiere zu kaschieren versucht.

Abb. 19 *World Financial Center*

Anmerkungen

1. Vgl. KNOX, M.: Briefe aus New York, in: *TRANS ATLANTIK* Heft 2, 1981
2. Vgl. BAUBEHÖRDE HAMBURG, LANDESPLANUNGSAMT (HRSG.): Stadt am Hafen, Hafenstadt, Christians Verlag, Hamburg, 1986
3. Vgl. HUXTABLE, A. L.: Zeit für Wolkenkratzer, Archibook, Berlin, 1986, S. 78
4. Vgl. PELLI, C.: Wolkenkratzer, in: *BAUMEISTER* Heft 2, 1984, S. 17 ff.
5. Vgl. HELMS, H. G: Manhattans neue Kapitalfabriken
6. Vgl. HELMS, H. G: Die Rolle des Finanzkapitals für den stadtstrukturellen Wandel, Vortrag am 6.2.1987, Institut für Stadt- und Regionalplanung der Technischen Universität Berlin
7. Vgl. KRÜGER, K.-H.: Ein Glücksfall nicht nur für Amerika, in: *SPIEGEL* Heft 43, 1986, S. 260 ff.

Abbildungsnachweis

BAITER, R.: Lower Manhattan Waterfront, Office of Lower Manhattan Development, New York 1975	Abb. 6,7
BATTERY PARK CITY AUTHORITY	Abb. 8,11
BECKER, U.	Abb. 5, 19
BRAUM, M.	Abb. 1,4,9,15
GOLDBERGER, P.: Wolkenkratzer - Das Hochhaus in Geschichte und Gegenwart, Stuttgart 1984	Abb. 10,12,13,14
KNOX, M., a.a.O.	Abb. 3
SCHOEN, A.	Abb. 2
SCHULZE, F.: Mies van der Rohe, Chicago 1986	Abb. 16

"Die Schönheit von New York hat einen ganz anderen Ursprung. Es ist nicht intentionale Schönheit. Sie ist ohne Absicht des Menschen entstanden, wie eine Tropfsteinhöhle. Formen, die für sich betrachtet häßlich sind, geraten zufällig und ohne jeden Plan in so unvorstellbare Nachbarschaft, daß sie plötzlich in rätselhafter Poesie erstrahlen."

Milan Kundera:
Die unerträgliche Leichtigkeit des Seins

Engelbert Lütke-Daldrup

STADTUMBAU AM TIMES SQUARE

Aufbereitung einer Stadtmitte für einen neuen Verwertungszyklus

Ein geradezu gigantisch anmutendes "Stadterneuerungsprojekt" entsteht am New York Times Square auf einem fünf Hektar großen Areal im Herzen von *Midtown* Manhattan. Nach jahrelangem Planungsvorlauf wurde 1988 mit den ersten Bauarbeiten an dem Zwei-Milliarden-Dollar-Projekt begonnen. Einen besonderen Charakter erhält das Bauvorhaben sowohl durch die für amerikanische Verhältnisse sehr intensive öffentliche Debatte als auch durch seine städtebauliche Dimension. Es gibt bisher in New York keinen verkehrsreichen Platz, der von so gewaltigen, gleichartigen Wolkenkratzern geformt und beherrscht wird, wie es für den Times Square vorgesehen ist.

Das Times-Square-Projekt wird von Planung und Politik massiv als strategisch wichtiges Investitionsprojekt in *Midtown* unterstützt. Dieses Projekt ist ein Paradebeispiel für die Mechanismen planvoller Stadtverwertung in New York. Gleichzeitig lassen sich hier die Konflikte und Durchsetzungsstrategien zur optimalen ökonomischen Nutzung des Stadtquartiers exemplarisch aufzeigen.

Annäherung an den Ort

Der Stadtgrundriß New Yorks wurde entscheidend durch den sogenannten *Commissioner Plan* von 1811 geprägt. Seine Urheber waren die Ingenieure de Witt, Rutherford und der Gouverneur Morris.[1] Der mit Blick auf reibungslose Verkehrsabwicklung konzipierte Plan war das Ergebnis rein utilitaristischer Überlegungen mit der so zweckmäßigen wie simplen Formel: 12 *avenues* (Nord-Süd-Straßen, 30 m breit) und 155 *streets* (Ost-West-Straßen, 18 m breit) ergeben rund 2000 gleich große Blöcke mit etwa 61 x 244 Metern. Das Motto der *Commissioners* war: "Gradlinige und rechtwinklige Straßen sind gut für das Geschäft", und "Plätze sind unnötig: man lebt in den Häusern und nicht auf den Plätzen".[2]

Im *Commissioner Plan* ist weder der erst später eingefügte, das Raster diagonal zerschneidende ehemalige Indianerpfad Broadway noch sind die dadurch entstandenen herausgehobenen Orte (Plätze), wie der Times Square, enthalten; auch der nach 1853 angelegte *Central Park* war weiter südlich vorgesehen.

Gegen Mitte des 19. Jahrhunderts war die Bebauung bis zum Times Square, d.h. bis zur 42. Straße vorangekommen, damals noch in Form von 3- bis 4-geschossigen roten Sandsteinhäusern mit großen Freiflächen. Zur Zeit des amerikanischen Bürgerkriegs wird der Bereich zwischen 42. Straße und *Central Park* mit seinen Slums (der Bauarbeiter des *Central Parks*), den stinkenden Fabriken und Müllkippen wie folgt beschrieben: "ein ekelhafter Ort, wo miasmische Düfte jeden Luftzug verpesten".[3]

Nur 40 Jahre später ist der Bereich um den Times Square von bis zu achtgeschossigen Wohn- und Geschäftshäusern sowie Hotels mit Pariser Charme geprägt. Zur gleichen Zeit beginnt in *Downtown* die Hochhausentwicklung. 1902 entsteht am *Madison Square*, der Kreuzung von Broadway und 5. Avenue, das *Flatiron Building* mit für damalige Zeit verwegenen 22 Stockwerken. Zwei Jahre später baut die New York Times weitere 20 Straßen nördlich am Times Square den 25-geschossigen "*Times Square Plaza*" als ihr neues Redaktions- und Verlagsgebäude.

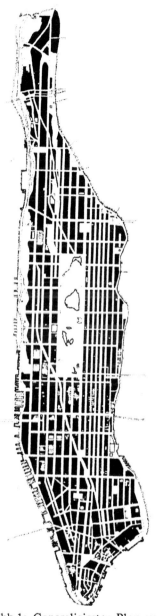

Abb.1: Generalisierter Plan von Manhattan (Quelle: Die Zukunft der Metropolen, a.a.O., S.316)

Das als *Times Tower* bekannt gewordene Hochhaus wird zusammen mit dem Times Square für Amerika so etwas wie ein nationales Symbol - "the public heart of New York"[4]. Hier treffen sich in jeder Sylvesternacht Tausende von Menschen, hier bejubelten die New Yorker am 14. August 1945 die Nachricht vom Ende des Zweiten Weltkrieges, hier fanden große Demonstrationen und begeisternde Popkonzerte statt. Der Times Square wird mit gewissem Recht "*the Crossroad of the World*" genannt.

Abb.2: *Squatter* nördlich der 42. Straße um 1850 (Quelle: Grube/Höpker a.a.O., S.145)

1961 verkaufte die New York Times den *Times Tower*. Die Ornamentfassade wurde 1964 bis zum Stahlträgerwerk abgetragen und durch glatte, weiße Steinplatten ersetzt. Damals nannte man das Gebäude nach dem neuen Eigentümer in *Allied Chemical Tower* um, bis man 1975 zum alten Namen zurückkehrte und es seitdem *One Times Square* nennt. Berühmt ist der *Times Tower* auch für sein cinematisches Spruchband, auf dem die neuesten Schlagzeilen der Weltpresse verbreitet werden. Dieser optische Nachrichtenträger ist nur eine von vielen Leuchtreklametafeln am Times Square, von dem das gewaltige Coca-Cola-Schild mit seinen 290 Transformatoren und 3360 Lampen[5] das eindrucksvollste der "fantastischen Lanschaft der Zeichen"[6] ist.

Abb.3: *Times Tower* am Times Square im Bau 1904 (Quelle: Grube/Höpker: New York, Hamburg 1983, S.218)

Abb.4: Jubelnde Menschen am Times Square am 14. August 1945
(Quelle: Grube/Höpker a.a.O,.S. 290)

Times Square und 42nd Street heute

Ungeachtet der historischen Bedeutung des Times Square scheiden sich heute gerade an diesem Ort die Geister. Die einen klassifizieren ihn als einen Bereich, der einseitig vom Geschäft mit dem Sex beherrscht wird. Fäulnis und physischer Verfall sind nach Meinung der städtischen Planer schon so weit fortgeschritten, daß sich kein Unternehmer mehr in die Gegend wagt. Auch der SPIEGEL liefert eine markige Beschreibung: "Im flackernden Licht der Neon-Reklamen rotten sich jugendliche Diebesbanden zusammen, pennen Bag-Ladies in uringeschwängerten Eingängen billiger HiFi-Shops, streifen verwilderte Kinder durch Sex- und Pornoläden, vorbei an Peep-Shows und sogenannten *Topless Bars*."[7] Diese "Kultivierung" des Negativimages der Times-Square-Gegend dient den Befürwortern des Umstrukturierungsplans als Legitimationsgrundlage. Sie versprechen, den Bereich zu revitalisieren und in diesem gefährlichsten Quartier der Stadt "aufzuräumen".

Andere sehen im Times Square "New Yorks Gegenpol zur kalten, lichtlosen Wall Street." Zwar war der Bereich nie "ein Platz der Nadelstreifen", sondern "immer ein Platz der weißen Gamaschen, immer eine Bühne der Gaukler, der Gauner und Gigolos. Und der Sektierer. Und der Eiferer. Und der Prediger merkwürdiger Wahrheiten. Und der Clowns. Mal war der Zirkus prächtig, mal war er erbärmlich schäbig. Und das war es, was schon immer die Magie des Platzes ausmachte."[8] Auch die *Municipal Art Society*, eine fast 100 Jahre alte *non-profit*-Organisation, die viele öffentliche Anliegen unterstützt (wie z.B. New Yorks ersten Bebauungsplan, den *Zoning Code*), wirbt mit dem *Committee to keep Times Square alive* für den Erhalt des wichtigsten Unterhaltungsdistrikts New Yorks: 45 Theater, 22 Erstaufführungskinos, Hunderte von Nachtclubs, Restaurants und Läden, sowie 29 Super-Leuchtreklamen sollen erhalten werden. Mit der vielfach in den Vordergrund gestellten Pornographie haben, so die *Municipal Art Society*, von den 430 Geschäften am Times Square weniger als 5 % zu tun.

Projekte für den Times Square

Schon Ende der siebziger Jahre wurde von einer gemeinnützigen Organisation, der *42nd Street Development Organisation*, unter Führung des engagierten Mr. Papert ein Plan entworfen, um die 42. Straße und den Times Square vor dem Verfall zu bewahren. Kernpunkt des Plans war ein 80.000 qm großer "Musentempel", der die vorhandenen, meist verfallenen Theater integrierte und über "Wandelhallen, Walkways, überdachte Brücken" erreichbare Ladenpassagen, Gaststätten und Feinschmeckerlokale enthalten sollte - "alles unter einem einzigen riesenhaften Dach"[9].

Zur Finanzierung des sogenannten *theme park* mit Unterhaltungs-, Einkaufs- und Kulturangeboten zwischen 7. und 8. Avenue sah Mr. Papert den Bau von drei Bürotürmen, einer 200.000 qm großen Messehalle und eines 300-Zimmer-Hotels vor. Dieser als *City at 42nd Street* bezeichnete Plan wurde etwa zwei Jahre intensiv verfolgt.[10] Anfang 1980 zog plötzlich die Stadt New York ihre Unterstützung für diesen Plan zurück, da sie der gemeinnützigen Organisation die Abwicklung eines derart großen Projektes nicht zutraute und die potentiellen Investoren sich reserviert verhielten.

Nun nahm die Stadt New York die Sache selbst in die Hand. Sie einigte sich mit dem Staat New York und beauftragte die staatliche *Urban Development Corporation (UDC)*, einen Erneuerungsplan für den Bereich zwischen 7. und 8. Avenue beiderseits der 42. Straße zu entwickeln und umzusetzen. Der *UDC*-Erneuerungsplan greift die durch den vorangegangenen *City at 42nd Street Plan* ins öffentliche Bewußtsein gedrungenen Aspekte auf:

- der Charakter und die Geschichte der 42. Straße als Unterhaltungszentrum ist eine kostbare Ressource der Stadt,
- jeder umsetzungsfähige Stadterneuerungsplan muß das ganze Gebiet zwischen Broadway und 8. Avenue einbeziehen und
- öffentliches Enteignungsrecht ist unerläßlich, um die notwendigen Grundstücke für die großzügige Erneuerung des Bereichs zusammenzufassen.[11]

Zuerst hatten die erfolgreichen Planer der *Battery Park City* (Cooper und Eckstut) im Auftrag der *Urban Development Corporation* Gestaltungsrichtlinien (*city-design-guide-lines*) entwickelt.[12] Im Juni 1981 schrieb die Stadt New York dann zusammen mit der *UDC* einen Bauträgerwettbewerb aus. Aus 26 eingegangenen Angeboten wurden im April des nächsten Jahres zwei ausgewählt: Die *Park Tower Realty* und ein gewisser Lazar, der sich allerdings später als Betrüger entpuppte.[13] Kriterien für die Auswahl der Bauträger waren deren Reputation und Erfahrung ("Kann er ein solches Projekt durchführen?"), deren finanzielle Potenz sowie ihr Angebot an Leistungen für öffentliche Zwecke.[14]

Das Konzept für den Times Square von Johnson und Burgee

In eine entscheidende Phase trat das *Times Square Redevelopment Project* im Herbst 1983, als Bürgermeister Edward Koch und Gouverneur Mario Cuomo in ungewohnter Eintracht der überraschten Öffentlichkeit den Bauträger und dessen ausgearbeitetes städtebauliches Konzept präsentierten. Der Bauträger, die *Park Tower Reality*, hatte den durch das AT&T Building (mit dem berühmten *Chippendale-Giebel*) in New York zum Nestor der Postmoderne[15] avancierten Philip Johnson mit John Burgee beauftragt. Die Architekten stellten als Kern des Projektes am Times Square vier granitverkleidete Bürotürme vor, die direkt neben der Straße ohne Rücksprünge (*setbacks*) in den Himmel emporragen.

Das Times-Square-Projekt war zu diesem Zeitpunkt zu einem Schlüsselprojekt der Planungspolitik der Stadt New York (*Department of City Planning*)[16] geworden.

Anfang der achtziger Jahre entwickelte man das Konzept der forcierten *West-Side*-Entwicklung von *Midtown*, nachdem bis dahin die mittlerweile an die Grenze ihrer Aufnahmefähigkeit gelangte *East Side* (um die Park Avenue) Zentrum der Bautätigkeit war. Ein neuer Bebauungsplan (zoning ordinance) für *Midtown* erklärte die *East Side* zur Stabilisierungszone mit einer Geschoßflächenzahl (GFZ)[17] von 12 bis 16 und die *West Side* zwischen 6. und 8. Avenue zur Wachstumszone (*growing area*) mit einer GFZ von 15 - 18. Zusätzlich soll ein GFZ-Bonus nur noch für den Erhalt von Theatern, die Verbesserung der U-Bahn und anderer öffentlicher Infrastruktur sowie den Denkmalschutz, aber nicht mehr für *Public Space*, gewährt werden.[18] Das Times Square Projekt hat neben der von ihm erwarteten Initialfunktion für die *West-Side*-Entwicklung die Aufgabe, das am Hudson River zwischen 34. und 38. Straße gelegene neue Kongreßzentrum, das *Convention Center*, besser an *Midtown* anzubinden.[19]

Abb.5: Modell der geplanten Times-Square-Bebauung (Photo: Real Estate Board of New York, Review 86, New York 1986, S.132)

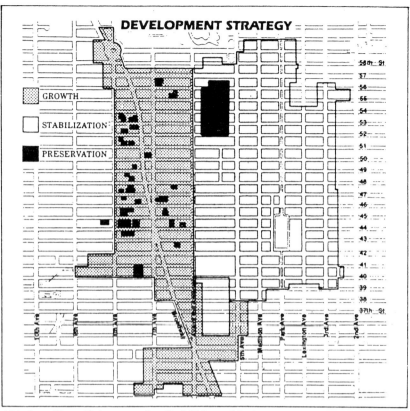

Abb.6: Neuer Bebauungsplan für *Miidtown* Manhattan
(Quelle: Roberts 1982, S. 25)

Das Projektgebiet am Times Square umfaßt ein 5,2 ha (13 *acres*) großes Gelände zwischen Broadway und der 8. Avenue von der 40. bis zur 43. Straße. In der *Redevelopment Area* sollen, bis auf neun zu Beginn des 20. Jahrhunderts gebaute Theater sowie das erhaltenswerte Candel Building und das Charter Hotel, alle Gebäude abgerissen werden. Nachdem zunächst auch der Abriß des *Times Towers* vorgesehen war, soll dieser nunmehr erhalten bleiben. Die durch die Abrisse notwendig werdende Umsiedlung von etwa 400 Bewohnern wird etwa ein Jahr in Anspruch nehmen.

Vier 29, 37, 49 und 58 Geschosse hohe in Sandstein gefaßte Bürotürme mit gläsernen Mansarddächern dominieren das Bauprojekt von Johnson und Burgee am Times Square.[20] Dadurch entstehen knapp 400.000 qm neuer Büroflächen, mehr als das Doppelte des berühmten *Empire State Buildings*. Zusätzlich werden die Türme 16.000 qm Geschäfts- und Ladenflächen in den granitverkleideten Sockelgeschossen aufnehmen. Der höchste der vier Bürotürme wird direkt an der Ecke 42. Straße / Broadway plaziert und eine GFZ von etwa 44 aufweisen.

219

Zweiter wesentlicher "Baustein" des städtebaulichen Konzeptes ist eine sogenannte *Merchandise Mart* an der 8. Avenue mit etwa 220.000 qm Nutzfläche. Diese soll als permanentes Ausstellungs- und Verkaufsgebäude für Computern, Textilien und Maschinen u.a. dienen. Die Mart kann als Ausstellungsgebäude in Verbindung mit dem drei Avenues entfernten *Convention Center* genutzt werden. Vorbild sind die außerordentlich erfolgreichen *trade-marts* in Chicago, Dallas, Los Angeles und anderswo.

Das städtebauliche Konzept mit der für New York traditionellen Baumassenverteilung - an den Avenues hoch und in der "Mitte" der Blocks (*midblocks*) niedrig - wird durch ein 550-Betten-Hotel an der 8. Avenue abgerundet.

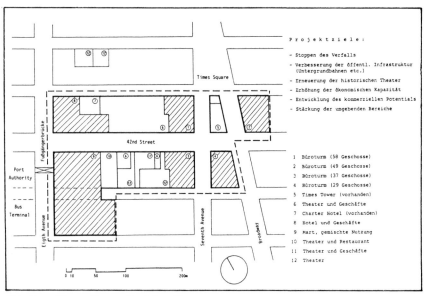

Abb.7: Times-Square-Projektgebiet
(Zeichnung anhand einer Karte der *Urban Development Corporation*)

Zusätzlich sind Maßnahmen zur Verbesserung der öffentlichen Infrastruktur vorgesehen: Die vier zu verschiedenen Zeiten gebauten und nur sehr unzureichend verknüpften U-Bahnlinien am Times Square sollen durch eine großzügige Unterführung neu verbunden werden. Diese unterirdische Fußgängerebene soll mit Tageslicht durch verglaste Kuppeln belichtet werden und direkte Zugänge zu den benachbarten Bürotürmen erhalten. Weiterhin wird eine neue Fußgängerbrücke über die 8.Avenue das Projektgebiet mit dem für Pendler wichtigen *Port Authority Bus Terminal* verbinden.

Insgesamt planen Johnson und Burgee rund 650.000 qm neuer Nutzfläche, mit einer über das gesamte Projektgebiet gemittelten Geschoßflächenzahl von 18. Die heutige

Nutzfläche des Projektgebietes wird damit mehr als verdreifacht. Die Gesamtkosten werden auf 2 Milliarden Dollar geschätzt.

Abb.8: Neu gestaltete U-Bahn-Ebene am Times Square
(Reproduktion einer Zeichnung der *Urban Development Corporation*)

Zur Ökonomie des Times-Square-Projektes

Die Ziele[21] der von Staat und Stadt New York zum Projektträger bestimmten *Urban Development Corporation* sind städtebaulicher und ökonomischer Art:

- Stoppen des Verfalls,
- Verbesserung der öffentlichen Infrastruktur (insbesondere Untergrundbahnen) und Erneuerung der Theater,
- Erhöhung der ökonomischen Kapazität des Bereichs (Arbeitsplätze, Umsatz und Steuern), Entwicklung von kommerziellen Potential und
- Stärkung der umgebenden Bereiche.

Da der Bereich um den Times Square trotz seines im Vergleich zur *East Side* von Manhattan wesentlich geringeren Grundstückswerts[22] und seit der 1982 erfolgten Änderung des Bebauungsplanes für *Midtown* Manhattan größeren Ausnutzbarkeit der Grundstücke[23] von den privaten Investoren nicht "angenommen" wurde, da ihnen die Investition zu riskant erschien, waren öffentliche Vorleistungen durch die *UDC* erforderlich. Das mangelnde Investoreninteresse für den Times Square beruht nicht nur auf dem mehr subjektiven Faktor seines schlechten Images, sondern auch auf handfesten wirtschaftlich wirkenden Faktoren. Es fehlen direkte Kommunikationsmöglichkeiten mit anderen gleichartigen Nutzern (*face to face communication*) und eine gute Erschließung durch den ÖPNV (insbesondere für Pendler aus den Vororten). Weiter sind die Stadtstruktur[24] und die Grundstücksgrößen nicht optimal.[25] Roberts wies 1982 in einer Studie zur Ermittlung von "marktgängigen" Grundstücken (*feasible sites*) in *Midtown* nach, daß neue Bauaktivitäten auf der *West Side* ohne weitere Anreize auch nach der Bebauungsplanänderung unwahrscheinlich seien. "The direction in which development is meant to shift, Times Square, remains infeasible despite the increase in FAR (GFZ, d.V.)."[26]

Aufgrund dieser Rahmenbedingungen sah sich die Stadt New York zur Unterstützung ihrer Bebauungsplanpolitik - Stabilisierung der *East Side* und Verlagerung der Entwicklung auf die *West Side* von *Midtown* Manhattan - veranlaßt, die wirtschaftlichen Bedingungen für eine Investition am Times Square zu verbessern. Die Strategie New Yorks umfaßt dabei fünf Aspekte:

- Vorfinanzierung und Durchführung der Planung und Ordnungsmaßnahmen für das *Times Square Redevelopment Project* durch die staatliche *Urban Development Corporation*;
- Anwendung des Enteignungsrechts zur Grundstücksbeschaffung und anschließend Überlassung des Bodens in Erbpacht auf 99 Jahre an den Bauträger;[27]
- städtische Subventionen für den Investor in Form von Steuervergünstigungen und Befreiungen vom Baurecht, damit die private Rentabilität erhöht wird;
- Aufbereitung des Umfeldes für die umfassende Stadterneuerung durch Kombination der gewährten Vergünstigungen mit Gegenleistungen des Investors für Verbesserungen der Infrastruktur und
- Beseitigung des Widerstandes der angrenzenden Nachbarschaft (*community*), indem Stadt und Staat New York gemeinsam ein 25 Millionen Dollar Programm u.a. für die Verbesserung der Wohnverhältnisse in Clinton bereitstellen.

Diese Strategie stellt den Versuch dar, durch gemeinsame Bemühungen von Stadt und Staat New York sowie des Investors den Standort Times Square zu verbessern, um dadurch die Wirtschaftlichkeit der Großinvestition, insbesondere im Hinblick auf die Höhe der erzielbaren Mieten, abzusichern. Das bisher vorhandene starke Büromietengefälle von der *East Side* zum Times Square von bis zu 70 %[28] soll durch die umfassende Aufbereitung des Standortes erheblich verringert werden.

Die wirtschaftlichen Erwartungen der Stadt New York[29] gründen sich auf einer wesentlich gesteigerten ökonomischen Aktivität im Projektgebiet. Durch private Investitionen von rund 2 Milliarden US-Dollar sollen bis Anfang der 90er Jahre - statt der vorhandenen 4.200 - etwa 21.000 Arbeitsplätze entstehen. Die jetzigen Steuereinnahmen von 4,5 Millionen Dollar können bis zum Jahr 2000 auf 15 Millionen Dollar jährlich steigen. Nach Ablauf der - auf bis zu 20 Jahren - gewährten Steuervergünstigungen werden noch höhere Einnahmen erwartet.

Das Volumen der Infrastrukturinvestitionen des Bauträgers soll 150 Millionen Dollar betragen. Davon ist der Löwenanteil mit 120 Millionen für Verbesserungen des U-Bahnsystems vorgesehen; weitere 30 Millionen für die Renovierung von Theatern, dem Bau einer Verbindungsbrücke zum *Port Authority Bus Terminal* und der Aufwertung des Straßenraums.[30] Angaben über die Relation von kommunalen

Vorleistungen (Steuerbefreiungen, Baulandbeschaffung, Baurechtsbefreiungen u.a.) und der durch den Bauträger erbrachten Leistungen für die öffentliche Hand (Infrastrukturinvestitionen) sind, wie bei anderen New Yorker Großprojekten auch,[31] nicht öffentlich zugänglich.

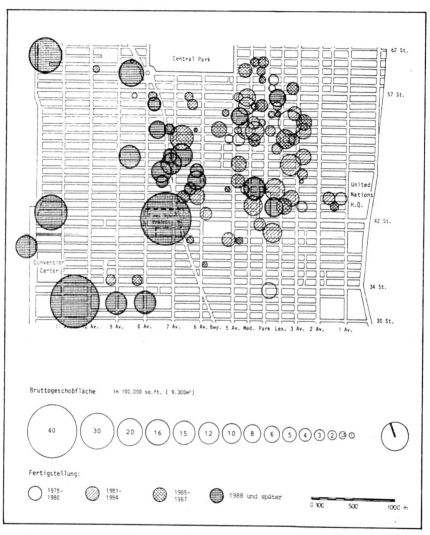

Abb.9: Bautätigkeit in *Midtown* von Manhattan seit 1975
(Quelle: Becker, U., Lütke-Daldrup, E. 1987, S. 65; Ergänzungen (1988 und später) aus: Brake, K.: Phönix in der Asche - New York verändert seine Stadtstruktur, Oldenburg 1988, S. 74)

Kritik am Times-Square-Projekt

Das Times-Square-Projekt hat, was bei Bauprojekten in New York nicht oft vorkommt, eine intensive öffentliche Debatte ausgelöst. Die Kritik am Projekt richtet sich weniger gegen seine wirtschaftlichen Implikationen, sondern in erster Linie gegen die architektonische und städtebauliche Ausformung des Projektes.

Der neue Gebäudekomplex am Times Square, von seiner Dimension her nur mit den Hochhauskomplexen *Rockefeller Center* in *Midtown* und *Battery Park City* in *Downtown* vergleichbar, wird wegen seiner Größe, der Konfiguration der Bürotürme und dem Mangel an Glitzer kritisiert.[32] Entgegen der in den Gestaltungsrichtlinien von 1981 vorgesehenen Rücksprünge, die Luft und Licht in den Straßenräumen sicherstellen sollten, ragen die von Johnson und Burgee konzipierten Türme gerade in den Himmel. Der Vorsitzende der New Yorker Denkmalschützer Brendan Gill meint dazu: "Der Times Square wird zum Boden eines Schachtes" (*the bottom of a well*)[33]. Die *Municipal Art Society* und die New Yorker Sektion des Architektenverbandes[34] bemängeln die verlorengehenden Leuchtreklamen und die damit einhergehende grundlegende Veränderung des Charakters vom Times Square.

Letzterer Kritik kamen Johnson und Burgee insofern entgegen, als sie auch an neuen Türmen Zeichen und Leuchtreklamen vorsehen wollen. Die ursprünglich von der *UDC* vorgesehenen Rücksprünge sind nach Angaben von Burgee ökonomisch nicht tragbar. Wegen der großen Grundfläche der Bürotürme sind große zentrale Aufzuganlagen erforderlich. Sollen zur wirtschaftlichen Gebäudeausnutzung mindestens 11 m vom Kern bis zum Fassadenglas übrig bleiben, sind Rücksprünge nicht machbar. Bei den zunächst geforderten Rücksprüngen würde, so Burgee, der Kern das Fassadenglas "durchstoßen".

Der historische *Times Tower*, der wegen des freien Blicks auf die neuen Hochhäuser im ersten Entwurf von Johnson und Burgee nicht enthalten war, soll aufgrund der Proteste nunmehr nicht abgerissen werden. Nur sehr marginal kam der Bauträger den anderen Einwänden durch ein geringes Zurücksetzen der Bürotürme von der Straßenkante am Times Square um 5 Fuß (1,52 m) und der *mart* an der 8. Avenue um 15 Fuß (4,6 m) entgegen.

Die *Municipal Art Society* schrieb im Frühjahr 1984 einen Wettbewerb aus, um Ideen zum Erhalt der Qualitäten und der Lebendigkeit des Times Squares zu suchen. Dieser nur mit 17.500 Dollar dotierte Wettbewerb erbrachte 1400 Vorschläge[35] zur Revitalisierung des Times Square. Am spektakulärsten ist der Vorschlag von Venturi, Rauch&Scott-Brown, einen riesengroßen Apfel als gigantisches New-York-Symbol an die Stelle des *Times Tower* zu setzen, oder die Idee von Architekten aus Berkeley, Kalifornien, einen Stahlgitterturm und ein Netzwerk von Fußgängerbrücken zu bauen. Auch Johnson machte einen Kompromißvorschlag, nämlich den *Times Tower* bis auf das Stahlskelett abzutragen und daran ggfs. Leuchtreklamen zu montieren.

Die Wettbewerbsentwürfe konnten allerdings keine grundlegende Veränderung des Projektes mehr bewirken. Die Forderungen der *Municipal Art Society*[36] :
- Erkärung des Times Square-Bereichs zum "Unterhaltungsbezirk" (*Entertainment District*),
- Änderung des vorhandenen Bebauungsplanes (*zoning laws*) zur Entmutigung der Büroturmpläne und zur Ermutigung der Nutzung als Unterhaltungs-und Vergnügungsbezirk,
- Vorsorge für große kinetische Werbeflächen

bleiben ohne substantielles Ergebnis.

Abb.10: Alternativentwürfe des Wettbewerbs der *Municipal Art Society* 1984
(Quelle: Der Spiegel Nr. 46 1984, S. 231)

So wird die Neuordnung am Times Square zwar nach Meinung der *Municipal Art Society* die "geschmackvolle" Zurschaustellung der Untergeschosse der Bürotürme bewirken; die großen Kinos werden aber verschwinden. Wenige Theater verbleiben als kleine Kuriosität zwischen sterilen kommerziellen Festungen. Die Spuren früherer Lebendigkeit sind dann am Times Square endgültig verschwunden.[37]

Die Broadway-Theater - wesentliche Grundlage des Ruhms von Times Square und 42.Straße - werden, so fürchten die Kritiker, in der sterilen Umwelt der Bürotürme nur schwer überleben können. Schon heute existieren nur noch die Hälfte der Bühnen, die es in den 20er Jahren gab: Noch ca. 40 Theater und Musicalhäuser. Die Theaterproduktion ist zu einem Wirtschaftsunternehmen geworden, die Geldgeber bestimmen das Stück. Und Theaterbesitzer sind i.d.R. Leute, die ihr Vermögen durch

Grundstücksspekulation gemacht haben. Um mit einem Theaterstück finanziell über die Runden zu kommen, muß es mindestens ein Jahr, ein Musical sogar zwei Jahre Geld einspielen. Das neueste Musical "*Smile*" verschlang 4 Millionen Dollar und lief nur 48 Auftritte - ein finanzielles Fiasko. Auch die New York Times stellte kürzlich fest: "Mit Broadway-Theatern geht's bergab."

Die Befürworter des *Redevelopment Projects* behaupten, daß der Plan den Bereich revitalisieren wird und in einem der gefährlichsten Bereiche der Stadt "aufräumt". In einer 800 Seiten umfassenden Studie der Investoren vom März 1984 (*Preliminary Environmental Impact Statement*) wird argumentiert, daß die Sex-Shops sich (nach Greenwich bzw. nördlich des Times Square) verlagern, der Verkehrsfluß verbessert wird und die neuen Nutzungen das Leben auf den Straßen aufrechterhalten werden.[38]

Dem halten die Kritiker entgegen, daß legitime Geschäfte und Bewohner vertrieben werden und die ungeliebten Sex-Shops und Drogenhändler halt woanders hingehen - der Times Square aber seinen geschäftigen und lebendigen Charakter für immer verlieren wird. Sie wehren sich gegen die Vertreibung des ansässigen ärmeren Klientels durch fade Büro- und Konsumgettos weißer Mittelständler.

Das förmliche Planungsverfahren und die Durchsetzung des Projekts

Alle wesentlichen Entscheidungen sind im Falle des Times Square Projektes durch den jahrelangen Planungsvorlauf schon vor Eintritt in das förmliche Planverfahren gefallen. Die eindeutig politische Präsentation des Projekts durch Bürgermeister und Gouverneur tat ein übriges. Trotzdem verlief das Verfahren[39] nicht so reibungslos, wie die Projektbetreibern erhofft hatten.

Nachdem im Dezember 1983 der Entwurf von Johnson und Burgee der Öffentlichkeit auf einer Pressekonferenz vorgestellt wurde, gab es lautstarken Protest. Man sah sich deshalb gezwungen die öffentlichen Anhörungen, auf die eigentlich verzichtet werden sollte, da das Projekt von einer staatlichen Institution betrieben wird, doch durchzuführen. Im März 1984 fanden *public hearings* statt, auf dem u.a. Architekten und Denkmalschützer ihre Kritik vortrugen.

Der angrenzenden Nachbarschaft Clinton, ein Gebiet mit niedrigen Einkommen und vielen alten Menschen (früher auch *hell's kitchen* genannt) wurde der Widerstand durch das bereits erwähnte 25-Millionen-Dollar-Sonderförderprogramm (halb von der Stadt, halb vom Land getragen) für die Jahre 1986 bis 1990 regelrecht abgekauft. Mit dem Geld soll der Wohnungsbestand von Clinton verbessert werden. Es ist auch die Förderung von Bürgerinitiativen (*community groups*) und Rechtshilfe im Förderpaket enthalten. Da nach Angaben des *UDC* das Times Square Projekt die *gentrification* forciert, wurde zusätzlich ein spezieller Bebauungsplan für Clinton zum Erhalt der Baustruktur erlassen. Offen bekannte man bei der *UDC*, daß es besser sei, der gut und lautstark organisierten Clinton-*community* finanziell entgegen zu kommen, da sonst das Investitionsprojekt unnötig verzögert werden könnte.[40]

Durch diesen geschickten Schachzug konnten Bedenken des Nachbarschaftskomitees bereits im Vorfeld abgefangen werden. Die Kommission für Stadtplanung stand dem Projekt sowieso positiv gegenüber, da das Times-Square-Projekt im Zusammenhang mit der geplanten *Midtown*-Entwicklung zu sehen ist. "That plan established the conditions necessary for development to move westward and southward; the Times Square project provides the pioneering critical mass needed to ensure that movement."[41] Die Kommission gab deshalb im Sommer 1984 grünes Licht.
Bevor das Projekt - wie alle wichtigen Bauprojekte - vom *Board of Estimate* (Magistratshauptausschuß mit Bürgermeister, einigen Dezernenten und den Stadtbezirkschefs) beschlossen wurde, fertigte man noch zwei weitere Studien (*Final Environmental Impact Statement, Review Report*) an. Einen letzten Versuch starteten die Geschäftsleute am Times Square mit Unterstützung von Architekten, Planern, Künstlern u.a. kurz vor der Entscheidung des *Board of Estimate*: Um 19 Uhr gingen am Times Square für eine halbe Stunde alle Lichter aus. Dieser spektakuläre *blackout* sollte eine Demonstration der durch die Bürotürme verursachten Dunkelheit sein. Sie blieb ohne Erfolg. Zwei Tage später, am 9. November 1984, beschloß das *Board of Estimate* das Times-Square-Projekt in der vorgelegten Form.

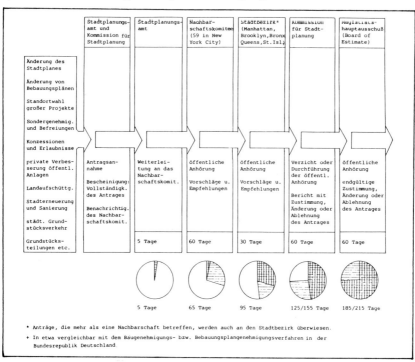

Abb.11: Planverfahren in New York City
(Quelle: Becker, U., Lütke-Daldrup, E. 1987, S. 67)

Alle öffentlichen Proteste haben nur bewirkt, daß marginale Veränderungen an den Entwürfen vorgenommen wurden. Die Bürotürme sind leicht im Detail korrigiert (mehr Glaswände, Beleuchtungseffekte, Laserstrahlen auf den Dächern) worden. Substanzielle Änderungen, insbesondere solche, die die Rentabilität des Konzeptes in Frage gestellt hätten, hatten keine Chance.

Ruth Messinger[42], eine sozialliberale Politikerin von der *West Side* Manhattans meint dazu: Die Kommission für Stadtplanung plant nicht, sondern handelt maximal mit Bauträgern einige Infrastrukturleistungen aus. Bei dieser politisch gewollten reinen Anpassungsplanung wird die Stadtplanung viel zu spät einbezogen, dann können nur noch Details (z.B.: Stellplätze oder Farbe) diskutiert und verändert werden.

Vier Jahre nach Abschluß des förmlichen Planverfahrens des Times-Square-Projektes steht der erste Spatenstich im Projektgebiet noch aus. Finanzierungsschwierigkeiten haben das auch für amerikanische Verhältnisse gewaltige Stadtumbauvorhaben verzögert. Nach Auskunft der Stadtverwaltung wird aber Ende 1988 mit der Freilegung des Geländes, d.h. Abriß fast der kompletten Altbausubstanz, begonnen; etwa 1992 kann mit der Fertigstellung des neuen Stadtquartiers gerechnet werden.[43] Wenige Blocks nördlich der 42. Straße wurden bereits im Frühjahr 1988 - in Erwartung der Ausstrahlungseffekte des Großprojektes am Times Square - mit dem Bau zweier größerer Bürohäuser begonnen.

Resümee

Mit Blick auf grundsätzliche Aspekte der stadtstrukturellen Veränderungsprozesse - der Frage nach dem Entstehen eines neuen Stadtstrukturtyps - gilt es vier Dinge festzuhalten:

- Die Dimension des "Stadterneuerungsprojektes" Times Square ist gewaltig. Hier wird ein ganzes Stadtquartier von Grund auf umstrukturiert und zum exklusiven Lebensraum der gut dotierten Angestelltenwelt umgewandelt. Schon vor Baubeginn am Times Square strahlt das Projekt auf die angrenzenden Gebiete aus und löst dort komplementäre Veränderungsprozesse aus.
- Bauvorhaben in der Größe des Times-Square-Projektes lassen sich auch in den USA nur dann durch private Investoren eigenständig durchführen, wenn sie in einen wohl organisierten städtebaulichen Umstrukturierungsprozeß eingebettet sind und damit die Rendite durch staatliche Vorleistungen garantiert wird.
- Das Konfliktmanagement zur Durchsetzung derartiger Großinvestitionen läuft auf mehreren "Schienen" ab. Im Vorfeld des förmlichen Planungsverfahrens wird einerseits seitens der Verwaltung in einem Aushandlungsprozeß versucht, die Genehmigung des Bauvorhabens mit Leistungen für öffentliche Zwecke zu verknüpfen.[44] Andererseits wenden sich in New York die Investoren auch direkt an die negativ betroffenen Quartiere, sofern sie kommunalpolitisch wirksam agieren können, und kaufen diesen ihre Bedenken regelrecht ab.

- Die sich abzeichnende einseitige Funktionalisierung vieler amerikanischer Innenstädte zerstört städtische Qualitäten. Aus lebendigen, sozioökonomisch vielfältigen und gerade deshalb urbanen Quartieren werden, wie das "Lehrstück" Times Square zeigt, exklusive Lebensräume der Bessergestellten. Die Segregation der Lebenswelten schreitet voran[45] und die Innenstädte drohen ihre Funktion als "kulturelle Mitte" für alle zu verlieren.

Anmerkungen

1 Der von John Randel Jr. ausgearbeitete Plan geht auf einen schon 1796 vom städtischen Beamten Casimir Goerk vorgelegten Entwurf zurück. Vgl.: LAMPARD, E.: New York, New York, in: Die Zukunft der Metropolen: Paris, London, New York, Berlin. Ein Beitrag der Technischen Universität Berlin zur Internationalen Bauausstellung Berlin, Berlin 1984, S.212
2 BRIDGES, W.: Commissioners' Remarks, in: Map of the City of New York and Island of Manhattan, New York 1811; vgl. auch KRAUSE, K.-J.: Anmerkungen zur Planungsgeschichte, in: Exkursionsbericht des Fachgebiets Städtebau und Bauleitplanung an der Universität Dortmund, Dortmund 1982; WOHLHAGE, K.: Die Poesie des Rasters, in: Die Zukunft der Metropolen: Paris, London, New York, Berlin. Ein Beitrag der Technischen Universität Berlin zur Internationalen Bauausstellung Berlin, Berlin 1984. Die konkrete Ausgestaltung des Rastersystems von Manhattan wurde auch durch eine möglichst direkte Zugänglichkeit der Piers bestimmt. (Vgl. BRAUNFELS, W.: Abendländische Stadtbaukunst, Köln 1979, S.97)
3 LAMPARD, E.: a.a.O., S. 214
4 MUNICIPAL ART SOCIETY: Committee to keep Times Square alive, New York, Faltblatt 1986
5 SARTORIUS, P.: Der Platz der Zeiten. New Yorks Times Square - seine Magie, sein Verfall, sein drohender Tod, in: SÜDDEUTSCHE ZEITUNG, 21./22. Februar 1987
6 MUNICIPAL ART SOCIETY: Committee to keep Times Square alive, New York, Faltblatt 1986
7 DER SPIEGEL, Nr. 46/1984 vom 12.11.1984
8 SARTORIUS, P.: a.a.O.
9 SARTORIUS, P.: a.a.O.
10 DEPARTMENT OF CITY PLANNING: Plans, Programs and Politics 1980 - 1985. Channeling Growth: The Case of Midtown Zoning, New York 1985, S. 19f
11 ebenda
12 Die *City-design-guide-lines* sahen eine hohe Sockelzone und Attika-Geschosse sowie Rücksprünge vor. Vgl.: WOHLHAGE,K.: Times Square und 42. Straße, in: Die Zukunft der Metropolen: Paris, London, New York, Berlin. a.a.O., S. 124
13 vgl. SARTORIUS, P. a.a.O. und DEPARTMENT OF CITY PLANNING a.a.O., S. 21
14 nach Angaben der UDC, August 1986
15 vgl. u.a. *PROGRESSIVE ARCHITECTURE*, February 1984, S. 65ff

16 DEPARTMENT OF CITY PLANNING a.a.O., 1985, S. 11ff
17 Die Geschoßflächenzahl gibt an, wieviel Quadratmeter Geschoßfläche je Quadratmeter Grundstücksfläche zulässig sind
18 vgl. KWARTLER, M., MASTERS, R.: Daylight as a Zoning Devise for Midtown, in: Energy and Buildings 6 (1984), S. 173 ff; SEUNING, G.: Der Einfluß der Baugesetzgebung auf die Form der Hochhäuser in New York City, in: Baumeister 11/1982, S. 1069 ff
19 DEPARTMENT OF CITY PLANNING: The Convention Center Area. Recommendations for Land Use, Zoning and Development, New York 1984
20 Die Massenangaben zum Times Square Projekt beruhen auf verschiedenen Quellen: DEPARTMENT OF CITY PLANNING a.a.O., 1985, S. 21; Architecture (USA), May 1984, S. 58 und Angaben der UDC in New York, August 1986
21 Nach Angaben der UDC in New York, August 1986
22 ROBERTS, C.: Controlling the Location of Growth in Midtown Manhattan, in: Urban Design Studies, New York 1982, S. 27
23 Zwischen 3. und 5. Avenue ist die Dichte der "guten Adressen" aufgrund der geringeren Abstände zwischen den Avenues größer als westlich der 5. Avenue.
24 DEPARTMENT OF CITY PLANNING a.a.O., 1985, S. 11 ff
25 ROBERTS: C. a.a.O., S. 28 ff
26 ROBERTS: C. a.a.O., S. 25
27 Zuerst erfolgt ein Kaufangebot zum Verkehrswert, wenn keine Verkaufsbereitschaft besteht wird ein formelles Enteignungsverfahren (mit Rechtsweg) eingeleitet, wobei eine "Schiedsinstanz" den Grundstückspreis festlegt.
28 1982 wurden am Times Square ca. 380 $/a für einen qm und in guten Lagen der East Side ca. 650 $/a erzielt. ROBERTS: C. a.a.O., S. 27
29 Nach Angaben der UDC in New York, August 1986
30 Der Bauträger behauptet, daß die Büroflächenmieten durch die Sonderforderungen der UDC um etwa 20 % erhöht worden seien (Angaben der UDC in New York, August 1986).
31 Nach Angaben von RUTH MESSINGER in New York, August 1986
32 Architecture (USA) May 1984, S.58
33 ebenda
34 ebenda und Faltblatt der MUNICIPAL ART SOCIETY, New York 1986
35 vgl. WOHLHAGE, K.: Times Square und 42ste Straße, in: Die Zukunft der Metropolen: Paris, London, New York, Berlin. a.a.O., S. 124 und DER SPIEGEL, Nr. 46/1984 vom 12.11.1984, S. 231
36 Faltblatt der MUNICIPAL ART SOCIETY, New York 1986
37 ebenda
38 ARCHITECTURE (USA), May 1984, S. 58
39 Zum Verfahren: ARCHITECTURE (USA), May 1984, S. 58; WOHLHAGE, K.: Times Square und 42ste Straße in: Die Zukunft der Metropolen: Paris, London, New York, Berlin, a.a.O., S. 124; DEPARTMENT OF CITY PLANNING: a.a.O., 1985, S. 21 und Angaben der UDC in New York, August 1986
40 Dies stellt eine gängige Konfliktmanagementpraxis dar, der sich in der Regel die privaten Investoren bedienen. Durch finanzielle Zugeständnisse werden die betroffenen Quartiere von ansonsten zu erwartenden kommunalpolitisch wirksamen Protesten "abgehalten". Vgl. BECKER, U., LÜTKE-DALDRUP, E.: Ablaßzahlungen des Big Business in New York und Boston. Konfliktmanagement bei der Durchsetzung großer Bauprojekte in den amerikanischen Cities, in: RAUMPLANUNG Nr. 37, Dortmund 1987
41 DEPARTMENT OF CITY PLANNING, a.a.O. 1985, S. 21
42 Nach Aussage von RUTH MESSINGER in New York, August 1986
43 Nach Angaben des Stadtplanungsamtes von Manhattan, Mai 1988

44 Derartige Abhandlungsprozesse bei der Baugenehmigungserteilung sind dem deutschen Rechtssystem fremd. Versuche in Frankfurt mit einem sog. Infrastrukturfond zu Beginn der 70er Jahre scheiterten an den rechtlich nicht haltbaren Kopplungsverträgen.

45 vgl. auch: BELLAH, R. u.a.: Gewohnheiten des Herzens. Individualismus und Gemeinsinn in der amerikanischen Gesellschaft. Köln 1987. Bellah und seine Mitarbeiter zeichnen den Entstehungsprozeß von "Lebensstilenklaven", die sich wechselseitig voneinander abschotten, sozialwissenschaftlich nach. Durch die "culture of separation" entstehe das exakte Gegenteil eines Ethos, der die private mit der öffentlichen Sphäre verbinden könnte.

Ulrich Becker, Annalie Schoen

VOM SCHMELZTIEGEL ZUR "DUALEN STADT"

Konturen eines neuen Stadtstrukturtyps

Ungeachtet zahlreicher Besonderheiten in der Entwicklung Bostons und New Yorks fallen signifikante Übereinstimmungen im gegenwärtigen Wandel beider Stadtregionen auf, die mit qualitativen Veränderungen der bisherigen Strukturen verbunden sind und die Frage nach dem Entstehen eines neuen Stadtstrukturtyps aufwerfen.

Die in den vorangegangen Beiträgen oft nur schlaglichtartig enthaltenen analytischen Befunde zur Beantwortung dieser Frage sollen nun im Kontext zueinander resümiert werden, um ein möglichst umfassendes Bild von den Strukturveränderungen zu erhalten.

Polarisierung in den Städten

In beiden Städten ist die Tertiärisierung und der damit verbundene Büroflächenboom nach unterschiedlich langen Strukturkrisen längst zum Motor des stadtstrukturellen Wandels geworden. Denn aufgrund der fortschreitenden räumlichen Konzentration von alten und neuen, spezialisierten Dienstleistungsfunktionen in den Stadtzentren und der damit einhergehenden Büroflächenexpansion ist eine "Kettenreaktion" von Nutzungsverdrängungen entstanden, die nahezu alle Teilräume der beiden Stadtregionen erfaßt und deren sozioökonomische Strukturen nachhaltig verändert. Insbesondere die qualitativen Wirkungen dieser Prozesse sind nur vor dem Hintergrund der sich wandelnden gesellschaftlichen Produktion verständlich.

Nachdem die fordistische Produktionsweise, gestützt auf die Arbeitsteilung und die Automatisierung des Produktionsprozesses sowie dessen Kapazitätserweiterung hin zur Massenproduktion, das amerikanische Wirtschaftssystem jahrzehntelang maßgeblich geprägt hatte, stieß sie in den 70er Jahren an die immanenten Grenzen. Fieberhaft wurde daraufhin nach Auswegen aus der immer deutlicher erkennbaren Strukturkrise und damit nach einer Verstetigung der Profitraten gesucht.

Die damals einsetzende und bis heute andauernde Reorganisation des Produktionsprozesses erfolgte mit dem Ziel, die starre, mit hohen Fixkosten belastete Massenproduktion durch ein auf Marktschwankungen möglichst flexibel reagierendes Produktionssystem zu ersetzen. Dies wurde insbesondere aufgrund der Diffusion neuer Informations- und Kommunikationstechnologien möglich, die eine drastische Verkürzung der Produktionszyklen zulassen, so daß sich auch kleinere Produktionsserien in vergleichsweise kurzer Zeit amortisieren. Voraussetzung hierfür ist allerdings die Effektivierung der gesamten Produktions- und Absatzsteuerung vom weltweiten Aufspüren lukrativer Marktlücken und kostengünstiger Produktionsressourcen, über die absatzgesteuerte Produktion und deren beschleunigte Verteilung, bis zur Erschließung der zins- und steuergünstigsten Finanzierungsmöglichkeiten. Das dafür erforderliche Wissen liefert ein hochspezialisierter Dienstleistungsapparat, der auf den permanenten Zugriff vielfältiger Strukturdaten über die wirtschaftliche Entwicklung in allen Teilen der Welt angewiesen ist.

Tatsächlich sind es vor allem die produktionsorientierten Dienstleistungen und die Finanzdienstleistungen, die seit Mitte der 70er Jahre sowohl in Boston als auch in New York City den größten Beschäftigten- und Flächenzuwachs in den Stadtzentren aufweisen. Dabei zählt es zu den Eigenarten der gegenwärtigen Wirtschaftsentwicklung, daß sich die gewaltige Ausweitung der Finanzdienstleistungen nicht allein durch die globale Restrukturierung des Produktionsbereiches erklärt, sondern zu einem erheblichen Teil durch die spekulative Aufblähung des Geldkreislaufs. Dies wird vor dem Hintergrund einer weltweit steigenden Verschuldungsrate öffentlicher Körperschaften und privater Unternehmen exemplarisch an den Spekulationsgeschäften von Börsenmaklern deutlich, die mit einem geringen Eigenkapitalanteil täglich gigantische Kapitalsummen bewegen. Der Profit dieser Spekulanten leitet sich aus der Möglichkeit ab, zahlreiche Transaktionen unter Einsatz von Computern binnen kürzester Zeit aufeinanderfolgen zu lassen, ohne während der Dauer dieser Aktienkauf- und verkaufs-vorgänge hierfür den gesamten Geldwert hinterlegen zu müssen. So werden ständig mit fiktiven Kapitalen unzählige Börsengeschäfte durchgeführt, die bei steigenden Aktienkursen beträchtliche Profite bescheren und infolgedessen inflationär auf den gesamten Geldkreislauf einwirken.

Die Flächenexpansion der vielfältigen Dienstleistungen in den Stadtzentren resultiert im übrigen nur zum Teil aus dem Beschäftigtenzuwachs. Ebenso bedeutsam dürfte darüber hinaus der wachsende Raumbedarf pro Arbeitsplatz infolge des vermehrten Einsatzes von Informations- und Kommunikationstechnologien und gestiegener Repräsentationsbedürfnisse sein.

Die Betriebe dieser Branchen sind untereinander und mit den Hauptverwaltungen des Produktionssektors funktional stark verflochten und insofern auf die Stadtzentren angewiesen, wo sich auf engstem Raum eine größtmögliche Flächennutzungsintensität realisieren läßt. In der Konkurrenz um die begehrtesten Standorte können sich diese Dienstleistungen gegen die übrigen Nutzungsarten nicht zuletzt deshalb durchsetzen, weil sie hohe Renditen erzielen und sich auf geringer Fläche nahezu beliebig in die Höhe stapeln lassen. Letzteres gilt zwar auch für den Luxuswohnungsbau, in der Standortkonkurrenz mit den Managementfunktionen des global agierenden Tertiärsektors kann er sich jedoch nur im Ausnahmefall behaupten.

Als Transmissionsriemen dieser Verdrängung dienen die steigenden Grundrenten, die abhängig von Rendite und Finanzkraft der Nutzungsarten eine Rangfolge bei der Durchsetzung der jeweiligen Standortwünsche herbeiführen. So zählen insbesondere Bevölkerungsgruppen mit niedrigem und mittlerem Einkommen sowie die Betriebe des sekundären Sektors zu den Verlierern im Konkurrenzkampf um die stadtzentralen Standorte und werden sukzessive an die Peripherie oder ins Umland der Städte gedrängt.

Aber auch innerhalb der Dienstleistungsfunktionen gewinnt die Herausbildung räumlicher Disparitäten an Kontur: Unter dem Einfluß der zunehmenden Konkurrenz um zentrale Standorte und den hiermit verbundenen Mietsteigerungen (New York City: bis zu 1000 % in 20 Jahren[1]) sind bei den Büronutzern zwei Standorttypen entstanden, die die strukturelle Veränderung unterschiedlicher Teilräume in den Stadtregionen bestimmen.

Es sind zum einen die *front offices*, die insbesondere Managementfunktionen aufnehmen und auf die Fühlungsvorteile stadtzentraler Standorte angewiesen sind. Ihnen stehen die *back offices* gegenüber, in denen sich nachgeordnete, routinegeprägte Bürotätigkeiten mit geringem Publikumsverkehr befinden. Ihre bevorzugten Standorte sind der Innenstadtrand (die Peripherie der *CBDs*) oder die suburbanen Zentren mit vergleichsweise preiswerten Büromieten.

Abb.1: Typisches *back office* Gebäude mit Geschoßflächen um 5.000qm am nördlichen Rand des *financial dristricts* in Manhattan

An den Rändern der Stadtzentren wie auch im suburbanen Raum erweisen sich die *back offices* in jüngster Zeit zunehmend als Wegbereiter von *front offices*, die angesichts der Flächenverknappung in den *central business districts* (*CBDs*) und des dort erreichten Mietniveaus z.T. nach kostengünstigeren Standorten suchen.

In diesem Zusammenhang wird die räumliche Ausdehnung der Büronutzung in den Innenstädten beschleunigt, und die suburbanen Zentren beginnen sich aus der einseitigen Abhängigkeit von den Kernstädten zu lösen, indem sie ihre wirtschaftsräumliche Eigenständigkeit bis zu einem gewissen Grade entfalten.

Die in Verbindung mit dem Einsatz neuer Technologien erfolgende Restrukturierung der Unternehmen hat tiefgreifende sozioökonomische Folgen, die im wesentlichen polarisierend wirken. Einerseits werden die Qualifikationsanforderungen für die Bürodienstleistungen komplexer und für den gesellschaftlichen Produktionsprozeß insgesamt bedeutsamer. Anderseits werden zahlreiche Tätigkeitsfelder in den Büros standardisiert und hinsichtlich ihrer Qualifikationsanforderungen abgewertet, so daß die mittlere Qualifikationsebene (und das damit verbundene Einkommensniveau) drastisch reduziert wird.

Als Folge dieses Strukturwandels formiert sich eine neue "Elite", die allein einen umfassenden Zugang zu dem vielschichtigen, gesellschaftlich relevanten Informations-/Datenfluß hat und die Steuerung des Wirtschaftssystems faktisch übernimmt oder zumindest ermöglicht. Dabei trägt die materielle Situation dieser Management-Angestellten - u.a. aufgrund beträchtlicher Arbeitsanforderungen und überdurchschnittlicher Einkommen - maßgeblich dazu bei, daß sie sich als soziale Gruppe konstituieren und gegenüber anderen Bevölkerungsgruppen abgrenzen. Es sind insbesondere die jungen, hochqualifizierten, karriereorientierten und meist unverheirateten Büroangestellten, die während der 80er Jahre zu Tausenden einen Wohnstandort in unmittelbarer Nähe zu ihren Arbeitsplätzen in den *front offices* der Stadtzentren gewählt haben und dort seither zur Verdrängung der weniger qualifizierten einkommensschwachen Bevölkerungsgruppen beitragen.

Auf diese Weise entstehen in den Stadtzentren immer größere Teilräume, die ausschließlich von den Managementfunktionen des global agierenden Tertiärsektors und den in diesem Bereich tätigen Spitzenverdienern geprägt werden. Ihnen stehen - oft nur durch eine Haus- oder Straßenbreite entfernt - die Lebens- und Arbeitszusammenhänge (Sozialökonomie) einer Klein- bzw. Regionalstadt mit ihren auf den lokalen und regionalen Markt orientierten Wirtschaftsbereichen und den dort Beschäftigten gegenüber.

In New York City hat sich die Sozialökonomie der "Welt-Stadt" (*global city*) inzwischen nicht nur auf den überwiegenden Teil Manhattans südlich der 110. Straße ausgedehnt und dort lediglich Inseln der klein- und regionalstädtischen Wirtschafts- und Sozialräume übriggelassen, sondern in jüngster Zeit mosaikartig auch auf die Manhattan gegenüberliegenden Flußuferbereiche New Jerseys und kleine Teilräume in Brooklyn und Queens. Der Strukturwandel im nördlichen Manhattan und in den äußeren Stadtteilen wird zunehmend durch die Überschwappeffekte der expandierenden City bestimmt und verwandelt die stadtperipheren Quartiere in Auffangbecken der verdrängten Nutzungen.

In der Region Boston sind auf niedrigerem Zentralitätsniveau als in New York vergeichbare Segmentierungstendenzen zu beobachten. Der tertiärsektorale Weltstadtbereich breitet sich dort mit seinem spezifischen sozioökonomischen Umfeld vom *CBD* allerdings überwiegend nach Westen und Südwesten aus. Eine Ausdehnung nach Norden wurde lange Zeit durch die dort gelegenen Elite-Hochschulen (insbesondere durch das *MIT*) mit ihrem eigenständigen regionalökonomischen Umfeld der Forschungslaboratorien und kleinteiligen *high-tech*-Produktionsstätten eingeschränkt. Sie wird erst neuerdings angesichts der Standortverknappung im *CBD* durch massive Infrastrukturinvestitionen der Städte Cambridge und Boston forciert.

Charakteristisch für den Strukturwandel beider Städte in den 80er Jahren ist nicht die Segmentierung in eine Vielzahl unterschiedlicher sozialökonomischer Teilräume, die es in jeder größeren amerikanischen Stadt seit mindestens 200 Jahren gegeben hat. Es ist vielmehr die zunehmende Polarisierung zwischen diesen Teilräumen, deren Verflechtungen untereinander meist in dem Maße nachlassen, wie sich ihre sozialökonomischen Strukturen qualitativ voneinander unterscheiden. Dort, wo Interaktionen weiterbestehen, münden sie oft in ein "koloniales" Abhängigkeitsverhältnis, das weite Teile der Stadtränder noch stärker als in der Vergangenheit zum Arbeitskräftereservoir für die vergeichsweise schlecht bezahlten Hilfsarbeiten in den Luxusquartieren der Zentren degradiert.

Vernichtung preiswerten Wohnraums

Wesentliche Elemente der zunehmenden Polarisierung in gegeneinander abgegrenzte Lebensräume unterschiedlicher sozialer Gruppen lassen sich anhand der bevölkerungsstrukturellen Veränderungen nachweisen. Kennzeichnend für die innerstädtischen Gebiete wie *Lower* und *Midtown* Manhattan in New York City bzw. Back Bay/Beacon Hill und Central in Boston sind der hohe Anteil weißer Bevölkerung - zum Teil mit ansteigender Tendenz -, und die deutlich unterdurchschnittliche Kinderzahl, vor allem bei den Besitzern von Eigentumswohnungen. Beide Städte sind auf dem Weg, überwiegend "Erwachsenenstädte" zu werden, ablesbar auch an der hohen Zahl von 1-Personen-Haushalten - fast 1/3 der Gesamthaushalte - mit Steigerungsraten von fast 66% seit 1965 in New York City[2] und 15% (1970-85) in Boston, davon allein 1980-85 um 6%.[3] Damit korrespondiert auch der relativ hohe Anteil der 24-34jährigen in den genannten Stadtteilen in Boston, zum größten Teil wahrscheinlich die aufstrebenden jungen Arbeitnehmer.

Ausschlaggebend für die Umstrukturierung der Stadtzentren und die Rückwanderung einkommensstarker Bevölkerungsgruppen aus den Suburbs ist neben dem gesellschaftlichen Wertewandel (ungebrochenes Erfolgsstreben, Frauenerwerbstätigkeit, späte Heirat etc.) deren materielle Situation: Insbesondere die jungen, karriereorientierten Arbeitnehmer, die sog. *young urban professionals* (*yuppies*), arbeiten zeitweise 12 und mehr Stunden am Tag und sind daher nicht bereit, lange Fahrten zwischen Wohn- und Arbeitsstandort zurückzulegen. Stattdessen wird angesichts der knapp bemessenen Freizeit die räumliche Konzentration aller Lebensbereiche (Arbeiten, Wohnen, Unterhaltung/Kultur) gesucht und kann aufgrund des in diesen Bevölkerungsgruppen verfügbaren hohen Durchschnittseinkommens selbst in den Innenstädten realisiert werden, deren Umbau zunehmend durch Verschwendung und Luxus geprägt wird.

Abb. 2: *Yuppyie*-Treff nach Büroschluß in der Fulton Street in *Downtown* Manhattan

Diese in den Städten zu beobachtenden "Aufwertungstendenzen" ganzer Quartiere treten derzeit besonders deutlich in Manhattan zutage. Immer haben zwar Umstrukturierungen infolge des Stadtwachstums innerhalb und außerhalb der Stadtgrenzen stattgefunden. Neu sind Ausmaß und Geschwindigkeit der Veränderungen. Die "Aufwertung" bzw. "Veredelung",[4] vollzieht sich häufig in den Stadtquartieren, die bereits verfallen sind und von den "Pionieren" dieses Veränderungsprozesses als Lebensraum erschlossen wurden, indem Künstler und Studenten in Fabriketagen oder billige Wohnungen zogen. Als Qualität dieser Quartiere wird von den Zuziehenden neben den großflächigen und vergleichsweise preiswerten Wohnraumangeboten oft die vielfältige Nutzungsmischung bewertet, die allerdings im weiteren Verlauf des Strukturwandels zumindest teilweise verloren geht. Erste Ansätze der Umstrukturierung werden in der Regel durch Läden verstärkt, die sich an ein Publikum mit

höherem Einkommen wenden. Zeitgleich erwerben Immobilienspekulanten Grundstücke und verdrängen die "Pioniere", indem schrittweise Häuser, Straßenabschnitte und Blockteile modernisiert werden, bis schließlich ganze Stadtteile erneuert und im Erscheinungsbild grundlegend verändert sind.

So vollzieht sich in vielen Stadtquartieren ein zyklischer Wandel von Verfall und nachfolgender "Aufwertung". Dabei kann das Ausmaß dieses Wandels zwischen den Stadtquartieren sehr unterschiedlich sein und bis zum großflächigen Abriß und Neubau führen. Typisch ist jedoch das Durchlaufen abgestufter Entwicklungsphasen, die in aller Regel keinen abrupten sozioökonomischen Wandel der Stadtquartiere zulassen. In ehemaligen Verfallsquartieren, wie in der Bronx oder im Bostoner South End, werden nach der völligen Zerstörung der vorhandenen Bausubstanz zunächst nur Neubauten für einkommensschwächere Bevölkerungsgruppen erstellt. In den nachfolgenden Entwicklungsphasen kann dann anknüpfend an die ersten Revitalisierungsschritte eine weiterreichende "Aufwertung" dieser Quartiere erfolgen. Zumindest in den Innenstädten, daneben aber auch in weiten Teilen des übrigen Stadtgebietes, geht die Quartiersveränderung mit der Verdrängung einkommensschwacher durch einkommensstarke Bevölkerungsgruppen einher. Damit wird preiswerter Wohnraum zunehmend verknappt.

Abb. 3: Modernisierung von Wohn-/Geschäftshäusern in Brooklyn
Abb. 4: Neubau von Luxusapartments und Geschäften in der Hülle eines Altbaus in Back Bay
Abb. 5: Neugestalteter Altbau in SoHo (*South of Houston Street*)
Abb. 6: Gentrifizierter Straßenzug in Back Bay

Die "Veredelung" der innenstädtischen Quartiere wird wesentlich durch den überwiegend privaten Wohnungsmarkt begünstigt. Die Nachfrage nach teurem Wohnraum treibt die Preise in die Höhe. So sind in den Jahren seit 1980 in beiden Städten die Wohungsmieten erheblich gestiegen (New York City 1981-84 +25%, Boston 1980-85 +18%), dabei erwartungsgemäß in den an den *Central Business District* angrenzenden Wohnlagen am stärksten (New York City: *Midtown*, Boston: Central und Back Bay/Beacon Hill). Der Anstieg beispielsweise in der Bostoner Innenstadt von knapp 60% im selben Zeitraum verdeutlicht den enormen Nachfragedruck. An der Mietenentwicklung lassen sich die räumlichen Grenzen der Quartiersaufwertung ablesen. In den betroffenen Stadtteilen ist die Zunahme von Wohnungseigentum besonders hoch. Gerade hier leben die Einkommensgruppen, die die staatlichen Steueranreize für Eigentumsbildung realisieren können. So verzeichnet New York City einen außergewöhnlichen Anstieg der Eigentumswohnungen von 40% (1981-84); in Boston ist das Anwachsen mit 18% (1980 und 1985) zwar weniger ausgeprägt, liegt aber in einzelnen Quartieren deutlich über 30%.[5]

Durch Umwandlung in Wohnungseigentum wird außerdem eine generelle Abnahme von Mietwohnungen bewirkt, die zu einer Verknappung von billigen Wohnungen beiträgt. Verschärfend wirken sich aufgrund des Nachfragedruckes nach billigem Wohnraum die relativ hohen Mietsteigerungen gerade auch in schlecht instandgehaltenen Gebäuden aus, die in New York sogar den durchschnittlichen Mietanstieg der Gesamtstadt erreichen. Wachsende Wohnungsnot, drastische Verringerung der Wohnungen mit niedrigen Mieten drängen immer mehr Personen in die Obdachlosigkeit. Dies ist vor dem Hintergrund der wachsenden Verelendung zu sehen, denn bereits 1983 lebten 27% der New Yorker Mieter[6] und 20% der Bostoner Einwohner unter der Armutsgrenze.[7]

Darüber hinaus werden vornehmlich einkommensschwache Bewohner der Innenstadtquartiere in die peripheren Stadtgebiete verdrängt, die sozialstrukturell durch kinderreiche, nicht-weiße Bewohner, einen hohen Anteil alleinerziehender Mütter und geringe Haushaltseinkommen gekennzeichnet sind (Boston: Roxbury, Mattapan/Franklin). Eigentumsbildung findet in diesen Quartieren nicht statt, dafür liegen die Mieten in der Regel unter dem städtischen Durchschnitt, in Boston unter $ 300 Monatswarmmiete. Die Leerstandsrate bzw. der Anteil der verfallenen Gebäude ist in diesen Stadtteilen (South Bronx, Northeast Manhattan und North Brooklyn in New York) trotz erhöhter öffentlicher Förderung bis zu 10 mal so hoch wie in den Aufwertungsgebieten.

Der soziale Wohnungsbau spielt mit 7 bzw. 9% des Wohnungsbestandes zur Versorgung unterer Einkommensschichten in den beiden Städten traditionell eine nur untergeordnete Rolle. Dennoch wirken sich die drastischen Kürzungen der Bundesförderung für den sozialen Wohnungsbau spürbar auf den Wohnungsmarkt aus, da sie zur Verknappung preiswerten Wohnraums maßgeblich beitragen und sich die Kommunen auf die Bestandspflege beschränken müssen. Insgesamt wird eine qualitative Veränderung der öffentlichen Subventionspolitik deutlich. Der soziale Wohnungsbau ist praktisch zum Erliegen gekommen, die öffentlichen Mittel sind insgesamt so gekürzt, daß die gestrichenen Wohnungsbauförderungsmittel nicht durch die Kommunen aufgefangen werden können. Die Verringerung der öffentlichen Intervention im Wohnungsbau geht konform mit der allgemeinen Deregulierungspolitik der Reagan-Administration, die das gesamte Wohnungsbauangebot dem freien Markt überläßt und damit auch den raschen Strukturwandel in den Zentren unterstützt. Die weitgehende Aufhebung der Mietpreisbindung zielt politisch in die gleiche Richtung.

Wiederentdeckung des städtebaulichen Kontextes

Der sozioökonomische Strukturwandel findet eine Entsprechung im Städtebau: Während große Teile beider Städte zusehends verfallen, werden gewaltige Investitionssummen für den Um- und Ausbau der Stadtzentren zu Luxusquartieren mobilisiert.

Angesichts der immer knapper und teurer werdenden Grundstücke wird die Umnutzung vor Jahrzehnten stillgelegter und seither am Rande der Stadtzentren brachliegender Bahn- und Hafenanlagen nunmehr in großem Stil in Angriff genommen - nicht zuletzt in Aussicht auf Spekulationsgewinne für die Investoren. Kein anderer

Abb. 7 und 8: Umnutzung teilweise stillgelegter Bahnanlagen durch Autobahnen (1981) und Überbauung derselben durch ein Einkaufs-, Büro- und Hotelzentrum, das *Copley Center* (1985).

Aspekt des gegenwärtigen Baubooms als diese Umnutzung der obsolet gewordenen Verkehrsinfrastruktur der industriellen Stadt versinnbildlicht anschaulicher den gegenwärtigen Umbruch in der Stadtentwicklung.

Insbesondere an diesen Neubauprojekten ganzer Stadtquartiere läßt sich der in den letzten Jahren vollzogene Wandel der städtebaulichen Leitbilder exemplarisch nachvollziehen. Kennzeichnend für eine wachsende Zahl der Neubauten in den Innenstädten ist ihre Abkehr von der monofunktionalen Nutzungsstruktur. Zum Teil gefördert durch bau- und steuerrechtliche Anreize, zum Teil als Reaktion auf die Rückwanderung zahlungskräftiger Bevölkerungsgruppen in die Stadtzentren und deren veränderte Arbeitsanforderungen, wird die Nutzungsmischung von Büros, Einzelhandel, Gastronomie und Wohnungen, die Eingliederung von Theatern, Kinos und Galerien in Hotel- und andere Großbauten vor allem in New York City im Rahmen neuer Bauprojekte realisiert.

Die Vorläufer der inzwischen vielfach wieder zum städtebaulichen Leitbild avancierten "neuen" Nutzungsmischung entstanden Ende der 60er Jahre in *Midtown* Manhattan, als durch planungsrechtliche Anreize Gastronomie- und Einzelhandelsbetriebe in Bürohochhäuser integriert wurden. Daran anknüpfend wurde vornehmlich während der vergangenen Dekade ein bedeutender Teil der öffentlichen Kommunikation in den Stadtzentren von den Straßen- und Platzräumen in die Atrien,

Abb. 9: Verfallende Hafenanlage an der *Upper Westside* Manhattans

Abb. 10: Ehemalige Hafenanlagen in *Midtown* Manhattan, die für touristische Zwecke genutzt werden

Plazas und Wandelhallen der neuen Hochhausprojekte verlagert und damit faktisch der Kontrolle privater Firmen unterstellt.

Jahrzehntelang eher als Stiefkind des Städtebaus behandelt, erfährt andererseits der öffentliche Raum in jüngster Zeit durch eine gesteigerte Nutzungsvielfalt und repräsentative Gestaltung allenthalben eine Renaissance. Ausschlaggebend für diese Neubewertung des öffentlichen Raumes waren sowohl theoretische Überlegungen u.a. von Kevin Lynch und Robert Venturi als auch praktische Erfahrungen wie z.B. die erfolgreiche Wiederbelebung des *Quincy Markets* in Boston.

Abb.11: Zu einem Geschäfts- und Gastronomiezentrum umgewandelte ehemalige Markthalle und Lagergebäude am *Quincy Market*

Die partielle Wiederentdeckung der Stadtzentren als Wohnorte förderte diesen Prozeß, in den öffentlichen Räumen wieder mehr zu sehen als reine Verkehrswege. Allerdings beschränkt sich die städtebauliche Ausgestaltung der öffentlichen Räume meist auf eine theatralische Fassadeninszenierung (Stadt als "Bühne"), die lediglich als Kulisse für ein dubioses Spektakel dient: die Selbstdarstellung der neuen städtischen "Elite".

Parallel zur Stadt-Inszenierung der achtziger Jahre vollzieht sich ein Wandel in der städtebaulichen Gestaltung innerstädtischer Wohngebäude. Wurden Wohnhochhäuser oft genug lediglich als temporäre Wohnsitze gesehen, die man vorzugsweise mit dem Auto (via Tiefgarage) erreicht, und zu deren Vorzügen die absolute Anonymität der Bewohner zählte, so haben sich die städtebaulichen Anforderungen vornehmlich unter dem Einfluß der Bevölkerungsumschichtung weitgehend gewandelt. Offensichtlich suchen die *Yuppies*, als Hauptbewohnergruppe von Neubauten in den Innenstädten, möglichst unmittelbar vor der Haustür Freizeit- und Vergnügungsangebote als Ausgleich für den Arbeitsstress. Aus dieser Erwartungshaltung und aufgrund der katastrophalen Erfahrungen mit der sozialen Problemkonzentration in den Wohngroßbauten erklärt sich die Rückbesinnung auf eine überschaubare und differenzierte Maßstäblichkeit im Wohnungs- und Städtebau. Das vielgepriesene städtebauliche Konzept von *Battery Park City* steht da nur stellvertretend für einen neuen Trend - wenngleich auch dort ein Großteil der Wohnbauten bestenfalls optisch überschaubar wirkt, faktisch jedoch ebenso überdimensioniert ist, wie viele Vorgänger aus der vorangegangenen Bauepoche.

Die Wiederentdeckung des städtebaulichen Kontextes, die Suche nach einem einzelgebäude-übergreifenden Gestaltkanon wird zum verkaufsfördernden Markenzeichen von Großprojekten, wie dem Neubau eines gesamten Stadtquartiers in *Battery Park City*. Dennoch überwiegt unter den Neubauten in den *cities* beider Städte weiterhin der bereits vor Jahrzehnten zum städtebaulichen Regel- und Sündenfall avancierte, solitär stehende Baukörper, der auf sein Umfeld keine Rücksicht nimmt, weil er sich demgegenüber als "besser" und "schöner" darstellt. Eine unselige Allianz von Kommunalpolitikern und Investoren unterstellt offenkundig, die Revitalisierung der Innenstädte und deren Imageaufwertung als Investitionsstandorte am ehesten voranbringen zu können, wenn sie anstelle der oft unscheinbaren, kleinteiligen Altbauten über eine umfangreiche Sammlung emporragender Schaustücke prominenter Architekten verfügt.

So ist in Boston wie in New York City binnen weniger Jahre ein Sammelsurium völlig verschiedener Hochhaustypen entstanden, die nicht im mindesten städtebaulich miteinander harmonieren. Dabei hat es seitens der Stadtplanung in der Vergangenheit nicht an wohlgemeinten Vorschlägen gemangelt, Bauentwürfe aufeinander abzustimmen und auf ihre städtebauliche Verträglichkeit zu prüfen. Mit den *Environmental Impact Reports*, die Bestandteil des Baugenehmigungsverfahrens sind, verfügen die Kommunen bereits seit den 70er Jahren über ein Instrument, das neben den

Abb. 12 und 13: Sammelsurium verschiedener Hochhaustypen im *Financial District* von Boston und in *Midtown* Manhattan

städtebaulichen auch die verkehrstechnischen, die sozioökonomischen und die mikroklimatischen Auswirkungen großer Bauprojekte untersuchen und für die kommunalpolitische Debatte aufbereiten soll. Im Ergebnis haben diese Bemühungen jedoch wenig bewirkt, und es hat den Anschein, daß diese dickleibigen Studien zu rhetorischen Pflichtübungen verkommen, deren vorrangiger Zweck die Befriedung tagespolitischer kommunaler Konflikte, nicht aber die Vermeidung städtebaulicher Fehlentwicklungen ist.

Die neue Qualität des kontextuellen Städtebaus ist im Schatten der (post)modernen Bürohochhäuser bislang nur ansatzweise zu erkennen und wird auf Jahre hinaus nur ein gelegentlicher Lichtblick im Dickicht der konkurrierenden Hochhauskurrilitäten sein.

Abb. 14: Ansätze zur Wiederentdeckung des kontextuellen Städtebaus in Bostons Back Bay

Grenzen kommunalpolitischer Handlungsspielräume

Mit Blick auf die städtebaulichen und sozioökonomischen Verwerfungen, die mit dem forcierten Stadtumbau der 80er Jahre einhergehen, stellt sich die Frage, wer die Entscheidungsträger dieser Veränderungen sind und welche Bedeutung die kommunalpolitisch relavanten Akteure dabei haben.

Noch in den 60er und frühen 70er Jahren, als die ersten tiefgreifenden Nachkriegsrezessionen die immanenten Grenzen der fordistischen Produktionsweise erkennen ließen, sah sich die amerikanische Bundesregierung veranlaßt, dem rapiden Funktionsverlust und Verfall der alten Industriezentren durch die massive finanzielle und planungsrechtliche Unterstützung von Stadtumbaumaßnahmen entgegenzuwirken. Ziel war es, durch großangelegte Flächensanierungsprojekte insbesondere dort, wo in den Stadtzentren kleinteilige Nutzungs-, Bau- und Erschließungsstrukturen die Ausbreitung des prosperierenden Tertiärsektors behinderten, Platz für neue Wirtschafts- und Baustrukturen zu schaffen. Boston ist hierfür ein beredtes Beispiel.

Dagegen blieb die staatliche Einflußnahme auf die Kommunalpolitik in New York vergleichsweise gering, weil dort der Dienstleistungsbereich bereits Jahrzehnte zuvor eine herausragende Bedeutung gewonnen hatte und die rasterförmige Bau- und Erschließungsstruktur Manhattans sich den veränderten Stadtstrukturanforderungen jeweils problemlos anpassen ließ.

Inzwischen haben sich jedoch die Rahmenbedingungen für die Kommunalpolitik drastisch gewandelt: Unter dem Einfluß veränderter Anforderungen der Wirtschaft hat die Reagan-Administration das in den 60er Jahren geschaffene bundesstaatliche Globalsteuerungsinstrumentarium systematisch abgebaut. Die Städte wurden finanzpolitisch wieder auf ihre eigenen Ressourcen verwiesen. Dies hat weitreichende Konsequenzen für die Kommunalpolitik, weil damit dem Privatkapital, insbesondere aber dem *big business*, eine Schlüsselrolle als Finanzquelle für die Städte zugewachsen ist.

Welche Risiken mit dieser Machtverschiebung verbunden sind, hat New York - quasi im Vorgriff auf die Deregulierungspolitik der Reagan-Administration - bereits Mitte der 70er Jahre erlebt. Der Bankrott des Kommunalhaushalts konnte damals nur abgewendet werden, indem die finanzpolitischen Geschäfte der Stadt einem Kontrollgremium von Repräsentanten des Finanzkapitals unterstellt wurden. Die sozioökonomischen Folgen waren einschneidend und bereits nach kurzer Zeit offenkundig. Während die Personal- und Sozialausgaben drastisch gekürzt wurden, erhielten die Unternehmen vielfältige Zugeständnisse, insbesondere durch Steuersenkungen. Durch diese Politik wurde zwar die Attraktivität des Standortes New York für die Unternehmen binnen weniger Jahre nachhaltig gesteigert, es entstanden Tausende neuer Arbeitsplätze und der marode Kommunalhaushalt wurde saniert. Doch die Mitte der 70er Jahre ansässige Bevölkerung hat davon in weiten Teilen wenig profitiert, da die neugeschaffenen Arbeitsplätze meist durch zugewanderte, höher qualifizierte Arbeitskräfte besetzt wurden. Trotz des Arbeitsplatzbooms leben in New York heute mehr Menschen unter der Armutsgrenze als vor 13 Jahren.

Nach den Erfahrungen des wirtschaftlichen Niedergangs von Boston in den 50er und 60er Jahren und von New York in den 70er Jahren hat heute in beiden Städten die Absicherung der wirtschaftlichen Expansion in der Kommunalpolitik absoluten

Vorrang vor der Erfüllung von Bewohnerinteressen - auch um den Preis der Verelendung von Teilen der Bevölkerung sowie der Verdrängung einkommensschwacher Bevölkerungsgruppen aus den Städten.

Dabei erscheint der gegenwärtige Stadtumbau in den Grundzügen durch die veränderten Standortanforderungen einer globalen Restrukturierung der Wirtschaft vorgezeichnet. Für die Kommunalpolitik bleibt unter den derzeitigen wirtschafts- und gesellschaftspolitischen Rahmenbedingungen im wesentlichen nur dort ein begrenzter Handlungsspielraum, wo Engpässe der Stadtentwicklung die Verwertungsbedingungen des *big business* beeinträchtigen oder wo kein Veränderungsdruck durch die prosperierenden Wirtschaftsbereiche und ihr sozioökonomisches Umfeld in Erscheinung tritt.

Dies läßt sich beispielhaft an der Wohnungsbaupolitik verdeutlichen. Nach Streichung der Bundeszuwendungen für den sozialen Wohnungsbau ist infolge der verstärkten Nachfrage nach innerstädtischen Wohnstandorten der ohnehin knapp bemessene preiswerte Wohnraum auf dem freien Markt faktisch nicht mehr verfügbar. Die Wohnraumverknappung wirkt sich nicht nur für soziale Randgruppen und Arbeitslose negativ aus, sondern zunehmend auch für mittlere Einkommensgruppen, die ebenfalls aus den Kernstädten an die Peripherie abgedrängt werden. Die Auswirkungen sind inzwischen in den Stadtzentren auch auf dem Arbeitsmarkt spürbar, da in einer Reihe von Berufsfeldern mit mittleren und geringen Qualifikationsanforderungen nicht mehr genügend Arbeitskräfte verfügbar sind.

Vor diesem Hintergrund kann es kaum verwundern, daß die weltweit agierende Immobilienlobby widerspruchslos zusah, als beide Kommunen auf der Suche nach neuen Einnahmequellen für den Stadtsäckel Sondersteuern auf die Neuerrichtung von Großbauten erhoben. In Boston und in New York wurde während der 80er Jahre an die Genehmigung großer Bauprojekte ein Geflecht sozialer Abgaben geknüpft, das überwiegend der Förderung preiswerten Wohnraums dienen soll, daneben u.a. aber auch der Instandsetzung von U-Bahnhöfen, der Neugestaltung von öffentlichen Plätzen und der Subventionierung kultureller Einrichtungen. Dabei ist offensichtlich, daß die Kommunen mit derartigen Maßnahmen zwar einen lokalpolitischen Handlungsspielraum ausschöpfen. Die Grenzen der kommunalpolitischen Handlungsfreiheit werden allerdings an der Verwendung der neu gewonnenen Einnahmen sichtbar. Sie zielt eher auf die Unterstützung des ohnehin erfolgenden Stadtstrukturwandels als auf eine Gegensteuerung im Interesse sozial benachteiligter Bevölkerungsgruppen. Insbesondere die Summierung aller Neubauausgaben für die Schaffung preiswerten Wohnraums läßt unschwer erkennen, daß hier kein maßgeblicher Beitrag zur Sicherung der Wohnraumversorgung für die unteren und mittleren Einkommensgruppen geleistet werden soll. Einige Millionen Dollar pro Jahr können in beiden Städten nicht mehr sein als eine symbolische Befriedungsgeste im Rahmen des kommunalpolitischen Konfliktmanagements. Ohnehin haben sich die lokalen Befürworter einer stärkeren sozialen Durchmischung bei der Entscheidung, wo der preiswerte Wohnraum geschaffen werden soll, nicht durchsetzen können. Vielmehr sind die preiswerten Neubauwohnungen überwiegend in Stadtquartieren mit vergleichsweise niedrigen Durchschnittseinkommen geplant - an Standorten, die in absehbarer Zeit nicht ins Fadenkreuz der internationalen Immobilienspekulanten geraten dürften.

Kommunalpolitischer Verlierer nach Punkten ist in diesem Zusammenhang die Nachbarschaftsbewegung, die als einzig relevante Lobby der bedrängten Bevölkerungsgruppen, den Widerstand gegen die in den Innenstädten ausufernde Expansion von Büros und Luxusapartments zu organisieren versucht. Im täglichen Ringen um die Existenzsicherung von Einkommensschwachen hat diese Bewegung allerdings längst den radikalen gesellschaftspolitischen Kampf aufgegeben und konzentriert sich stattdessen darauf, in den Nachbarschaften pragmatische Hilfestellung bei der Beschaffung von Finanzmitteln für kostengünstige Wohnungsbau- und Instandsetzungsprojekte zu leisten. Aufgrund der Streichung zahlreicher Wohnungsbauprogramme und des rapide fortschreitenden Stadtstrukturwandels stehen die Nachbarschaftsgruppen inzwischen jedoch mit dem Rücken zur Wand. Da sie nur auf einen verschwindend geringen Teil des Wohnungsmarktes Einfluß nehmen, können sie der ständigen Vernichtung von preiswertem Wohnraum nicht wirksam entgegentreten, sondern im günstigsten Fall ihre räumliche Ausbreitung an einzelnen Standorten verlangsamen. Oft genug haben sie mit der Instandsetzung verfallener Gebäude sogar selbst die Voraussetzungen für die Veredelung von Stadtquartieren geschaffen und damit einen Verdrängungsprozeß ungewollt begünstigt, den sie erklärtermaßen bekämpfen.

Ähnlich der Wohnungsbaupolitik belegt die Büroflächenplanung, daß dem kommunalpolitischen Handlungsspielraum enge Grenzen gesetzt sind. In der Vergangenheit hat es immer wieder Versuche gegeben, die Büroflächenexpansion auch in die außerhalb der City gelegenen Subzentren zu lenken und das Stukturgefälle zwischen den einzelnen Stadtteilen zu verringern. Ungeachtet der kommunalen Bereitschaft, erhebliche Investitionen für die Modernisierung und den Ausbau der Infrastruktur sowie die Neugestaltung von Straßen und Plätzen bereitzustellen, und darüber hinaus Steuernachlässe in Millionenhöhe für die Ansiedlung von Bürogroßbetrieben in den Subzentren zu gewähren, lehnten die großen Dienstleistungsunternehmen jahrzehntelang beharrlich jeden Standort außerhalb der City ab. Erst mit Blick auf die negativen Begleiterscheinungen der fortschreitenden Büroflächenkonzentration (u.a. Verknappung und Verteuerung von Standorten, Arbeitsmarktengpässe, Überlastung der Verkehrsinfrastruktur) und der allgemeinen Restrukturierung des Tertiärsektors (u.a. Standorttrennung von *front* und *back offices*) wird dem Werben der Kommunalplanung für eine Standortverlagerung in die Subzentren gefolgt.

Seit Mitte der 80er Jahre häufen sich die Bauanträge der Immobilieninvestoren für Bürohochhäuser nicht nur in den citynahem Subzentren New Yorks und Bostons, sondern auch in den lange verschmähten Nachbarstädten Jersey City und Cambridge.

Damit wird offenkundig, daß die Kommunen allein unter den spezifischen Bedingungen eines jahrelang anhaltenden Büroflächenbooms gestaltend in die eigene Stadtstrukturentwicklung eingreifen können - dies allerdings nur insoweit, als sie den veränderten Standortanforderungen des global agierenden Tertiärsektors Rechnung tragen und den bestehenden Trend zur Standortdifferenzierung für den angestrebten Strukturwandel zu nutzen versuchen.

Abb. 15: Büro-, Geschäfts-und Hotelneubauten an der *Massachusetts Avenue* in Cambridge in der Nähe von *Downtown* Boston

Aber auch dieser begrenzte Handlungsspielraum der Kommunalpolitik wird die Polarisierung zwischen den städtischen Aktionsräumen der Habenichtse und der neuen städtischen Elite, der klein- und der weltstädtischen Lebens- und Arbeitsräume nicht mindern können. Boston und New York sind längst auf dem Weg zur dualen Stadt, mit allen ökonomischen, sozialen und politischen Risiken, die eine weitere Polarisierung der Stadtstrukturen birgt.

Abb. 16: Neubauten für Büros, Geschäfte und Luxuswohnungen in Jersey City an der *Hudson River front* in der Nähe von *Downtown* Manhattan

Ob die beschriebenen Entwicklungstendenzen zugleich hinreichende Bestimmungsmerkmale eines neuen Stadtstrukturtyps sind, läßt sich (noch) nicht abschließend entscheiden. Es ist allerdings evident, daß die in beiden Städten seit langem bestehenden sozioökonomischen Disparitäten im Rahmen des gegenwärtigen Stadtumbaus restrukturierend auf eine größere Maßstabsebene transformiert werden. Ein qualitativer Wandel der Stadtstrukturen erscheint damit unvermeidlich.

Anmerkungen

1 Gespräch im Mai 1988 mit RICK COHEN, Department of Housing and Economic Development, Jersey City
2 STEGMAN, MICHAEL: Housing in New York, Study of the City, New York 1984, S. 1
3 Goetz, Rolf: Boston's Changing Housing Patterns: 1970 to 1985, Boston Redevelopment Authority, Research Department, Boston Juli 1986, S. 9
4 *gentrification*
5 GOETZ, a.a.O., S. 34
6 STEGMAN, a.a.O., S. 59
7 Noch 1970 lebten "nur" 16% der Bostoner Einwohner unter der Armutsgrenze. BROWN, JEFFREY P.: The Revitalization of Downtown Boston: History Assessment and Case Studies, Boston Redevelopment Authority, Research Department, Boston August 1986, S. 19

Abbildungsnachweis

BECKER, U.:	Abb. 2,4-8,10-12,14
REAL ESTATE BOARD OF NEW YORK: Review 86, New York 1986	Abb. 1
SCHOEN, A.:	Abb. 3,9,13

Stadt-ReiseBücher

Amsterdam
Kopenhagen
Madrid
New York
Moskau
Prag

Jedes StadtReiseBuch hat ca. 200 Seiten, viele Fotos und kostet DM 24,80

VSA-StadtReiseBücher enthalten

● Stadtspaziergänge, die die Stadt erschließen

● Themenschwerpunkte zu Alltag und Geschichte

● Serviceteil mit Adressen und Tips

● Übersichtskarten und Pläne

»Die aktuellen StadtReiseBücher von VSA, besonders das über Prag, setzen Maßstäbe für eine neue Generation von Reiseführern, die sich dem sanften Tourismus verpflichtet fühlt.« (Brigitte)

VSA-Verlag
Postfach 501571
Stresemannstraße 384a
2000 Hamburg 50

Land & Leute

»Empfehlenswerte Lektüre für die Reise und auch noch danach.« (Die Zeit)

VSA-Reisebücher enthalten Beiträge, Beschreibungen und Essays über folgende Themen:
Regionen und Provinzen ● Alltagsleben und Feste ● Essen und Trinken ● Geschichte und Politik ● Literatur, Kunst, Musik ● Hintergrundinformationen ● Praktische Reisetips und Routen

VSA-Reisebücher gibt es zu folgenden Ländern:
Albanien ● Brasilien ● China ● Cuba ● Dänemark ● Frankreich ● Griechenland ● Irland ● Italien ● Malta ● Mexiko ● Norwegen ● Portugal ● Schottland ● Sowjetunion (Baltische Republiken) ● Sowjetunion (Südliche Republiken) ● Spanien ● Tschechoslowakei ● Türkei ● Venedig ● Zypern

Alle VSA-Reisebücher ca. 288 Seiten, DM 28,– (China DM 39,80)

VSA-Verlag
Postfach 501571
Stresemannstraße 384a
2000 Hamburg 50